Susan Jeffers

. . . aber lieb sind sie doch

Die notwendige Demontage des Feindbildes Mann

ETB
Econ Taschenbuch Verlag

Die Deutsche Bibliothek – CIP-Einheitsaufnahme

Jeffers, Susan:
. . . aber lieb sind sie doch: Die notwendige Demontage des Feindbildes Mann / Susan Jeffers. [Aus dem Amerikan. übers. von Anni Pott]. – Dt. Erstausg. – Düsseldorf: ECON-Taschenbuch-Verl., 1991
(ETB; 23080: ECON-Lebenshorizonte)
Einheitssacht.: Opening our hearts to men <dt.>
ISBN 3-612-23080-8
NE: GT

Deutsche Erstausgabe

First published in USA, Ballantine Books
Titel des amerikanischen Originals: Opening our hearts to men
Aus dem Amerikanischen übersetzt von Anni Pott

Oktober 1991
Umschlaggestaltung: Molesch/Niedertubbesing
Satz: Computersatz Bonn GmbH, Bonn
Druck und Bindearbeiten: Ebner Ulm
Printed in Germany
ISBN 3-612-23080-8

Für meinen geliebten Ehemann
Mark Shelmerdine
Als ich das Geheimnis,
mein Herz zu öffnen,
schließlich entdeckt hatte,
kam der wundervollste Mann herein,
den ich je kannte.

Inhaltsverzeichnis

Danksagung

Stellen Sie sich vor, Sie haben die freudige Aufgabe, ein Buch über die Liebe zu schreiben! An meiner Freude hatten folgende Personen teil, die so viel zu diesem Buch und meinem Leben beigetragen haben . . .

Joëlle Delbourgo, meine Herausgeberin, der das, was ich machte, gefiel und die mich unablässig ermunterte; Dominick Abel, mein Agent, der mich mit seiner optimistischen und ermutigenden Fürsorge auch weiterhin unterstützt und jederzeit für mich da ist; Suzanne Wickham, meine Freundin, die meinen beruflichen Werdegang in so vielerlei Hinsicht positiv beeinflußt hat; Mandi Robbins, meine Assistentin, deren Einsatz und Unterstützung weit über das Maß der reinen Pflichterfüllung hinausging; die Männer-Selbsthilfegruppe, deren Mitglieder mir so offenherzig begegneten; die Männer, die auf meinen Fragebogen reagierten und somit auf vielfältige Weise einen Einblick in die Gefühle von Männern gewährten; der inzwischen verstorbene Dan Casriel, der mich lehrte, erwachsen zu sein und zu bleiben; meine vielen anderen Lehrer und Lehrerinnen, die dafür sorgten, daß ich auf dem rechten Weg blieb; den vielen, denen ich all das weitergeben kann und welche diese Arbeit lohnend machen; Larry Gershman, mein Ex-Ehemann und heutiger Freund, der mich vor so langer Zeit ermutigte und unterstützte, die ersten Schritte zu tun; Leslie Gershman, meine Tochter, die mir eine wertvolle Rückkoppelung und Stütze war; Gerry Gershman, mein Sohn, der mein Leben bereichert; Guy und Alice Shelmerdine, meine Stiefkinder, die immerzu ihr Herz für mich öffnen; Marcia Fleshel, die sowohl meine leibliche als auch meine »seelenverwandte« Schwester ist; Jeanne Gildenberg, meine Mutter, die meine größte Anhängerin ist, und Mark Shelmerdine, mein wundervoller Ehemann, der unermeßlich viel Liebe in mein Leben bringt und mich lehrte, daß ich all das wirklich haben kann.

Einleitung

Die verräterischen Zeichen

Wo auch immer ich in der Öffentlichkeit bei Vorträgen oder als Leiterin von Workshops und Seminaren auftrete oder mich in meinem privaten Umfeld bewege, treffe ich fortwährend auf wundervolle Frauen, die mich ermutigen. Sie erfüllen mich mit Freude. Ihr Privatleben spiegelt allerdings oftmals nicht jenes Schöne wider, das ich bei ihnen entdecke.

Viele sind allein, obwohl sie es nicht wirklich sein möchten. Einige sind geschieden, andere haben nie geheiratet, und wiederum andere möchten verzweifelt eine Familie gründen, die biologische Uhr tickt. Aber, wie sehr sie sich auch eine Beziehung wünschen, es scheint diesen Frauen unmöglich, jemanden zu finden, mit dem sie ihr Leben teilen könnten. Die Liebe geht an ihnen vorbei.

Viele sind verheiratet oder leben mit einem Mann zusammen, aber selbst innerhalb dieser Beziehung fühlen sie sich allein. Die wunderschöne Verbindung, die am Anfang zwischen ihnen bestand, gehört lange der Vergangenheit an. Sie verharren in diesem Zustand, halten daran fest, warten ab, hoffend, daß sich Dinge ändern, aber sie ändern sich nicht, und wenn sie den Mut dazu aufbringen, verlassen sie die Ehe oder die Beziehung – vorausgesetzt, ihre Männer waren nicht diejenigen, die zuerst gegangen sind.

Es gibt einige, viel zu wenige, die das Geheimnis der Liebe entdeckt haben. Auf dem Weg dorthin haben sie die Einsichten und Erkenntnisse gewonnen, die für eine gesunde Beziehung unabdingbar sind. Sie wissen, daß die Antwort auf die Frage »Wo ist Liebe?« recht einfach ist. Und sie wundern sich, warum der Rest von uns niemals müde wird, unablässig den Weg zu wählen, an dessen Ende unser Scheitern unweigerlich vorprogrammiert ist.

Der Unterschied zwischen Ratten und Menschen, so hörte ich einmal sagen, bestehe darin, daß, wenn eine Ratte feststelle, am Ende eines Tunnels sei kein Käse, sie schließlich aufhöre, danach zu suchen. Aber nicht so der Mensch. Wir scheinen immer wieder in den gleichen Tunnel hineinzugehen, trotz der Tatsache, daß es dort nichts gibt! Einige unserer Erfahrungen mit der Liebe dürften ein solches Handlungsmuster zweifelsohne bestätigen. Ob dies auch für Sie zutrifft, können Sie durch Beantwortung der nachfolgenden Fragen herausfinden. Sofern Sie irgendwelche dieser Fragen mit »Ja« beantworten, gehören Sie möglicherweise auch zum Kreis derer, die diesen Tunnel unablässig auf der vergeblichen Suche nach einer liebevollen Beziehung abschreiten.

– Haben Sie Angst, von einem Mann verletzt zu werden?
– Fühlen Sie sich einsam, auch wenn Sie in einer Beziehung leben?
– Ist mit jedem Mann, der in Ihr Leben tritt, irgend etwas nicht in Ordnung?
– Landen Sie immer wieder bei Männern, bei denen sich herausstellt, daß sie aus diesem oder jenem Grund nicht frei und somit nicht zu haben sind?
– Sind Sie der Überzeugung, daß Frauen höherwertige Wesen sind?
– Glauben Sie an den sooft vernehmbaren Ausspruch: »Es gibt überhaupt keine guten Männer?«
– Neigen Sie dazu, sich stets negativ über Männer zu äußern und diese kurzerhand abzuweisen?
– Glauben Sie, nicht liebenswert zu sein?
– Glauben Sie, Ihre Beziehung wäre großartig, wenn doch nur er sich ändern würde?
– Drehen sich Ihre Gespräche mit Freundinnen stets um Probleme mit Männern?

Es gab eine Zeit in meinem Leben, da hätte ich die meisten der obigen Fragen mit »Ja« beantworten müssen. Ohne jeden

Zweifel suchte ich immerzu den falschen Tunnel ab. Ich mußte in der Tat erst die Vierzig hinter mir lassen, bis mir die Idee kam, es einmal mit einem anderen Pfad zu versuchen. Und als ich es tat, verschwand der Nebel allmählich, und die Liebe fand Einlaß.

Dabei hatte ich geglaubt, mit siebzehn schon alles verstanden zu haben, als ich nämlich meinem vermeintlichen Märchenprinzen begegnete. Beide hatten wir die Erwartung, für immer glücklich miteinander zu leben; aber sechzehn Jahre später hatten wir uns beide in Frösche verwandelt – oder, genauer, er dachte, dies sei bei mir der Fall, und ich dachte es umgekehrt von ihm. Eine Scheidung war unvermeidlich. Danach blieb ich zehn Jahre allein. Obwohl ich mein Singledasein wirklich genoß, freute ich mich dennoch auf den Tag, an dem ich meinen »Seelenpartner« (die moderne Version des Märchenprinzen) kennenlernen würde.

Nach meiner Scheidung hatte ich mir angewöhnt, mich mit meinen Freundinnen lang und breit darüber zu ergehen, daß es doch kaum einen Mann gebe, der was tauge. Wir lamentierten, die männliche Hälfte unserer Spezies wüßte uns großartige Frauen einfach nicht zu schätzen, und waren der festen Überzeugung, daß es, je mehr wir an uns arbeiteten und vorankamen, immer weniger Männer gäbe, die uns noch haben wollten: wir wären eine zu große Bedrohung.

Jede von uns konnte mit ihren Geschichten von Männern aufwarten, die uns gedemütigt, uns ihre Liebe vorenthalten oder alle möglichen Dinge getan hatten, um uns zu grämen ..., uns für unser wundervolles Sosein zu strafen. Wir konnten keine Männer finden, die einem Vergleich mit unseren Freundinnen standgehalten hätten – mit deren Liebe, deren Offenheit, deren Anteilnahme, deren Ehrlichkeit, deren Menschlichkeit. Wir bestärkten uns gegenseitig, daß wir in der Tat das höherwertige Geschlecht waren. Männer waren in unseren Augen langweilig, verschlossen, schwach und ohne Einfühlungsvermögen.

Meine Sichtweise hat sich inzwischen drastisch geändert. Ja, ich glaube nach wie vor, daß Frauen wundervoll und prächtig sind; aus heutiger Sicht bin ich sogar noch mehr davon überzeugt. Aber was meine Gefühle Männern gegenüber angeht, kann man von einer großen Kehrtwende sprechen. Ich habe gelernt, sie in dem gleichen Maße wie Frauen zu lieben. Heute sehe ich ihren Mut, ihre Verwundbarkeit, ihre Verletzungen, ihren Wunsch, gefallen zu wollen. Heute erkenne ich ihre Sehnsucht nach Bindungen, ihr Verlangen, geliebt zu werden und zu lieben. Ich sehe ihre Menschlichkeit . . ., und ich liebe sie für das, was und wie sie sind.

Warum sehe ich das heute, wenn es mir doch früher nicht aufgefallen ist? Haben sich die Männer verändert? Nein, nicht wirklich. Ich habe mich verändert. Nachdem ich 42 Männer (aber wer zählte?) ausprobiert und abgehakt hatte, habe ich einmal einen prüfenden Blick auf mich selbst geworfen. Mit ehrlichen Augen betrachtet, sah ich eine Frau, die offensichtlich gerne eine Beziehung eingehen wollte, gleichzeitig aber nichts ausließ, sich diese selbst zu verbauen. Ich sah eine Frau, die innerlich voller Wut und Selbstgerechtigkeit war, die für gewöhnlich mit der Wut einhergeht. Ein Teil von mir liebte das Gefühl der Macht, das ich hierdurch erhielt. Dieses Gefühl war wesentlich besser als meine einstige Abhängigkeit. Allerdings, der Preis war sehr hoch. Es gibt keinen Seelenfrieden, wenn man immerzu von Wutgefühlen beherrscht wird. Aber, ich wußte ja Bescheid, und ich kämpfte bis zum bitteren Ende (der Beziehung), um recht zu behalten. Mein Selbstwertgefühl hing davon ab, das letzte Wort zu haben.

Als ich ein wenig tiefer schaute, sah ich auch eine Frau, die voller Angst war: Angst, verletzt zu werden; Angst, den Ansprüchen nicht gerecht zu werden; Angst, mittellos und bedürftig zu sein; Angst, hilflos zu sein. Seltsamerweise hatte ich das zuvor nie wirklich erkannt. Meine Scheuklappen ließen mich nur eine Frau sehen, die unabhängig, stark, zuversichtlich und liebenswert war und viel Freude an ihrem Leben hatte. Es war zu schmerzlich, unter diese Oberfläche zu schauen. Aber, wie ich in diesem Buch an späterer Stelle nochmals ausführlicher darlegen werde, es kam der Tag, an dem meine

Angst und Wut derart kraß zutage traten, daß sie sich nicht mehr leugnen ließen.

Die Erkenntnis bringt den Wandel. Wenn man ein Problem nicht erkennt, kann man es nicht verändern. Der ehrliche Blick, mit dem ich mich selbst betrachtete, war der erste Schritt auf dem Weg, Liebe zu finden. Es war schmerzhaft am Anfang, da ich mich bis zu diesem Zeitpunkt selbst nie als eine wütende Person, die in ihrem Innern zutiefst verletzt war, gesehen hatte. Als ich die Wahrheit schließlich erkannte, gab es kein Zurück mehr zur Lüge. Ich mußte mich nach vorne bewegen. Und in dem Zuge, wie ich den Pfad der Veränderung beschritt, entdeckte ich schließlich jene unvergleichliche Freude, die entstehen konnte, als ich es meinem Herzen erlaubte, sich zu öffnen – die Wut und die Selbstgerechtigkeit abzuschütteln, die Angst und das innere Verletztsein zu überwinden –, so daß die Liebe nun frei hinein- und herausströmen konnte. Ich lernte, welche Dinge eine erfolgreiche Beziehung ermöglichen.

Während dieses Prozesses lernte ich einen äußerst liebenswerten Mann kennen, obwohl ich mir am Anfang, als ich noch immer voller negativer Gefühle gegenüber Männern war, sicher war, daß er meinem Typ nicht entsprach. Er war jedoch geduldig, und am Ende erkannte ich, daß er absolut der Richtige für mich war. Inzwischen sind wir verheiratet, und ich bin jeden Tag aufs neue erstaunt, wie wundervoll er ist. Ich weiß, daß es meine veränderte Sichtweise ist, die dieses Wunder vollbracht hat.

Ich schreibe dieses Buch, um das weiterzugeben, was ich und andere Frauen, die in liebevollen Beziehungen leben, auf unserem Weg gelernt haben – Einsichten, zu denen wir gelangt sind, und Mittel, derer wir uns bedienen, die auch Ihr Herz öffnen können für die unermeßliche Fülle von Liebe, die darin wohnt und die Sie umgibt.

Einige von Ihnen werden dem, was ich sage, ablehnend gegenüberstehen. Ich weiß, hätte man mich in den Hochphasen meiner Wut auf Männer mit dem Inhalt dieses Buches konfrontiert, hätte auch ich mit einem nicht unerheblichen Maß an Ablehnung reagiert. Ich wäre wesentlich empfänglicher für jene endlose Zahl von Büchern gewesen, die mir etwas darüber erzählt hätten, wie ich mit schwierigen Männern, feindseligen Männern, verschlossenen Männern, infantilen Männern usw. umgehen sollte. Heute ist mir bewußt, daß die Antwort auf die Frage, wie man Liebe findet, nicht darin liegt, wie man mit Männern »umgeht«. Es gibt einen anderen, weitaus effektiveren Weg, Liebe zu finden, und damit beschäftigt sich dieses Buch. Seien Sie offen und unvoreingenommen. Die Fähigkeit zu lieben erfordert, daß Sie von vielen vorgefaßten Meinungen loslassen und anfangen, Männer und sich selbst mit neuen Augen zu sehen.

Andere von Ihnen werden für meine Botschaft empfänglicher sein. Sie möchten Männer lieben, aber aus irgendeinem Grunde klappt es nie. Immer wieder werden Sie von ihnen enttäuscht, und als Folge dessen verschließt sich Ihr Herz. Sie fühlen sich zu verwundbar und zu schwach, um jenen Schmerz aushalten zu können, von dem Sie glauben, daß er von Männern verursacht werden könnte. Sofern Sie in diese Kategorie fallen, werden Sie lernen, wie Sie mehr Vertrauen in Ihre Fähigkeit gewinnen können, mit dem, was eine Beziehung Ihnen auch immer bringen mag, umzugehen und fertig zu werden.

Wiederum andere unter Ihnen haben bereits einige Antworten gefunden. In dem Bemühen, Ihre Beziehungen zu verstehen, haben Sie lange und hart an sich gearbeitet und sind zu einigen weitreichenden Erkenntnissen gelangt, die Ihre Fähigkeit, Liebe zu geben und zu empfangen, verändert haben. Mit jedem Tag öffnet sich Ihr Herz mehr. Sofern dies in Ihrem Fall zutrifft, werden Sie sich wirklich mit den hier dargelegten Konzeptionen identifizieren und damit wachsen.

Zu welcher Kategorie Sie auch immer gehören, eine Tatsache bleibt, nämlich, daß wir uns alle auf dem gleichen Weg befinden. Ungeachtet aller äußerlich erkennbaren Unterschiede sind wir alle auf der Suche nach dem gleichen: nach einem Weg zu lieben und geliebt zu werden. In diesem Buch werden Sie vieles über die Liebe zu sich selbst und zu anderen lernen. So etwa:

- wie Sie mehr Vertrauen entwickeln;
- wie Sie eine größere Intimität erreichen;
- wie Sie innerhalb Ihrer Beziehungen ein Mehr an Stärke und Liebe gewinnen;
- wie Sie mit Ihrer Wut umgehen können;
- wie Sie sich liebenswerter fühlen können;
- wie Sie verstehen lernen können, daß es so etwas wie eine »schlechte« Beziehung nicht gibt;
- wie Sie Männer in einem liebenswerteren Licht sehen können;
- wie Sie zu einem größeren Frieden mit sich selbst finden;
- wie Sie Ihr Leben lohnender und reicher empfinden;
- wie Sie zu der Überzeugung gelangen können, daß die Dinge nicht wirklich so schlecht sind, wie sie scheinen . . . und vieles mehr.

Und den Männern sei gesagt . . .
daß dieses Buch zwar speziell Frauen anspricht, ich Männer aber dennoch ermutigen möchte, es ebenfalls zu lesen. Da unsere Probleme ein Spiegel Ihrer Probleme sind, werden auch Sie viele Erkenntnisse in bezug auf Ihre Unfähigkeit gewinnen, Liebe zu finden. Sie werden erfahren, was Sie selbst für die Grundsteinlegung und Erhaltung einer erfüllenden Liebe tun können. Darüber hinaus wird dieses Buch Ihnen helfen zu verstehen, womit Frauen in dieser sehr aufregenden und verwirrenden Zeit des Überganges zu einem neuen Verständnis ringen und kämpfen.

Für uns alle gilt . . .
Die Spezies Mensch als Ganzes schreit nach Liebe. Wenn wir uns die Zeit nehmen, in unsere Herzen zu schauen, werden wir am Ende das Gefühl der Ganzheit und des Verbundenseins – in uns selbst und als Teil der menschlichen Familie – entdecken.

Kapitel 1

Spieglein, Spieglein an der Wand

Dies ist kein Buch über die Frauenbewegung; es ist ein Buch über die Liebe. Aus meiner Sicht läßt sich das eine jedoch nicht von dem anderen trennen. Um Liebe zu verstehen, müssen wir unser gegenwärtiges Suchen und Ringen um unsere eigene Identität verstehen. Ob wir als Individuen nun die Frauenbewegung bejahen und unterstützen oder nicht, wir kommen nicht um die Tatsache umhin, daß diese tiefgreifende Auswirkungen auf unsere Beziehungen hatte und hat.

In diesen verwirrenden Zeiten scheinen wir uns in einem Gewässer widersprüchlicher und konfliktreicher Erwartungshaltungen abzustrampeln. Wir wissen nicht wirklich, was wir von Männern möchten, und wir wissen erst recht nicht, was wir von uns selbst möchten. 1963 schrieb Betty Friedan in ihrem Buch *Der Weiblichkeitswahn oder die Selbstbefreiung der Frau,* das nach Meinung vieler den Beginn der modernen Frauenbewegung signalisierte:

> »Eine ganze Weile war es mir nicht richtig klargeworden, aber allmählich erkannte ich, daß daran, wie sich die Amerikanerinnen heute ihr Dasein einrichten, irgend etwas grundverkehrt ist.«[1]

Nach allem, was da an der Oberfläche zum Vorschein kommt, können wir exakt diese Aussage heute mit Sicherheit ebenso treffen. Aber schauen wir uns das Ganze näher an. Sind die Dinge wirklich so schlecht, wie sie scheinen? Sollten wir uns tatsächlich entmutigen lassen und erwägen, ob all unsere Anstrengungen in den letzten Jahren vergebliche Liebesmüh waren? Ganz bestimmt nicht! Es ist wichtig, daß wir uns die äußerst bedeutsamen Fortschritte, die wir gemacht haben, stets vor Augen halten. Nur allzuleicht wird vergessen, wie hilflos, gefangen und unzufrieden Frauen vor noch gar nicht so vielen Jahren waren. Um nur in einem Punkt die bahnbrechenden Errungenschaften ins rechte Licht zu rücken, sei daran erinnert, daß wir unser Wahlrecht nur ein Jahr ehe Betty Friedan geboren wurde erhielten!

Für mich gibt es keinen Zweifel, daß wir auf dem richtigen Weg sind. Wir haben nur unser Ziel noch nicht erreicht – jenen Ort des inneren Friedens, der Erfüllung und Liebe, den wir alle suchen. Der Punkt, an dem wir heute stehen, erinnert mich an einen Vers, der mir oft in Augenblicken großer Verwirrung Frieden gegeben hat und den ich hiermit an Sie weitergeben möchte:

Sorge dich nicht,
verzage nicht,
alles ist gut,
wenn auch jetzt noch nicht!

So ist es. Alles ist gut. Wir sind auf dem richtigen Weg. Nur sind wir im Augenblick gerade an einer Kreuzung angekommen und wissen nun nicht, in welche Richtung wir weitergehen sollen. Einige Personen wollen uns sogar überreden, einfach kehrtzumachen und wieder dorthin zurückzugehen, von wo wir aufgebrochen sind; sie geben der Frauenbewegung die Schuld für alles, was heute im Leben der Frauen nicht in Ordnung ist. Und so manche von uns ist vielleicht versucht, in diesen Chor einzustimmen. (Angst bewirkt, daß wir uns von Orten, die mit Unbehagen verbunden sind, zurückziehen. Das Hinausgehen in die Welt kann stille Schreie panischer Angst in uns laut werden lassen. Durch Rückzug werden wir das, was wir möchten, jedoch nicht finden. Indem wir zurückgehen, werden wir nur auf die stillen Schreie der Hilflosigkeit stoßen.)

Nein, wir können nicht zurück . . . wir müssen nach vorne gehen. Aber für welchen Weg sollen wir uns entscheiden? Sollen wir jenen Weg gehen, der zum völligen Zusammenbruch der Beziehungen zwischen den Geschlechtern führt, denjenigen, auf den wir uns derzeit scheinbar zubewegen?

Oder schlagen wir den Weg ein, der in Richtung Liebe führt? Ich bezweifle, daß irgend jemand, der dieses Buch liest, sich für den Erstgenannten entscheiden würde. (Wenn dem so ist, dann ist dieses Buch nichts für Sie!) Ich glaube, daß wir alle, tief in unserem Herzen, das menschliche Bedürfnis haben, zu lieben und geliebt zu werden. Aus diesem Grund müssen wir uns den nächsten Schritt, der uns in diese Richtung bringt, gut überlegen, um nicht zu weit vom Kurs abzukommen.

Den Schlüssel, worin dieser nächste Schritt bestehen könnte, fand ich, als ich einen Workshop über unterschiedliche Aspekte der Liebe veranstaltete. Ich registrierte, daß die Frauen, die da vor mir saßen, größtenteils karriereorientiert und unabhängig waren – so schien es zumindest. Als es dann jedoch um ihre Gefühle in bezug auf ihre eigene Person und die Männer in ihrem Leben ging, war es, als ob sie die Zeit zurückgedreht hätten. Ihr Leben war von den gleichen Unsicherheiten, Ängsten und Erwartungshaltungen geprägt, die schon vor Jahren das Leben der Frauen gekennzeichnet hatten.

Ich dachte an all die Frauen, die ich privat und beruflich kannte, und mir wurde bewußt, daß das für die meisten von ihnen gleichermaßen zutraf. Die Art und Weise, wie wir uns nach außen hin entfalten, maskiert, was in unserem Innern tatsächlich abläuft. Auf der Ebene der Politik, der Ausbildung und Erziehung, des Berufes, der Kreativität und ähnlicher Dinge haben Frauen enorme Fortschritte zu verzeichnen, und sie bewegen sich jeden Tag ein Stückchen weiter nach vorne. Was aber eine Änderung unseres Selbstwertgefühls angeht, sind wir kaum über ein Kratzen an der Oberfläche hinausgekommen.

In diesem Kontext betrachtet, beginnt der Nebel, der unseren nächsten Schritt umgibt, allmählich aufzubrechen. Das ultimative Anliegen der Frauenbewegung war, das Beste an uns aufzudecken. Damit dies geschehen kann, müssen wir uns Zugang verschaffen zu jenem Platz in unserem Innern, der mit Freude erfüllt, kreativ, handlungsorientiert, stark, fürsorgend, reich, warm, mitfühlend, wahrheitsliebend, zuversichtlich ... liebevoll und zärtlich ist. Das klingt großartig, oder nicht? Warum sollte sich irgend jemand dagegen sträuben? Aber dennoch tun wir es. Unsere negative Haltung macht uns weiterhin blind für jenen großen Reichtum in unserem Innern und vor dem Hintergrund der Liebe zu heimlichen »Bettlern«. In dieser Beziehung hat sich im Laufe der Jahre nicht viel verändert.

Es ist erhellend, sich die Bilder bestimmter Situationen »vorher« und »nachher« anzuschauen. Wie waren unsere Gefühle uns selbst gegenüber in Relation zu Männern vor der Frauenbewegung, und wie sind sie heute? Das »Vorherbild offenbart, daß wir uns bei allem davon leiten ließen, es den Männern recht zu machen und ihnen gefallen zu wollen – oder dies zumindest zu versuchen. Wir waren zwar mit Frauen befreundet, die Männer gingen aber immer vor. Viele werden sich an die ungeschriebene Regel erinnern, die während unserer Gymnasialzeit zwischen uns galt: »Wenn irgendeine von uns eine Verabredung hat und ein Junge ruft an, dann fällt unsere Verabredung ins Wasser!« Wenn dieser Fall eintrat, waren wir anders als heute möglicherweise nie böse aufeinander. Was statt dessen aufkam, war Neid: »Man, die Glückliche!«

Ich kannte nur wenige Mädchen, die nicht die Gesellschaft von Jungen vorgezogen hätten, obwohl wir in Wirklichkeit mit unseren Freundinnen meistens mehr Spaß hatten. Die weniger Beliebten unter uns erweckten oft den Anschein, als ob sie kein Interesse an Jungen hätten; ich weiß aber, daß sie genauso viele Nächte wie jede andere von uns einsam über irgendeine Zurückweisung weinend in ihren Zimmern zugebracht haben. Sie spielten einfach das ewig beliebte Spiel: »Wenn du nicht gewinnen kannst, tu so, als ob du es erst gar nicht versuchst!«

Viele von uns heirateten sehr jung, und zu dieser Zeit kursierte der Witz, wir alle gingen nur zur Universität, um dort unsere »Heiratsurkunde« zu bekommen. Aber es war kein Witz, es war die Wahrheit. Die Erfüllung all unserer Hoffnungen war, den Mann unserer Träume zu finden. Meine eigene Geschichte veranschaulicht das Ganze exemplarisch. Ich lernte meinen ersten Ehemann an meinem allerersten Tag am College kennen. Ich stand an jenem Tag vor dem Studentenwohnheim und sah meinem Vater hinterher, der wegfuhr, mich zum erstenmal in meinem Leben allein lassend. Dann drehte ich mich um und stieß im wahrsten Sinne des Wortes auf den Mann, der ein Jahr später mein Ehemann sein sollte. Von diesem allerersten Tag an waren wir unzertrennlich.

Ich hatte also tatsächlich an jenem ersten Tag auf dem Campus meine »Heiratsurkunde« erworben. Die Erleichterung, die ich empfand, war enorm. Auch wenn es mir damals nicht bewußt war, ich hatte einfach nur meine »Leitfiguren« vertauscht; mein zukünftiger Ehemann sprang da ein und nahm mich in seine Obhut, wo mein Vater mich verlassen hatte. So kam es denn wohl auch nicht von ungefähr, daß ich mir für meine Hochzeit den Song »Someone to Watch Over Me« (Jemand, der auf mich aufpaßt) aussuchte. Ich ging davon aus, für immer in meiner neuen Rolle als Ehefrau und später als Mutter zweier wundervoller Kinder glücklich zu sein. Dem war nicht so.

Dieser Glücksplan ging bei Unzähligen von uns schief, die jenen Traum erfüllten, den zu träumen man uns beigebracht hatte. Das Erwachsensein würde vermeintlich die Unabhängigkeit bringen. Statt dessen wuchsen unsere Abhängigkeitsbedürfnisse. Wir zogen Kinder groß, dabei waren wir selbst nicht über unsere Laufgitter hinausgekommen. Im Laufe der Zeit schwand unsere Selbstachtung. Schon bald merkten wir, daß wir uns leer, unsicher, verloren, gelangweilt, verdrossen und wütend fühlten. »Soll das alles sein?« war die Frage, die vor allen anderen unseren Kopf beherrschte.

Rückblickend waren diejenigen im Hinblick auf ihre persönliche Entwicklung und Selbstachtung die Glücklicheren, die ursprünglich »kein Glück in der Liebe« hatten, oder jene seltenen Ausnahmen, die wirklich kein Interesse daran hatten, so früh zu heiraten. Beide waren »gezwungen«, vor der Ehe und Gründung einer Familie hinauszugehen und für sich selbst zu sorgen. Die Mehrzahl dieser Frauen wuchs in ihrer Persönlichkeit und gewann Selbstvertrauen. Wir übrigen standen neiderfüllt im Abseits und sahen zu, wie unsere Ehemänner und Kinder sich entfalteten, wuchsen und Selbstvertrauen gewannen.

Wir fühlten uns sehr schuldig für unser Unglücklichsein. Um alles nur noch schlimmer zu machen, wurde uns von unserem Psychologen, sofern wir einen hatten, geraten, nach Hause zu gehen, unsere Rolle zu akzeptieren und dankbarer zu sein für all das Gute, das wir hatten. Somit wurde unser Gefühl bestätigt, daß wir in der Tat diejenigen waren, bei denen etwas absolut nicht in Ordnung war. Im stillen betrachteten wir unsere wundervollen Ehemänner und prächtigen Kinder und bemühten uns noch intensiver, glücklich zu sein . . . ohne Erfolg.

Ich gehörte zu den Glücklichen. Ich fand einen einfühlsamen Arzt, der meine extreme Müdigkeit als Langeweile und Mangel an Selbstverwirklichung diagnostizierte. Er sagte: »Manche Frauen sind dazu berufen, Vollzeitehefrauen und -mütter zu sein, und andere sind es nicht. Sie sind es nicht. Wenn Sie nicht irgend etwas außerhalb des Hauses finden, worin Sie sich selbst verwirklichen können, werden Sie eines Tages in einer sehr schlechten Verfassung enden.« Er warnte mich, daß ich mit heftiger Kritik rechnen müsse, wenn ich außerhalb des Hauses irgendwelche Ambitionen verfolgen würde, daß jedoch mein psychisches Überleben davon abhinge. Mir war damals nicht bewußt, wie sehr er seiner Zeit voraus war.

Das war der Punkt, als ich den Entschluß faßte, mein Collegestudium wieder aufzunehmen und noch etwas anderes als eine »Heiratsurkunde« zu erwerben. Augenblicklich hatte ich das Gefühl, wieder zu leben. Mein Arzt hatte recht. Er hatte auch recht mit der Kritik, auf die ich stoßen sollte. Vielleicht überrascht es Sie zu erfahren, daß der weitaus größte Teil der Kritik von seiten anderer Frauen kam. Sich als Frau außerhalb des Hauses zu verwirklichen, war ein Betrug an der ganzen Frauenwelt. Was Sie vielleicht noch mehr überrascht, ist, daß mein damaliger Ehemann während dieser Zeit meine größte Stütze war. Er war begeistert zu sehen, wie ich nochmals auflebte. Aber die Schuldgefühle, die damit verbunden waren, nun auch meinen eigenen Interessen nachzugehen und Rechnung zu tragen, blieben. Zudem konnte ich eigentlich nicht begreifen, warum mein Dasein als Hausfrau und Mutter dermaßen zerstörerisch für mein Wohlbefinden war.

Und dann las ich mit großer Erleichterung das Buch *Der Weiblichkeitswahn oder die Selbstbefreiung der Frau* und stellte fest, daß ich nicht allein war, daß es viele Frauen gab, die mit den ihnen zugewiesenen Rollen unzufrieden waren. Friedan gab dem »Problem, das keinen Namen hatte«, sogar einen Namen – der Weiblichkeitswahn (oder in der direkten Übersetzung: das Hausfrauensyndrom – d. Ü.) und sagte uns, daß wir uns mitten in einer Identitätskrise befänden. Wir wären nur die Hälfte dessen, was wir sein könnten. Sie wies auf die wachsende Zahl psychologischer Daten hin, die zeigten, daß Frauen, die ihr ganzes Potential ausschöpften – selbstverwirklichte Frauen –, glücklicher, selbstsicherer, liebenswerter und sogar bessere Ehefrauen und Mütter als diejenigen waren, die ihre eigenen Bedürfnisse für ihre Ehemänner und Kinder unterdrückten. Welch eine Entdeckung ... und welch eine Erleichterung!

Die Gefühle, die wir vor unseren Bemühungen um Selbstverwirklichung gegenüber uns selbst und unseren Männern hatten, zusammengefaßt, sähe etwa folgendermaßen aus:

Ein Blick auf uns selbst – vor der Frauenbewegung

- Wir mochten Frauen nicht sonderlich ... ganz besonders uns selbst nicht.
- Wir fühlten uns zweitklassig, weniger wichtig und minderwertig gegenüber Männern.
- Als »kleine« Frauen schauten wir zu Männern auf und machten uns so abhängig von ihnen, daß diese für uns sorgten ...

– Und dennoch waren wir, bewußt oder unbewußt, extrem wütend auf sie.

Die Zeit verging, und mit dem Aufkommen der Frauenbewegung schlossen wir uns zusammen und begannen, nach unserer verlorengegangenen Identität zu suchen. Wo wir uns einmal in unserer Unzufriedenheit isoliert gefühlt hatten, wurden diese Gefühle nunmehr millionenfach durch andere Stimmen bekräftigt. Durch die somit attestierte Rechtmäßigkeit unseres Anliegens erhielten wir Auftrieb. Und . . . was uns den größten Motivationsschub gab, war die Schaffung eines gemeinsamen Feindbildes, eine Zielscheibe, auf die wir nun alle losgehen konnten: Männer.

Klar, es war ihr Fehler, daß wir unsere Identität, unser Vertrauen, unseren Optimismus, unser Selbstwertgefühl verloren hatten. Sie hinderten uns daran, all das zu werden, was wir sein konnten, aber jetzt würden sie uns nicht länger davon abhalten können!

Unsere Wut wurde massenweise freigesetzt. Für viele von uns war dies das erstemal in ihrem Leben, daß sie so etwas wie Macht und Stärke empfanden. Wo wir zuvor einmal mit anderen Frauen konkurriert hatten, traten wir nun in einen erbitterten Konkurrenzkampf mit Männern. In dem Zuge, wie wir allmählich außerhalb des Hauses begannen, uns vorzuwagen, machten sich einige von uns, abgeschreckt durch die extremen Feministinnen, daran, die Strukturierung ihres Lebens auf eine ruhigere Art und Weise zu verändern. Und andere, die den Mut zum eigenständigen Handeln nicht aufbrachten, lächelten einfach und schauten zu und warteten ab, hoffend, daß eines Tages unsere Chance da sein würde. Natürlich gab es auch solche, die jegliche Veränderung ablehnten, die sich einzig darum sorgten, daß alles so bliebe, wie es war. Für die meisten von uns stand jedoch eines fest: Lautstark oder stillschweigend, was uns einte, war, Männer als Feindbild zu betrachten.

Inzwischen sind viele Jahre vergangen. Im großen und ganzen haben wir als Frauen viele Kämpfe gewonnen und im Hinblick auf die Veränderung unseres Bewußtseins und unserer Gefühle, vor allem auch was die Durchsetzung und Verwirklichung unserer beruflichen Ziele angeht, viele Errungenschaften zu verbuchen. Im Grunde ist das Pendel so weit zur anderen Seite geschwungen, daß die Berufstätigkeit einer Frau inzwischen als der Normalfall gilt. Die Berufsbezeichnung »Hausfrau« hat ihren Status eingebüßt, und die Selbstverwirklichung ist »in«. Heutzutage haben Frauen eine Vielzahl neuer Möglichkeiten und Chancen, und diese Chancen potenzieren sich mit jedem Tag in dem Maße, wie sowohl Frauen als auch solidarische Männer den Kampf gegen die verbleibenden Ungleichheiten und Ungerechtigkeiten fortsetzen.

Dennoch gibt es nach wie vor ein gewaltiges Problem. Der Weiblichkeitswahn (oder das Hausfrauen-Syndrom) hat zwar seine epidemischen Ausmaße verloren. Wir haben den Weg in Richtung Selbstverwirklichung eingeschlagen, aber dennoch werden wir nach wie vor von Unzufriedenheit und Verwirrung verfolgt. Ein neues »Problem ohne Namen« scheint sich aufgetan zu haben, ohne daß eine Lösung in Sicht wäre. Vor der Frauenbewegung waren gesunde Beziehungen für zu viele von uns schwierig und problematisch, aber heute scheinen sie erst recht unmöglich zu sein. Warum können so wenige von uns Liebe finden? Selbst innerhalb bestehender Beziehungen wird unser Kampf mit Männern fortgesetzt. Warum hat sich unsere Wut angesichts der vielen Dinge, die wir erreicht haben, nicht verflüchtigt? Warum ist diese bei vielen von uns sogar stärker geworden? (Manche von Ihnen mögen nicht das Gefühl haben, Männer zu Feinden gemacht zu haben, und ebensowenig empfinden Sie Wut gegenüber Männern. Wie Sie aber noch sehen werden, ist der Faktor Wut im Rahmen von Beziehungen nur ein Problem. Auch hier gilt, daß Sie nur das Zutreffende auf sich beziehen und übernehmen und den Rest außer acht lassen.)

Vor ungefähr fünf Jahren war ich gezwungen, mich mit diesen Fragen auseinanderzusetzen. Bis dahin war ich durchaus der Überzeugung gewesen, ganz gut zurechtgekommen zu sein. Ich war seit zehn Jahren glücklich geschieden und hatte in bezug auf meinen Beruf vieles erreicht. Was Männer anging, so hatte ich viele Verabredungen und eine ganze Reihe von Beziehungen, die mir etwas bedeuteten. Aber irgendwie war mit den Männern, bei denen ich landete, immer irgend etwas »nicht in Ordnung« (kommt Ihnen das vertraut vor?), so daß ich die jeweilige Beziehung für gewöhnlich mit einem Wutausbruch beendete. Ja, ich war wütend – und wie. Sie verdienten es, und wer überhaupt brauchte sie schon! Ich war begeistert von der meinerseits neu entdeckten weiblichen Solidarität und Schwesterlichkeit und blühte darin förmlich auf. »Wenn ich doch nur einen Mann finden könnte, der genau wie meine Freundinnen wäre«, war ein häufig ausgestoßener Klageruf. Was uns einte, war unsere Wut gegenüber Männern, die im übrigen, was schon fast zwanghafte Züge annahm, unser Hauptgesprächsthema waren.

Dann passierte etwas, das mein Leben tiefgreifend verändern sollte. Seit drei Jahren war ich mit Mark, der später mein Ehemann werden sollte, – in einer (für mich) typischerweise turbulent verlaufenden Beziehung – zusammen, als festgestellt wurde, daß ich Brustkrebs hatte. Seit Jahren hatte ich vor den Teilnehmerinnen in meinen Workshops darüber doziert, daß sie die »Opfer«-Mentalität fallenlassen und beginnen sollten, Verantwortung für das, was in ihrem Leben passierte, zu übernehmen. Nachdem ich nun den ersten Schock überwunden hatte, war es also ganz natürlich, daß ich mich fragte: »Was tue oder unterlasse ich in meinem Leben, das eine solche Krankheit in meinem Körper hervorrufen konnte?« Zu dieser Zeit hatte ich nicht gerade ein sehr ausgeprägtes Bewußtsein für Gesundheitsfragen, also fing ich an, mich sach- und fachkundig zu machen. Ich fand heraus, daß es eine ganze Reihe von Dingen gab, die mit Brustkrebs in Verbindung gebracht werden. Einige davon waren kontrollierbar, andere nicht.

Ich machte mich daran, an denjenigen, die kontrollierbar waren, zu arbeiten – speziell an zwei Faktoren. Der erste war meine Ernährung. Die Änderung meiner Eßgewohnheiten war ein relativ leicht zu bewerkstelligendes Unterfangen. Der zweite Faktor ließ sich nicht so einfach ändern; ich kann mich in der Tat an nichts erinnern, das auch nur annähernd eine solche Herausforderung gewesen wäre. Hierbei ging es, natürlich, um das Loslassen von meiner Wut.[2] Diese Herausforderung war deshalb so gewaltig, weil die Grundvoraussetzung, meine Wut loszuwerden, die war, mich selbst einmal unverblümt, brutal, ehrlich zu betrachten, statt mit dem Finger auf die Männer zu zeigen.

Ich war wirklich wenig geneigt, das zu tun. Es ging mir gut, und ich fühlte mich wohl mit meinen negativen Gefühlen gegenüber Männern. Meine Freundinnen und ich, wir hatten unsere helle Freude daran, zusammenzusitzen und uns ausgiebig über die Negativseiten der Männer auszulassen. Es war, als gehörten wir einem exklusiven Club an, und ich war nicht bereit, meine Mitgliedschaft aufzugeben. Ich mochte sogar meine Wut und die Kraft und Stärke, die ich empfand, wenn sie sich Luft verschaffte. Sie motivierte mich und ließ mich wachsen. Aber eines war sicher: Ich wollte nicht, daß mein Krebs neuerlich auftrat; wenn also ein Loslassen von meiner Wut und meiner Negativhaltung hinsichtlich der Frage des Überlebens auch nur den geringsten zusätzlichen Hoffnungsschimmer bot, war ich bereit, alles daranzusetzen, um diese Nuß zu knacken.

Das einzige Mal, wo ich mich erinnern konnte, gleichermaßen hart an meinem inneren Ich gearbeitet zu haben, war nach meiner Scheidung. Damals war es darum gegangen, meine Identität zu finden und ein unabhängiger Mensch zu werden. Diesmal ging es um etwas anderes. Wenn ich an diese Zeit zurückdenke, wird mir bewußt, daß ich damals auf dem besten Weg war, dem auf die Spur zu kommen, von dem ich denke, daß es der nächste Schritt der Frauenbewegung sein wird. Obwohl der Prozeß für mich bisweilen schwierig war, so war er doch mehr als lohnend.

Worin bestand nun dieser »nächste Schritt«, den ich unternahm? Am treffendsten wird er durch einen Satz beschrieben, den ich kürzlich hörte:

»Nimm einen Spiegel anstelle eines Vergrößerungsglases in die Hand.«

Wenn ich darüber nachdenke, war das genau das, was ich tat. Mit Hilfe mehrerer Lehrer, Bücher und Workshops war ich in der Lage, in den »Spiegel zu schauen« und stellvertretend für alle Frauen, die irritiert waren, zu fragen: »Spieglein, Spieglein an der Wand, was ist das Problem bei uns allen?« Laut und deutlich gab der Spiegel mir die Antwort:

> Ihr habt hart für eure Rechte gestritten. Das ist gut. Das Problem ist, daß ihr während dieses Prozesses euer Herz gegenüber Männern verschlossen habt. Ihr habt den »Weiblichkeitswahn« oder das »Hausfrauensyndrom« durch das »Syndrom des verschlossenen Herzens« ersetzt. Eure Aufgabe ist es jetzt, das Streben nach Ganzheit fortzusetzen und euch weiter darauf zuzubewegen, aber mit einem offenen Herzen. Wenn ihr das schafft, werdet ihr der Erfüllung, die ihr sucht, wesentlich näher kommen.

Ich weiß. Allein diese Vorstellung wird bei vielen von Ihnen, augenblicklich, helle Empörung auslösen!

> »Was! Unser Herz ihnen gegenüber öffnen! Es sind ihre Herzen, die geöffnet werden müssen, nicht unsere! Und überhaupt, warum, um alles in der Welt, sollten wir unsere Herzen für sie öffnen? Sie sind doch diejenigen, die an erster Stelle die Ursache für alle Probleme sind!«

Glauben Sie mir, vor fünf Jahren habe ich genauso reagiert. Seit dieser Zeit habe ich jedoch eine Menge gelernt. Und es ist mein Anliegen, mit diesem Buch jene befreienden (und mitunter schmerzlichen) Wahrheiten weiterzugeben, die mit Hilfe jenes magischen Spiegels offenbar wurden. Vielleicht hilft es Ihnen, so daß Sie sich wieder ein wenig entspannen können, wenn ich Ihnen sage, daß wir für die Heilung des »Syndroms des verschlossenen Herzens« nichts aufgeben müssen, was wir in unserem Kampf um Identität errungen haben – im Gegenteil, ich habe festgestellt, daß es unserem Ichgefühl, unserer Ganzheit, unserer Fähigkeit zu lieben und geliebt zu werden, nur förderlich ist. Darüber hinaus hilft es uns, je weiter wir uns in die Welt hinauswagen, wesentlich erfolgreicher zu sein.

Vertrauen Sie mir also, und lassen Sie mich damit beginnen, daß ich Ihnen einen interessanten »Verlust« aufzeige, den wir als Frauen im Laufe der Jahre erlitten haben und der hilfreich ist, zumindest teilweise einige der Probleme zu erklären, vor denen wir heute stehen. In unserer Gesellschaft ist es gang und gäbe, Attribute wie weich, warmherzig, passiv und fürsorgend als »weiblich« und solche wie stark, selbstsicher und zielorientiert als »männlich« zu etikettieren. Meines Erachtens sollten ursprünglich mit diesen Etikettierungen Polaritäten beschrieben werden, die innerhalb des weiten Spektrums menschlicher Eigenschaften in jedem von uns existieren. Damit sollten keineswegs eine Trennungslinie zwischen Männern und Frauen gezogen oder typische Unterscheidungsmerkmale aufgezeigt werden.

Irgendwo und irgendwann jedoch wurden die Konturen durch die Interpretationsweise der Gesellschaft verwässert, sie verschwammen, und nach dem neuen Verständnis bedeuteten diese Etikettierungen fortan, daß im Rahmen der weiblichen Rolle nur die femininen und im Rahmen der männlichen Rolle nur die maskulinen Eigenschaften zum Tragen kommen sollten. Einige Stimmen gehen sogar so weit zu behaupten, diese Polaritäten seien natürlich und angeboren, eine These, die auf das eine wie das andere Geschlecht entmutigend wirkt, das in ihrem Innern brachliegende Potential zu erforschen. Dieser gesellschaftliche Druck resultiert in Halb-Männern und Halb-Frauen, und diejenigen von uns, die versuchen, diese starren Charakterbarrieren zu überwinden, werden, selbst heute noch, beschuldigt, unmännlich oder unweiblich zu sein. Traditionelle Beziehungen reflektieren diese Demarkationslinien, wie die nachfolgenden Modelle veranschaulichen:

Traditionelles Paar

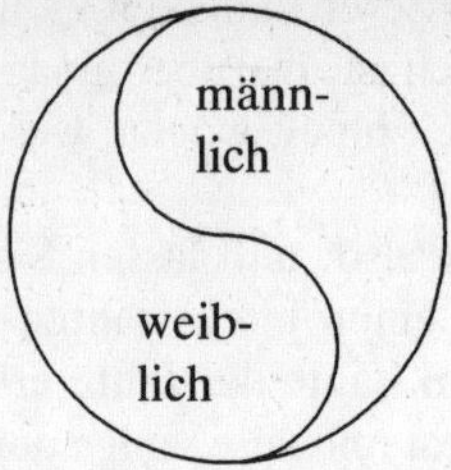

Nach diesem Modell stellt der Mann die »maskuline« Hälfte vom Ganzen, und die Frau stellt die »feminine« Hälfte. Einer ohne den anderen ist nur ein halber Mensch:

Weiblich *Männlich*

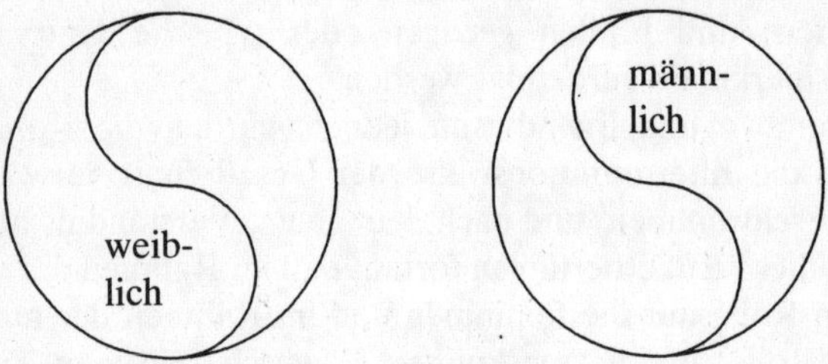

Das läßt erkennen, wie kläglich es doch um uns als Individuen steht, wenn wir unsere andere Hälfte verlieren! Unter diesen Rahmenbedingungen, mit denen sich viele von uns noch heute identifizieren, sind die Erwartungen, die wir gegenseitig an uns stellen, enorm. Wir verlangen, daß unser Partner die andere Hälfte der Person, die wir sind, stellt, was, wie die meisten von uns festgestellt haben, nur zu bitteren Enttäuschungen führt.

Instinktiv, glaube ich, wußten wir schon immer, daß an diesem Modell etwas entsetzlich falsch ist – es schuf zwei halbe

Menschen statt zwei ganze Menschen. Dieses Modell war der eigentliche Auslöser für die Anfänge der Frauenbewegung. Auf dem Höhepunkt unserer Unzufriedenheit mit den uns zugewiesenen Rollen begannen wir, nach einer Ganzheit zu suchen.

In unserem Eifer, die andere Hälfte unseres Ichs zu finden, taten viele von uns dann aber nichts anderes, als die eine Hälfte unseres Ichs gegen die andere auszutauschen, indem sie sich von jenem Teil unseres Ichs, den wir als schwach betrachteten – dem weiblichen –, trennten und, auf der anderen Seite, jenem, den wir als stark erachteten – dem männlichen –, nachzueifern. Somit ist das Pendel umgeschwungen, und viele von uns stehen jetzt so da:

Weiblich

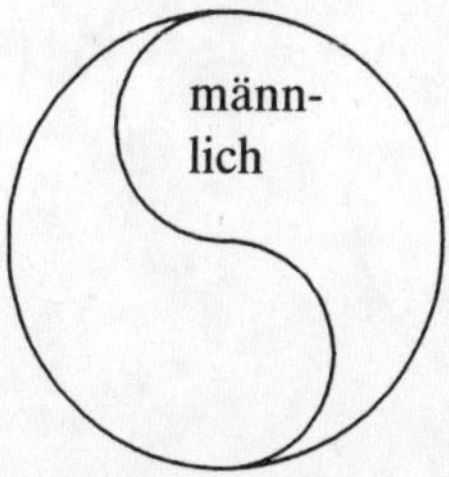

statt nach unserem alten Muster, das, wie Sie sich erinnern, folgendermaßen aussah:

Weiblich

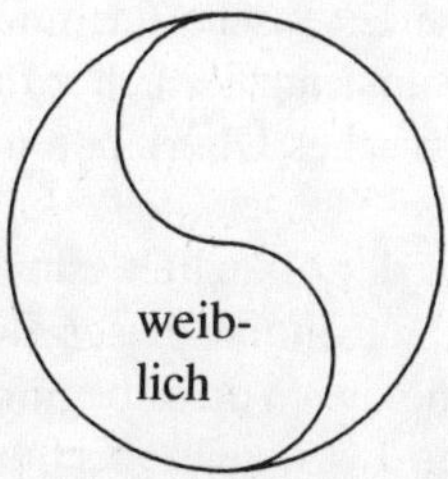

Interessant – oder? Nach wie vor haben wir Schlagseite! Offensichtlich haben wir nur die eine Hälfte unseres Ichs gegen die andere eingetauscht! Um jenen Teil von uns zu finden, der stark, selbstsicher, unabhängig und handlungsorientiert ist, haben wir uns von dem Teil, der fürsorgend, warmherzig und sensibel ist, verabschiedet. Natürlich ist das Bild in Wirklichkeit nicht so drastisch, wie es anhand des Modells erscheint. Es ist auch lediglich dazu gedacht, jenen Prozeß zu verdeutlichen, dem heute scheinbar viele Frauen erliegen.

Ich glaube, daß wir uns wohl alle darin einig wären, daß eine ideale Beziehung zwei ganzheitliche Menschen umfassen sollte:

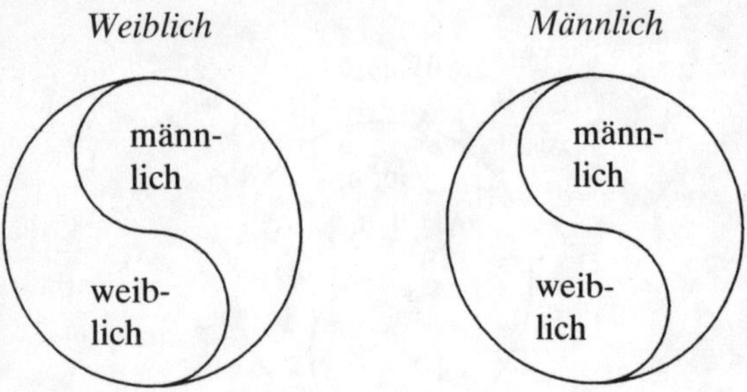

Nach diesem Modell sind beide Geschlechter im Gleichgewicht, mit mehr Möglichkeiten ausgestattet, Freude und Befriedigung in ihrem Leben zu finden. So sind Frauen beispielsweise nicht nur fürsorgend, warmherzig und sensibel, sondern darüber hinaus auch stark und selbstsicher, sie bieten Schutz und Sicherheit. Diese Eigenschaften sind im Bedarfsfall abrufbereit. Indem wir uns ganzheitlicher fühlen, hängen wir in bezug auf unser psychisches Überleben nicht von jemand anderem ab.

Mit diesem Gefühl der Ganzheit schwindet die Bedürftigkeit. Und mit dem Schwinden dieser Bedürftigkeit können wir im wahrsten Sinne des Wortes beginnen zu lieben. Diese Integration all dessen, was wir sein können, war, so glaube ich, das, was die Frauenbewegung ursprünglich erreichen wollte. Jetzt müssen wir beginnen, all das wiederzugewinnen, was wir so mühevoll zu unterdrücken versuchten, ohne dabei allerdings unsere hart erstrittenen Errungenschaften aufzugeben.

Um die Probleme, vor denen wir heute stehen, verstehen zu können, ist es hilfreich, einen Blick auf die ursächlichen oder präziser, versteckten Beweggründe für unseren Zusammenschluß einerseits und der Etablierung eines Männerfeindbildes andererseits zu werfen. Oberflächlich betrachtet, ließen wir uns einfach davon leiten, daß sie es verdienten; sie sind der Feind! Nehmen wir jedoch den Spiegel statt des Vergrößerungsglases zur Hand, zeigt sich uns ein anderes Bild. Der Philosoph Sam Keen liefert uns eine Schlüsselerkenntnis. Er beschreibt die Art und Weise, wie Stämme und Nationen traditionell ihre Stärke bewahren:

> »Normalerweise wird der soziale Zusammenhalt durch Projektion und Paranoia hergestellt. Wir leugnen unsere eigenen aggressiven, destruktiven, feindseligen Impulse und schreiben sie einem Feind zu.«[3]

Hart! Als ich diese Zeilen las, kam mir das auf irgendeine unangenehme Weise bekannt vor. Denn das, was Keen über den sozialen Zusammenhalt von Nationen sagt, läßt sich ohne weiteres auf unsere Vorgehensweise in Zusammenhang mit Männern übertragen. Darüber hinaus hält Keen uns vor Augen:

> »Eine der wenigen Möglichkeiten, die wir politisch haben, um zu sagen, daß »wir in Ordnung sind«, scheint die zu sein, daß es eine andere Gruppe gibt, von der wir sagen können, daß sie es nicht ist. Wir haben es hier mit bestimmten Prozessen zu tun. Der erste ist der Prozeß der psychologischen Betäubung. Wir töten keine menschlichen Wesen – psychologisch gesprochen: wir müssen diese erst entmenschlichen, ehe wir es tun können. Wir müssen irgend-

eine Möglichkeit finden, sie im Vergleich zu uns anders, uns unähnlich, erscheinen zu lassen.«[4]

Lesen Sie diese Aussage noch einmal. Sie ist außerordentlich wichtig, um verstehen zu können, was so viele von uns mit den Männern in ihrem Leben machen. Das Konzept der psychologischen Betäubung können wir besser verstehen, wenn wir uns Beispiele aus dem militärischen Bereich anschauen. Jagdflieger der Luftwaffe müssen, zum Beispiel, auf dieses Prinzip der Betäubung zurückgreifen (ihre Herzen verschließen), wenn sie über feindlichem Territorium eine Bombe abwerfen; würden sie an die davon betroffenen Menschen denken, wäre dieser Akt zu schmerzlich für sie. In diesem Sinne wird darum auch Soldaten beigebracht, nur den Feind, nicht Menschen, zu töten. Selbst im Bereich der Waffenfabriken treffen wir auf diese Art der psychologischen Betäubung. Bei Atombomben spricht man beispielsweise von »Mehrfachgefechtsköpfen« – das Wort Bombe würde alles zu wirklich, zu entsetzlich machen.

In einem weniger offensichtlichen Sinne haben auch wir uns, als wir die Männer zu Feinden machten, innerlich vor der Tatsache abgeschottet, daß auch sie Menschen sind und daß der Überlebenskampf für sie genauso hart ist wie für uns. Um dieses Feindbild aufrechterhalten zu können, haben wir uns gegenüber dem Schmerz, der Angst und der Leere, die sie so oft empfinden, versperrt. Aber noch bedeutsamer ist, daß unsere Wut dazu diente, die Wahrheit dessen, was da wirklich in uns ablief, zu maskieren. Sie diente als Vorwand, die Auseinandersetzung mit unserem eigenen Schmerz, unserer eigenen Angst und unserer eigenen Leere, die selbst in unseren so gut geschützten Persönlichkeiten von Zeit zu Zeit immer wieder schmerzhaft aufbrechen, hinausschieben zu können. Ironischerweise geht von jenem Ort des Schmerzes auch unsere Fähigkeit zu Mitgefühl und Liebe aus. Ich habe festgestellt, daß diejenigen (Männer oder Frauen), die gegenüber ihrem eigenen tiefsten Schmerz taub, abgestumpft sind, am grausamsten sein können.

Ein verschlossenes Herz hilft uns, unseren eigenen »Schatten«, unsere dunkle Seite, wie Carl Jung sie bezeichnete, zu leugnen. Während wir Hab- und Machtgier, Gehässigkeit und Aggression dem Feind zuschreiben, können wir diese Eigenschaften an uns selbst nicht sehen. Und gleichermaßen wichtig ist, wenn wir uns selbst für das Schöne und Gute an anderen blind machen, daß wir dann auch das Schöne und Gute an uns nicht sehen können. Zwar mögen wir uns erhaben und höherwertig fühlen, mit Sicherheit aber nicht gut, wenn es darum geht, wer wir sind und wie wir uns benehmen und handeln. Abgeschnitten von unserer inneren Natur, von unserem ureigensten Sein, kann es somit nicht verwundern, daß wir darüber, wer wir sind und was wir für den Rest unseres Lebens tun sollten, verwirrt sind.

Darüber hinaus bewahrt ein verschlossenes Herz uns davor, die Verantwortung für das, was in unserem Leben vor sich geht, übernehmen zu müssen. Wenn wir einen Feind haben, der für alles verantwortlich ist, sind wir selbst in bezug auf die Frage, inwieweit wir das Problem selbst verursacht haben – und weiterhin verursachen –, aus der Verantwortung entlassen. Zwar ist die Übernahme von Verantwortung ein sehr schwieriges Unterfangen, sie ist aber unsere einzige Hoffnung, irgendwelche bedeutsamen Veränderungen herbeiführen zu können. Verzichten wir auf Verantwortung, so sind wir Opfer, und Opfer sind machtlos. Solange ein »Sie-haben-uns-das-angetan« Bestandteil unseres Denkens bleibt, werden wir die Identität, Freude und Befriedigung in unserem Leben, die wir alle suchen, nicht finden. Erst, wenn jede von uns sagen kann: »Ich bin für die Veränderung dessen, was ich an meinem Leben nicht mag, verantwortlich«, dann, und nur dann wird ein wahrhaftes Wachstum wirklich möglich sein. Wenn wir zum Spiegel statt zum Vergrößerungsglas greifen, können wir beginnen, unser Leben so zu gestalten, wie wir es haben möchten.

Im gesündesten, nutzbringendsten Sinne geht es bei der Frauenbewegung um Freiheit mit Verantwortung. Es geht darum, das Optimum unseres Potentials zu erreichen. Wir müssen die Verantwortung dafür übernehmen, wer wir sind und was wir tun. Aus dieser Perspektive betrachtet, hat die Frauenbewegung nichts mit Männern zu tun! Wir müssen aufhören, Männer permanent in den Brennpunkt unseres Interesses und Handelns zu stellen, und uns darauf konzentrieren, uns selbst zu verändern. Ebenso müssen wir aufhören, sie als unsere Feinde zu betrachten.

Die Wahrheit ist, daß es keine Feinde gibt. Es gibt nur Menschen, die jeweils bemüht sind, ihr Bestes zu geben. Wie es auch immer nach außen hin, oberflächlich aussehen mag: jeder möchte lieben und geliebt werden. Wir können es jetzt zulassen, daß unser Herz jenen Schmerz empfindet und erkennt, den wir alle – Männer wie Frauen – als Menschen auf dieser Welt teilen. Wir müssen einander helfen ... wir müssen unseren Männern helfen (nicht sie verändern) ... wir müssen der Welt helfen.

Als ich diese Ideen erstmalig in meinen Workshops vortrug, war ich auf eine Menge Widerstand gefaßt. Zum Teil gab es ihn, ich war jedoch überrascht festzustellen, daß die Mehrzahl der Frauen durch verbale Zustimmung, durch Kopfnicken und manchmal durch Tränen eingestand, daß es tatsächlich das ist, was sie sich selbst und den Männern in ihrem Leben angetan haben. Ich bat sie dann, einen noch unangenehmeren Blick auf das zu werfen, was sich wirklich bei ihnen abspielte. Ich fragte: »Ungeachtet all der großen Fortschritte, die wir auf vielen Gebieten zu verzeichnen haben, was hat sich wirklich verändert, wenn es um die Männer in unserem Leben geht?« Ich bat sie, bei der Beantwortung dieser Frage ehrlich sich selbst gegenüber zu sein. Äußerst zögerlich und widerstrebend kam dann die Antwort: »Nicht viel.« Und sie zogen folgendes Fazit:

Wie wir uns heute sehen

- Trotz aller Großtuerei, noch immer mögen wir uns selbst nicht sonderlich ...
- Noch immer fühlen wir uns als Menschen zweiter Klasse, weniger wichtig und minderwertig ...

- Noch immer möchten wir zu Männern »aufschauen« und von ihnen versorgt werden, vor allem finanziell . . .
- Und wir sind sogar wütender denn je.

Die Frauen in meinen Workshops gaben zu, daß ihr Selbstwertgefühl noch immer auf einem sehr niedrigen Niveau war. Sie gaben zu, daß ihre Angst sie noch immer in vielen jener Glaubensansätze, Erwartungshaltungen und Handlungsstrukturen gefangenhielt, die vor der Frauenbewegung bestanden und hochgehalten wurden, und wir diskutierten diese ausgiebig. Ich dankte ihnen für ihre Ehrlichkeit und hielt ihnen vor Augen, daß an dem, was und wie sie fühlten, nichts ursächlich schlecht sei. Diese Art der Ehrlichkeit sei Voraussetzung dafür, daß wir beginnen könnten, Antworten auf die vielen widerstreitenden und konfliktreichen Gefühle zu finden, welche wir heute noch immer gegenüber Männern und uns selbst hegen. Nur mit dieser Art der Aufrichtigkeit können wir zum nächsten Schritt ansetzen.

Aber auch was unsere Fortschritte angeht, möchte ich wiederum vorschlagen, das Positive statt das Negative zu sehen. Vielleicht war unser Zusammenschluß, um Stärke zu finden und Männer zum Feindbild zu erklären, ein notwendiger Schritt, als wir die Sicherheit von Herd und Heim verließen und uns in neue Bereiche vorwagten, Neuland betraten. Ohne diese Stärke hätten wir die enormen Fortschritte, die wir gemacht haben, möglicherweise nie erreicht. Vielleicht war es ebenso notwendig, uns von Teilen unseres Ichs zu trennen, die wir mit Schwäche assoziierten, wodurch wir gezwungen wurden, auf jene »stärkeren« Teile zurückzugreifen, die vorher brachgelegen, die wir geleugnet hatten. Möglicherweise war auch die Wut notwendig, um uns in der Gesellschaft das Gehör zu verschaffen und den Niederschlag zu finden. Vielleicht mußten wir uns zuerst auf die äußeren Faktoren konzentrieren – unsere politischen, ausbildungsmäßigen, ökonomischen und »sozialen« Rechte –, um uns so auf die wirklich harte Aufgabe der Selbstbetrachtung, der »Innenschau« vorzubereiten. Nachdem wir all dies hinter uns haben, ist jetzt vielleicht die Zeit gekommen, wo wir uns selbst erlauben können, jene Teile unseres Ichs wiederzugewinnen, wieder zu beanspruchen, die wir so lange verleugneten.

Die Gruppe gibt uns heute die Sicherheit, wenn wir uns weiter bewegen. Wir haben uns selbst und dem Rest der Welt vieles bewiesen, vieles, das wir beweisen mußten, und heute müssen wir nicht mehr so eng zusammenstehen. Wir brauchen keine Feindbilder mehr, die uns einen und stark machen. Obwohl wir bei vielen Fragen unterschiedliche Meinungen haben mögen, so sind wir doch im Geist vereint, und wir sind stark. Wir sind bereit, nach vorne zu gehen. Wir sind bereit, von der Wut und den Schuldzuweisungen loszulassen. Sie haben ihren Zweck erfüllt, sie sind überholt.

Zuhauf setzten wir unsere Wut frei.
Zuhauf laßt uns unsere Liebe freisetzen.

Welch großartige Welt können wir doch schaffen! Und wenn wir uns anschauen wollten, was unser nächster Schritt uns bringen wird – es wird folgendes sein:

Wenn wir unsere Herzen öffnen
Frauen lieben Frauen
Frauen lieben Männer

Die Bewerkstelligung dieses nächsten Schrittes ist jedoch keine leichte Aufgabe. Das Problem liegt nicht bei den Männern da draußen, sondern in der Notwendigkeit, jene Sicherheit aufzugeben, die uns unsere »Stammeszugehörigkeit« gibt. Sich vorwärts zu bewegen bedeutet nicht nur ein Loslassen von unserer eigenen Wut, es bedeutet auch, zu jenen anderen auf Distanz zu gehen, uns von jenen zu trennen, die wütend, anklagend und zu Opfern ihrer eigenen Überzeugungen geworden sind. Aus diesem Grund kann der Anfang ein einsamer Ort sein. Um neue Antworten zu finden, müssen wir aus dem allgemeinen Meinungskonsens ausscheren. Hierzu ist Mut, viel Mut erforderlich. Um jedoch den Grundstein für eine erfüllende Liebe legen zu können, müssen wir diese Vorstellungen und Raster zerstören, die bislang nur zu schmerzlichen Beziehungen – mit uns selbst und unseren Männern – führten.

Ich möchte Ihnen zeigen, wie Sie in vielerlei Hinsicht die Verantwortung für eine Beziehung übernehmen können, und zwar auf eine Art und Weise, die die Wunden heilt und Ihr Selbstvertrauen aufbaut. Solange sowohl Männer als auch Frauen mit sich selbst nicht glücklich und zufrieden sind, werden sie sich weiterhin gegenseitig verletzen. Die Aufgabe, um die es geht, besteht somit darin, unser Verhalten aufmerksam zu beobachten – mit dem Ziel, daß wir mit uns selbst zufriedener und glücklicher sind. Im Zuge dieses Prozesses können wir vielleicht auch unseren Männern zu mehr Glück und Zufriedenheit verhelfen.

Einiges von dem, was Sie lesen, mag nicht angenehm sein, wenn es uns jedoch gelingt, mit einer gelassenen Haltung heranzugehen und uns nicht so ernst zu nehmen, wird die Aufgabe wesentlich einfacher sein – sie wird sogar Spaß machen. Das größte Zeichen von Wachstum dürfte sein, wenn wir imstande sind, über unsere menschlichen »Fehler und Schwächen« zu lachen.

Indem wir dies beherzigen, können wir uns auf die Suche nach ein paar Heilmethoden für jenes Problem machen, das nun einen Namen hat: das Syndrom des verschlossenen Herzens.

Kapitel 2

Wut: Wie süß sie doch ist!

Zu den größten Feinden eines offenen Herzens gehört die Wut. Ich weiß! Sie lesen hier die Worte einer Person, die wahrlich das Gefühl der Wut liebte. Merle Shain bemerkte hierzu in ihrem Buch *Hearts That We Broke Long Ago:* »Wut ist eine Leidenschaft, und eine Leidenschaft gibt Menschen das Gefühl, daß sie leben, daß sie sich engagieren und ihr Leben im Griff haben.«[1] Wie wahr!

Ich erinnere mich an Zeiten, in denen meine Wut mir ein geradezu erhabenes, großartiges Gefühl gab. Sie vermittelte mir ein überschwengliches Gefühl der Macht. Sie machte das Abschiednehmen leichter. Sie motivierte mich, gesunde Veränderungen in meinem Leben vorzunehmen. Sie war die Triebkraft, jedem (vor allem mir selbst) beweisen zu wollen, daß ich kompetent war und nach Belieben alles in meinem Leben tun konnte. Auf heimtückische, aber auch dankenswerte Weise maskierte diese Wut die Angst, den Schmerz und das Gift in meinem Innern. Wäre da nicht das Problem gewesen, daß ich mich um ein Wiederauftreten meines Krebses sorgte und gerne einen Mann in meinem Leben gehabt hätte, hätte ich womöglich ewig an meiner Wut festgehalten!

Sehr lange Zeit war mir diese Wut, die ich in mir trug, nicht bewußt. Aber selbst wenn sie mir bewußt gewesen wäre, hätte ich sie wahrscheinlich nie zutage treten lassen. Ich war allzusehr darauf bedacht, es allen recht zu machen, allen zu gefallen und von jedermann geliebt zu werden. Ich war zu »nett« und wollte unter allen Umständen freundlich und feminin sein, hatte die Gesellschaft mir doch beigebracht, daß Wut und Weiblichkeit schlichtweg miteinander unvereinbar sind.

Ich werde jenen Tag, an dem ich mit meiner Wut zum erstenmal wirklich in Berührung kam, nie vergessen. In dem Bemühen, unsere Ehe zu retten, hatte mein erster Mann mich gebeten, mit ihm zu einer neuen Form der Gruppentherapie zu gehen, auf die er gestoßen war und die den Schrei als Instrument einsetzt, die Schreitherapie. Meine erste Reaktion war: »Schreitherapie! Das ist doch wohl nicht dein Ernst!« Es war sein Ernst. Teilweise aus Neugier, teilweise aus Gründen meiner Angst vor dem Ende meiner Ehe und größtenteils, um ihm zu beweisen, daß er damit absolut falsch lag, willigte ich ein, ihn zu begleiten. Ich erinnere mich an mein Gefühl der Selbstherrlichkeit und Überlegenheit, als wir den Raum betraten, in dem die Gruppensitzung abgehalten wurde. Auf die »Show«, die nun vor mir lag, war ich so gut wie überhaupt nicht vorbereitet.

Mit meinem Doktor der Psychologie in der Tasche, den ich gerade an einer sehr konservativen Universität erworben hatte, können Sie sich meinen Schock vorstellen, als all die Verrückten in jener Gruppe, einer nach dem anderen, nun anfingen, ihren Schmerz, ihre Wut, ihre Freude und so weiter hinauszuschreien. Sie teilten miteinander die verborgensten und intimsten Sphären ihres Lebens. Hatten sie denn kein Schamgefühl? Das war mit Sicherheit nichts, worauf ich mich einlassen, was ich tun würde! Meine schmutzige Wäsche in der Öffentlichkeit waschen? Niemals! Hierzu müssen Sie wissen, daß ich nicht nur selbstherrlich und selbstgerecht war, sondern auch jemand, der äußerst auf sein Image und seine Fassade bedacht war.

Schlimmer war jedoch, daß ich jemand war, der völlig den Kontakt zu seinen Gefühlen und am meisten zu seiner Wut verloren hatte. Ich war taub gegenüber dem, was in meinem Innern vor sich ging, und genauso taub, was in anderen vor sich ging. Ich brauche wohl nicht zu sagen, daß ich mitnichten bereit war, mich mit einer derart undamenhaften Vorstellung vor all diesen Fremden zu erniedrigen!

Und dann kam ich an die Reihe. Dan, der Gruppenleiter, war offenbar daran gewöhnt, mit selbstherrlichen, gefühlstauben Personen umzugehen. Er fragte mich, welche Gefühle ich hätte. Und ich antwortete ihm: »Keine«. Mit tadelndem Tonfall fragte er weiter: »Nun, hatten Sie während dieses Tages irgendwelche Gefühle?« Ich erwiderte, ich sei an diesem Morgen ein wenig wütend auf meinen Mann gewesen. Dann wies er mich an, reihum zu gehen und jedem Anwesenden einfach zu sagen: »Ich bin wütend!« Das klang harmlos, und überzeugt, daß er nichts aus mir herausbekommen würde, begann ich, meine Runde zu drehen.

Zu der Person zu meiner Linken sagte ich sehr zögerlich: »Ich bin wütend.« Kaum mehr als ein Flüstern. Als ich den nächsten ansprach, riefen die achtzehn Mitglieder der Gruppe: »Lauter!« Also sprach ich ein wenig lauter, nach wie vor darum bemüht, daß meine Würde unangetastet blieb. »Ich bin wütend.« Mit jedem Mal, wo ich diesen Satz sagte, riefen die Mitglieder der Gruppe: »Lauter.«

»Ich bin wütend!«
»Lauter!«
»Ich bin wütend!!«
»Lauter!«
»Ich bin wütend!!!«
»Lauter!«
»Ich bin wütend!!!!«
»Lauter!«

Das ging so weiter, bis ich bei der elften Person in der Gruppe angelangt war. Dann passierte etwas.

Jene ruhige »Dame« in mir wurde von einer tobenden Verrückten abgelöst. Irgendwie wurde jener gehemmte rationale und insgeheim verängstigte, unsichere und hilflose Teil meiner Seele zur Seite gedrängt, und was durchbrach, zeigte einen starken, wütenden, selbstsicheren und entschlossen auftretenden Menschen. Jahre und Jahre des Zorns wurden plötzlich freigesetzt, und was da an die Oberfläche kam, war scheinbar eine andere Person – ein Teil meines Ichs, den ich all die Jahre vor mir selbst versteckt gehalten hatte.

Welch ein Anblick! Mit meinem Weinen und Schreien übertraf ich jeden anderen in dem Raum. Ich ging sogar so weit, daß ich meine Vorstellung mit einer ganzen Latte derbster Schimpfworte ausschmückte. Alle anderen waren sitzend mit ihren Gefühlen fertig geworden. Ich sprang jedoch von meinem Stuhl hoch, als ob diese Kraft in meinem Innern verlangte, groß und aufrecht stehend zum Ausdruck gebracht zu werden. Jemand, der wesentlich stärker war, als ich je hatte sein wollen, wurde da schreiend zutage befördert. Ich weiß nicht, wie lange ich mit dieser unglaublichen Freisetzung von Wut und Kraft weitermachte, aber es war klar, daß mein Selbstbild für immer und ewig gewandelt sein würde.

Als ich schließlich innehielt und meine »Rationalität« wieder die Oberhand gewann, stand ich da, erstaunt, was da aus mir herausgebrochen war. Ich zitterte ein wenig, war verlegen und etwas beschämt, bis Don sagte, ich sollte mir einmal die Gesichter aller Anwesenden im Raum anschauen. Ich schaute in die Runde, die ich vorher als einen Haufen feindlich gesinnter Fremder betrachtet hatte. Jetzt war ich imstande zu sehen, was ich zuvor nicht hatte erkennen können – Warmherzigkeit und Lächeln, und, vor allem, Verbundenheit. Zum ersten Mal in meinem Leben war aus mir ein wahrhaft ehrlicher Mensch geworden, ganz anders als die unsichere, um Gefallen heischende, passiv-feindselige Modepuppe, die völlig den Kontakt zu ihren Gefühlen verloren hatte. Aber genauso wichtig war mein Gefühl der Erleichterung, als hätte eine Last von zehn Tonnen von meinen Schultern genommen. Ich fühlte mich leicht und frei. Und ich fühlte mich stark.

Im Laufe meiner Ehe hatte es natürlich so manchen Schreiauftritt gegeben, aber hinter diesem Schreien steckte keine Kraft – nur das hilflose Gezeter eines Kindes, das einen Temperamentsausbruch hat. Dieser Schrei war anders. Es war der Schrei einer Person, die absolut imstande ist, ihr eigenes Drehbuch zu schreiben, der Schrei von jemandem, der drastische Veränderungen im Hinblick auf die Art und Weise, wie er sein Leben lebte – sowohl nach innen als auch nach außen hin – würde vornehmen müssen.

Wie Sie vielleicht vermuten, schloß ich mich diesen »Verrückten« an und ging noch weitere sechs Monate zu den Gruppensitzungen. Dann hatte ich den Punkt erreicht, an dem ich den Mut aufbrachte, aus meiner Ehe auszusteigen, was ich schon Jahre vorher hätte tun sollen, und zwar nicht, weil mein Mann etwa ein schlechter Mensch gewesen wäre, sondern weil er es nicht war. Wir hatten einfach zu jung geheiratet, jenem Mythos vom Märchenprinzen und der Prinzessin verhaftet. Wir versuchten beide, eine Lüge zu leben, und das ging nicht. Wenn man versucht, eine Lüge zu leben, verknotet sich erst recht alles.

Wie auch immer, ich entdeckte schließlich das Stärke vermittelnde Gefühl »berechtigter« Wut, und diese lebte ich die nächsten zwölf Jahre lang voll aus. Ein Mann nach dem anderen bekam die Wucht, mit der sie sich entlud, zu spüren, wenn ich wieder einmal eine der vielen Beziehungen beendete und mich selbstgerecht und Schuld zuweisend aus dem Staub machte, felsenfest entschlossen, mein Leben selbst zu bestimmen. In diesem Zusammenhang war die Wut ein herrliches Gefühl. Niemand würde mir sagen, was ich zu tun hatte! Jetzt war es, wie es in dem Song heißt, »My Turn« – ich war an der Reihe.

Im Laufe der Jahre stellte ich fest, daß ich mit meiner Liebe zu dem Gefühl der Wut nicht allein stand. Die meisten Frauen (und Männer), die es sich selbst zugestehen, mit dieser äußerst starken Emotion in Verbindung zu kommen, räumen ein, daß sie das Gefühl wirklich lieben und sich nicht vorstellen können, warum sie es aufgeben sollten. Natürlich ist es nur allzu verständlich, wenn wir von einem Zustand der Passivität, Frustration und Hilflosigkeit zu einem so herrlichen Gefühl der Macht und Stärke gelangt sind, daß wir dieses dann auch behalten möchten.

Einer der Gründe, warum Wut uns ein so großartiges Gefühl gibt, ist, daß sie eine Distanz aufbaut. Genau wie ein fortwährend damenhaftes und nettes, einlullendes Verhalten betäubt, ist dies bei fortwährender Wut der Fall. Sie sorgt für den Sicherheitsabstand, der verhindert, daß wir wirklich den uns innewohnenden Schmerz – oder den von jemand anderem – fühlen. Wut ist auch ein großer Vereiniger. Wut war die große Triebkraft der Frauenbewegung. Sie schafft Einigkeit im Geist, ein gemeinsames Ziel und Anliegen, einen gemeinsamen Feind, den es zu hassen und zu bekämpfen gilt. Sie löst Depressionen und verleiht uns ein Gefühl des Wohlbefindens. Wir fühlen uns höherwertig, überlegen und im Recht. Kurzum, Wut kann vieles für sich verbuchen.

Am Ende jedoch bewirkt die Leere in unserem Herzen – oder in meinem Fall der Brustkrebs –, daß wir noch ein zweites Mal hinschauen. Wenn wir es tun, schmerzt die Erkenntnis, daß unsere ungelöste Wut ein Kranksein unseres Körpers, unseres Geistes und unserer Seele verursacht hat, ein Kranksein unserer Beziehungen und letzten Endes ein Kranksein unserer gesamtgesellschaftlichen Strukturen. Solange wir mit unserer Wut nicht in Berührung kommen und diese, nachdem wir sie aufgedeckt haben, effektiv aufarbeiten und damit umgehen, wird sie es sein, die unser Handeln bestimmt. Und mit ihr werden die Dinge ihren Lauf nehmen.

Ich glaube in unserer ungelösten Wut, ob sie nun offen oder verdeckt zum Ausdruck kommt, die Erklärung zu haben, warum so viele von uns in ihren Beziehungen allein oder unglücklich sind. Nun fragen Sie vielleicht:

> »Ist unsere Wut denn aber nicht berechtigt? Schließlich hat die Gesellschaft uns doch böse mitgespielt. Es ist nicht leicht, in die Rolle von Bürgern zweiter Klasse versetzt zu werden. Es ist nicht einfach zu versuchen, eine Superfrau zu sein. Es ist nicht leicht, in einer Welt vorwärts zu kommen, die von Männern beherrscht wird. Es ist nicht leicht, sich mit einer untergeordneten Stellung abzufinden. Es ist nicht leicht, daß all die guten Männer bereits vergeben sind. Es ist nicht leicht, wenn sie im Haushalt und bei den Kindern nicht helfen! Es ist nicht leicht, daß wir zwischen Beruf und Familie hin und her gerissen und aufgerieben werden und sie nicht!«

Und so weiter . . .

Ja, es ist wahr! Das Leben ist nicht leicht. Und, ja, unsere Wut ist gerechtfertigt. Wie auch immer, ob sie nun gerechtfertigt ist oder nicht, wir können ihr nicht entfliehen. Sie lebt in uns allen. Sie ist Bestandteil dessen, was uns zu ganzen Menschen macht. Ich liebe die Geschichte von dem Mönch, der fünf Jahre meditierend und sich von jeglicher Negativität reinigend in einer Höhle lebte. Als er sich entschloß, sich wieder unter Menschen zu begeben, war er sich sicher, daß er sein Menschsein überwunden und einen Zustand erreicht hatte, wo er mit den Gottheiten eins geworden war. Mit Frieden in seinem Herzen stieg er den Berg hinab, glückselig schlenderte er zum Marktplatz und wurde im Gedränge versehentlich von einem Passanten angerempelt. Augenblicklich drehte er sich wutentbrannt um, bereit, seinem Angreifer Paroli zu bieten.

Die Lektion bestand für ihn darin, daß wir als Menschen, die wir sind, Wut nicht per se aussperren können; wir können sie nicht wegmeditieren. Genau wie wir Angst, Schmerzen, Einsamkeit, Liebe, Erregung und so weiter empfinden, so empfinden wir Wut. Wir werden mit ihr geboren, wie Sie bei Ihrem neugeborenen Kind beobachten können, das lauthals seine Wut über seine nicht befriedigten Bedürfnisse hinausschreit. Und wir werden mit ihr sterben. Zwar lernen wir vielleicht schon in sehr jungen Jahren, sie zu unterdrücken und zu verdrängen, aber, darauf können Sie wetten, sie wird nie verschwinden.

Oft wurde mir die Frage gestellt, ob Wut ein angemessenes Gefühl sei. Meine Antwort lautet, daß Wut stets angemessen ist; nicht angemessen ist allenfalls die Art und Weise, wie wir häufig darauf reagieren. Wut ist deshalb angemessen, weil sie Indikator für ein tieferliegendes Problem ist. Sie ist eine ausgezeichnete Orientierungshilfe:

- Sie sagt uns, wenn unsere Bedürfnisse nicht befriedigt werden.
- Sie sagt uns, wenn wir an uns selbst arbeiten müssen.
- Sie sagt uns, wie sehr wir uns darüber im unklaren sind, wer wir sind und wer wir gerne sein möchten.

– Sie sagt uns, daß mit der Welt nicht alles in Ordnung ist und daß Veränderungen erforderlich sind.

Sobald wir diese wertvollen Botschaften erhalten, müssen wir handeln, um das Problem zu korrigieren, und anschließend daran arbeiten, diese Wut freizusetzen. Meines Erachtens verursacht ungelöste Wut zwangsläufig eine Vielzahl von Sünden – gegenüber uns selbst, unseren Beziehungen und unserem Planeten. Aber wie und wo sollen wir ansetzen? Alles erscheint so überwältigend! Wie immer, lautet auch hier die Antwort:

»Greif zum Spiegel statt zum Vergrößerungsglas!«

Ich weiß, viele von Ihnen sind der festen Überzeugung, daß sie diejenigen sind, die zum Spiegel greifen sollten, nicht wir! Die Wahrheit ist, daß wir alle unseren Spiegel zur Hand nehmen müssen. Da es jedoch nur in unserer Macht steht, das zu kontrollieren, wer wir sind und was wir tun, besteht unser wirksamster Ansatzpunkt darin, selbst zu handeln. Vor diesem Hintergrund möchte ich nun einen Schritt weitergehen und Ihnen zeigen, wie Sie anfangen können, mit Ihrer Wut umzugehen, die Sie blockiert und Sie hindert, jene Art von Leben zu leben, das von Liebe und Fürsorge geprägt ist und auf das wir alle einen Anspruch haben.

Meines Erachtens handelt es sich bei der Auseinandersetzung und dem Umgang mit Wut um einen Prozeß in fünf Schritten:

1. Treten Sie in Verbindung mit Ihrer Wut.
2. Verschaffen Sie ihr auf angemessene Art und Weise Luft.
3. Nehmen Sie den sprichwörtlichen Spiegel zur Hand und schauen Sie hinein, bis Sie erkennen, wo die Ursache für Ihre Verärgerung liegt und wieso diese überhaupt entstehen konnte.

4. Überlegen Sie sich einen Aktionsplan, um jene Situation zu korrigieren, die ursächlich den Ärger auslöste.
5. Dann heißt es, von der Wut loslassen, so daß Sie wiederum ein liebevolles Leben führen können.

Um Verbindung mit Ihrer Wut aufnehmen und dieser auf angemessene Art und Weise Luft verschaffen zu können, müssen Sie sich deren Existenz erst einmal eingestehen. Da uns seit jeher beigebracht wurde, daß Wut unattraktiv für Frauen sei, waren viele von uns sorgsam darauf bedacht, diese zu verbergen, insbesondere vor sich selbst. Sie mögen sich vielleicht einreden, daß Sie tatsächlich keinerlei Wut empfänden oder daß es zwar einmal eine Zeit der Wut gegeben habe, Sie damit aber lange fertig seien. Glauben Sie es nicht! Wir alle haben Wut, sogar diejenigen, die seit dreißig Jahren daran arbeiten, wahre Trainings-Apologeten oder mit einem überreichen Leben gesegnet sind.

Viele meiner Kursteilnehmerinnen, die glauben, sich durch ihre Wut bereits hindurchgearbeitet zu haben, sind erstaunt, was da zutage gefördert wird, wenn wir innerhalb des Kurses Wutübungen machen. Die Wut mag zwar gut versteckt sein, aber sie ist da!

Es gibt viele Wege und Möglichkeiten, sorgsam verdrängte und im stillen schlummernde Wut an die Oberfläche zu holen. Natürlich ist eine meiner Lieblingsstrategien das Schreien, nicht Ihrem Partner gegenüber, sondern wenn Sie allein sind oder im Beisein einer guten Freundin.*

Da Schreien innerhalb der eigenen Wohnung die Nachbarn und die Polizei auf den Plan rufen kann, ist es angebracht, ein wenig erfinderisch zu sein. Ich pflegte an einen abgelegenen Ort zu fahren und in meinem Wagen sitzend zu schreien und

* Obwohl es bei der »Schreitherapie« um wesentlich mehr als nur das Schreien geht, so ist doch die rein durch den Schrei bewirkte physiologische Entspannung wohltuend für den Körper, die Seele und den Geist. Nicht freigelassene Wut wirkt zersetzend in unserem Innern wie ein Gift und verursacht alle möglichen Formen eines körperlichen, seelischen und geistigen Verfalls, an dessen Ende wir unzufrieden und freudlos dastehen.

zu schreien und zu schreien. Wenn Ihnen dies nicht behagt, können Sie auch in ein Kissen schreien oder die Stereoanlage aufdrehen, um Ihr Schreien zu übertönen. Sie fangen, genau wie ich, damit an, daß Sie einfach, immer wieder und wieder, »Ich bin wütend« wiederholen und mit jedem Mal Ihre Lautstärke ein wenig erhöhen.

Das Einschlagen auf ein Kissen ist ebenfalls ein effektiver Weg, Wut rauszulassen. Knien Sie sich neben Ihr Bett, beide Arme senkrecht hochgestreckt und die Hände zu Fäusten geballt, schlagen Sie mit aller Kraft auf ein auf Ihrem Bett liegendes Kissen ein – wieder und wieder und wieder. Manchmal müssen Sie fünf Minuten lang auf Ihr Kissen einschlagen, bis die Wut hochkommt. Es hilft, wenn Sie an irgend jemanden denken, der in der Vergangenheit oder in der Gegenwart in Ihrem Leben eine Rolle spielte, und dem Sie am liebsten ins Gesicht schlagen würden. Und wir alle kennen so jemanden.

Ferner können Sie sich einen Gummischläger kaufen, wie er in der Therapie zur Freisetzung von Wut benutzt wird. Mit diesem Bataca können Sie sich Ihre Wut, die Sie gegenüber Ihren Eltern, Kindern, Vorgesetzten und besonders gegenüber den Männern in Ihrem Leben empfanden, aus dem Leib schlagen.

Vielleicht möchten Sie sogar all jene scheinbar sinnlosen, vergeudeten Jahre wegschlagen, in denen Sie das nicht getan haben, was Sie mit Ihrem Leben in Wirklichkeit anfangen wollten. Lassen Sie sie einfach raus. Andernfalls, da können Sie sicher sein, wird Ihre verdrängte Wut in Form von Depressionen, Krankheiten, Süchten, Müdigkeit, Schuldgefühlen und so weiter ihren inneren Tribut verlangen.

Anmerkung: Denken Sie daran, verantwortlich gegenüber Ihrer Gesundheit zu handeln. Wenn Sie zum Beispiel Rückenprobleme oder irgendwelche anderen Beschwerden haben, die durch diese Form der Übung verschlimmert werden könnten, versuchen Sie es mit körperlich weniger anstrengenden Methoden. Schließlich möchten Sie die Liste der Dinge, über die Sie wütend sind, nicht noch erweitern!

Körperliche Bewegung löst einen Teil der durch Wut erzeugten Spannung. Benutzen Sie das Schwingen Ihres Tennisschlägers als Möglichkeit, Ihre Wut rauszuschlagen. Oder benutzen Sie jeden Schritt beim Joggen, um Ihren Entschluß zu bekräftigen, Ihr Leben zu verändern.

Ich weiß, daß viele Menschen Ihnen sagen werden, Sie sollten die Wut, die Sie jemandem gegenüber empfinden, an Ort und Stelle rauslassen. Mitunter scheinen wir uns nicht stoppen zu können, und manchmal ist ein »direktes Schreien«, je nachdem, was Sie erreichen wollen, durchaus effektiv. Auf diese Weise werden Sie sich mit Sicherheit abreagieren, es hat jedoch weitreichende Folgen für die Beziehung! Schimpfkanonaden auf jemanden loszulassen ist nicht unbedingt ein liebevoller Akt (obwohl wir uns in dem jeweiligen Moment vielleicht großartig und im Recht fühlen). Das bedeutet nicht, daß die Person, mit der Sie ein Problem haben, nicht in bestimmten Situationen mit genau diesem konfrontiert werden sollte. Es bedeutet vielmehr, daß es besser ist, sie damit zu konfrontieren, nachdem Sie einen Teil des Dampfes aus Ihrem Schnellkochtopf abgelassen haben. Denn, und das werden Sie bald erkennen, die Art Ihrer Reaktion auf das, was jemand getan hat, geht nicht auf das Konto Ihres Gegenübers!

Es ist interessant, auf wie vielen Ebenen viele von uns ihren Ärger zum Ausdruck gebracht und scheinbar gelöst haben. Wir sind wundervolle Freundinnen und liebevolle Töchter und Mütter; wir sind im allgemeinen daran interessiert, uns für das Gute in der Welt einzusetzen, indem wir uns in humanitären Bereichen engagieren. Wir liefern ein Bild freundlicher, fürsorglicher Menschen. Aber die größte Hürde haben wir noch nicht genommen: unsere Wut gegenüber den Männern in unserem Leben freizusetzen.

Grob verallgemeinert, können wir uns in einer der drei nachfolgenden Kategorien finden:

1. Passive Feindseligkeit kennzeichnet diejenigen, die die Verbindung mit dem Zorn in ihrem Innern noch nicht auf-

genommen haben. Nicht etwa, daß wir ihn vor unseren Lieben und den uns nahestehenden Personen versteckt hätten. Diejenigen, die mit uns zu tun haben, kommen nicht umhin, die Art und Weise, wie sich unsere Wut, subtil oder weniger subtil, tröpfchenweise entlädt, zu registrieren – so kommen wir zum Beispiel immer zu spät, geben zuviel Geld aus, sind fortwährend krank oder schießen auf die »feine« Art unsere Pfeile ab und so weiter. Wir haben Angst vor unserer Wut, und zwar aus unserer noch tieferliegenden Angst heraus, unsere weibliche Identität zu verlieren, oder schlimmer noch, jemanden, den wir lieben ... aus der Angst heraus, die Kontrolle zu verlieren ... oder aus der Angst heraus, Veränderungen in unserem Leben vornehmen zu müssen. Für uns ist es besser, das Ganze nicht so weit zu treiben, daß es gefährlich wird, als uns auf das Unbekannte einzulassen.

2. Offene Feindseligkeit kennzeichnet diejenigen, die zweifelsohne mit ihrer Wut in Verbindung stehen. Manche von uns schlagen sinnlos und wie wild damit um sich, einfach nur, um Dampf abzulassen. Und einige von uns benutzen sie, um wirklich bedeutsame Veränderungen in ihrem Leben herbeizuführen – und sei es auch nur aus reiner Bosheit und Gehässigkeit heraus! Manche von uns fühlen sich großartig mit ihrer Wut, überzeugt, daß der männliche Teil der menschlichen Spezies ein legitimer Feind ist, den es zu bekämpfen gilt! Andere sind wiederum nicht so glücklich mit ihrer Wut, wissen jedoch nicht, was sie tun sollen, um sie in den Griff zu bekommen.
   Obwohl diejenigen, die von unseren Attacken betroffen sind, diese Meinung vielleicht nicht teilen, so denke ich dennoch, daß offene Feindseligkeit zumindest ein Schritt in die richtige Richtung ist. Auch hier ist es natürlich wiederum so, daß eine solche Verhaltensweise unseren Beziehungen nicht gerade förderlich ist. Andererseits symbolisiert sie unsere Bereitschaft, Risiken auf uns zu nehmen und uns von jenem ungesunden, wenn auch Sicherheit ver-

mittelnden, Image zu entfernen, das Frauen gemeinhin anhaftet, und mehr jene Person zu erforschen, die in unserem Innern verborgen ist.
Wir können aber nicht an diesem Punkt stehenbleiben. Denn, wie gesagt, ungelöste Wut, ob offen oder passiv, immunisiert uns gegenüber dem, was sich sowohl in uns als auch bei anderen abspielt. Solange wir unsere wahren Gefühle nicht zulassen, können wir die Männer in unserem Leben weder lieben, noch können wir ihnen Freundinnen sein – womit wir zur nächsten Kategorie kommen.

3. Eine innere Antenne besitzen diejenigen von uns, die es gelernt haben, ihre Wut zu benutzen, um mehr von sich selbst zu entdecken. Wenn auch unser Temperament nach wie vor gelegentlich durchbricht, so haben wir es doch gelernt, unsere Wut auf eine »sichere« Art und Weise freizusetzen, so daß wir die Personen, die uns am Herzen liegen, nicht unfair verletzen. Wir greifen dann zu unserem Spiegel und stellen die wichtigste Frage überhaupt:

   »Was ist es, das wir vor uns selbst verstecken und das uns dazu bringt, um uns zu schlagen?«

In dem Zuge, wie wir beginnen, mit Fragen dieser Art nach innen zu schauen, fangen wir an, jene Gefühle, so schmerzhaft diese auch sein mögen, in uns aufsteigen zu lassen, die wir bis dahin in unserem Innern unter Verschluß hielten. Wir beginnen, unser Herz für das schier unerschöpfliche Potential dessen, was es heißt, ein Mensch zu sein, zu öffnen. Wir bemühen uns bewußt, die einzelnen Teile des Puzzlespiels »Mensch« zusammenzusuchen. Und je mehr es uns gelingt, von jenen Teilen zusammenzusetzen, um so erstaunter sind wir über die wahre Schönheit des Bildes, welches sich da vor unseren Augen herauskristallisiert.

Zum ersten Mal in unserem Leben dämmert uns, was es heißt, wirklich die Verantwortung für unser Leben zu übernehmen. Uns wird bewußt, daß die Wut einfach nur ein Schlüssel ist, der uns erkennen läßt, daß in uns selbst, nicht außerhalb von uns, etwas schiefgelaufen ist, und in diesem Sinne ist sie sehr wertvoll. Wir fahren fort mit unserer Selbstbefragung:

»Was ist der wirkliche Grund für unsere Wut, der all den Lügen, die wir uns selbst erzählt haben, zugrunde liegt?«

Nach einer intensiven Seelenerforschung hat der Spiegel vielen von uns gesagt, daß die eigentliche Ursache für unsere Wut in dem Umstand liegt, daß wir uns immer noch nicht ausreichend gut . . . ausreichend stark . . . ausreichend im Recht fühlen. Am Ende stellen wir fest, daß

wir in Wahrheit wütend über unser jeweiliges Handeln sind, daß wir nämlich nicht jene Maßnahmen ergreifen, die erforderlich wären, das jeweils anstehende Problem zu korrigieren!

So sagt uns unser Spiegel zum Beispiel, daß, wenn wir mit einem Mann zusammenleben, der lieblos und verletzend ist, sich unsere Wut in Wirklichkeit nicht gegen ihn richtet (obwohl sein Verhalten keineswegs entschuldigt werden soll), sondern gegen die Tatsache, daß wir trotz allem die Wahl treffen, zu bleiben . . . daß wir nicht den Mut haben, ihn zu verlassen . . . daß uns das Vertrauen fehlt, was auch immer geschieht, was auch immer kommen mag, es alleine schaffen zu können. Dieser Mangel an Vertrauen bewirkt, daß wir uns selbst verachten. Schließlich kann niemand strenger zu uns sein als wir selbst.

Warum haben wir eine solche Angst, in so vielen schmerzlichen Situationen in unserem Leben die jeweils adäquaten Schritte zu unternehmen? Ich glaube, daß sich unser Ichgefühl im Hinblick auf Männer im Laufe der Jahre im Grunde genommen nur wenig geändert hat, trotz der Tatsache, daß wir in der äußeren Welt viele erhebliche Fortschritte gemacht haben. Da ist immer noch ein Teil in uns, der sich zweitklassig fühlt, ein Teil, der immer noch zu unseren Männern »aufschauen« möchte, ein Teil, der immer noch hofft, jemanden zu finden, der von heute bis in alle Ewigkeit für uns sorgt, ein Teil, dem es an Vertrauen mangelt, daß wir das in uns haben, was wir brauchen, um auf uns selbst gestellt überleben zu können.

Selbst wenn wir es »schaffen«, uns finanziell problemlos selbst zu versorgen, ist da immer noch ein Teil in uns, der darauf wartet, daß jemand kommt und mit einspringt, so daß wir nicht so hart arbeiten oder so viel selbst zu sorgen brauchen. Da ist immer noch ein Teil in uns, der Angst hat und dem es am liebsten wäre, daß wir das alles jemand anderem überlassen, überantworten könnten, so daß wir uns nicht selbst mit der tatsächlichen Übernahme der Verantwortung für unser Leben auseinandersetzen müßten. Da ist ein Teil in uns, der sich noch immer unzulänglich, hilflos und allein fühlt. Es ist jener Teil in uns, der wütend ist. Und es ist jener Teil, der verhindert hat, daß wir all das sind, was wir sein können.

Unsere tiefsitzenden Ängste beziehen sich nicht nur auf die Arbeitswelt, selbst zu Hause fürchten wir die kleinsten Veränderungen. So besorgen wir zum Beispiel nach wie vor, auch wenn wir es nicht möchten, den Abwasch; wir übernehmen die Zubereitung der Mahlzeiten, stellen unseren Beruf und unsere Karriere zurück, konzentrieren uns auf andere, tun nicht das, was wir wirklich in unserem Leben möchten, wollen die Superfrau in Person sein und das alles, weil da ein Teil in uns ist, der Angst hat, »Nein!« zu sagen . . . ein Teil in uns, der Angst vor dem Verlust unserer Männer oder vor dem Verlust unseres Images als Frau hat, wenn wir all das nicht erfüllen.*

Wir tun, was wir nicht tun wollen, vor allem und in erster Linie, weil wir Lob und Anerkennung erhalten wollen, wir süch-

* Ich meine nicht jene Frauen, die sich für den Beruf der Hausfrau entscheiden und darin tiefe Erfüllung und Befriedigung finden. Denn diese Frauen werden nicht die Wut jener in sich tragen, die nicht bereit sind, sich mit dieser Rolle abzufinden.

tig danach sind. Unser Gefühl, überleben zu können, ist daran geknüpft. Und wir opfern unser Ichgefühl, um dieses zu erlangen und zu wahren. Es fehlt uns an Selbstvertrauen, um zu begreifen, daß wir die sein können, die wir in unserem Leben sein möchten, und dennoch geliebt werden, zwar nicht unbedingt von den Männern, mit denen wir heute zusammen sind, gewiß aber von anderen, die es draußen in der Welt gibt und die selbstsicherer sind.

> Es liegt nicht an den Männern, daß wir in ungeliebten Rollen gefangen sind. Es liegt an unserer Angst, uns von dem uns Bekannten, Vertrauten zu trennen, das, wie widerlich es auch sein mag, dennoch sicher und von der Gesellschaft um uns herum ... und dem Kind in uns ... akzeptiert ist.

Es ist interessant, daß viele von uns, solange wir allein sind, gut zurechtkommen. Sobald wir jedoch in den Hafen einer Beziehung eingelaufen sind, werden alle unsere Unsicherheiten geweckt, und wir verfallen in jene bekannten und von Unzufriedenheit geprägten Verhaltensmuster. So fühlen sich viele Männer zu unabhängigen und starken Frauen hingezogen. Im Laufe der Beziehung verwandeln sich dann aber jene Frauen in schwache, hilflose und hilfsbedürftige »kleine Mädchen«.*

Was geschieht da? Wo ist die erwachsene Frau geblieben? Warum, wenn sie doch so häufig in der Lage ist, als erwachsene Person in der Arbeitswelt oder als Elternteil zu funktionieren, ist sie dann nicht imstande, in vergleichbarer Weise auch in ihrer Beziehung zu funktionieren?

Die Geschichte von Joan ist exemplarisch: Nach einer kurzen Ehe war sie auf sich allein gestellt und mußte sich und ihre kleine Tochter versorgen. Als Lehrerin an der örtlichen

* Gleichermaßen verfallen Männer oft in alte Verhaltensmuster, und zwar durch die gleiche Art von Unsicherheiten, die gemeinhin durch Beziehungen geweckt werden.

Hochschule erfüllte sie dreizehn Jahre lang diese Ernährerrolle. Vor kurzem heiratete sie wieder, und sofort begann das »Problem«. Als sie zu mir kam, war sie aufgewühlt und ziemlich fertig, überzeugt, mit der Heirat einen entsetzlichen Fehler gemacht zu haben. Dann erzählte sie mir ausführlich, wie sehr sie unter ihm litt.

Unter anderem klagte Joan darüber, daß die Renovierungsarbeiten an ihrem neuen Haus zu langsam vorangingen und diese Tatsache sie rasend mache. Ich fragte sie, warum sie dann nicht zu ihrem Mann hinginge, um ihm mitzuteilen, sie werde ihn, weil er so viel zu tun habe, etwas entlasten und die Abwicklung mit den für die Renovierungsarbeiten zuständigen Firmen übernehmen. Sie schaute mich verblüfft an, als ob ihr dieser Gedanke noch nie gekommen wäre (er war es nicht), und beharrte weiter darauf, daß es seine Aufgabe wäre, sich um die Hausrenovierung zu kümmern. Ich fragte sie, warum dies seine Aufgabe wäre. Alles, was sie darauf antworten konnte, war: »Weil es so ist.«

Ich ging weiter und fragte Joan, wer denn in den Jahren, ehe sie Ted kennengelernt hatte, für alle jene Renovierungsarbeiten zuständig gewesen sei. Ihre Antwort: »Ich selbst.« Nun stellte ich die Frage, was sich denn geändert habe. Sie wußte hierauf keine Antwort und wechselte ungehalten das Thema, sich über einen weiteren Punkt beklagend. »Und seine Kinder rufen nicht an, ehe sie zu Besuch kommen. Sie kommen einfach vorbei, wann immer sie Lust dazu haben. Ich möchte meine Ruhe haben!« Das war in der Tat etwas, das geklärt werden mußte, aber wohl kaum der Grund, warum sie so aufgebracht war. Sie hatte sogar etwas dagegen, daß Ted gerne kochte – sie war der Meinung, dies sei ihr Aufgabenbereich. (Ich wies sie darauf hin, daß es wahrscheinlich 100 Millionen Frauen gebe, die auf der Stelle gerne mit ihr tauschen würden!) Eine Stunde lang fuhr sie mit ihren Klagen und ihrem »Ja, aber« schnell das Thema wechselnd fort, wenn ich ihr vor Augen hielt, wie sie die jeweilige Situation ändern könnte.

Wenn wir (Männer oder Frauen) derartige Kämpfe über

Kleinigkeiten austragen, liegt das eigentliche Problem oftmals an irgendeiner Form der Abhängigkeit. Schließlich fragte ich: »Joan, was ist wirklich los?« Auf diese Frage hin brach sie zusammen, fing an zu weinen und meinte, daß sie sich aus irgendeinem unerfindlichen Grund klein, unwichtig und unbedeutend vorkäme. Sie stellte sogar Überlegungen an, ihren Beruf als Lehrerin aufzugeben. »Was sollte das alles schließlich?« Sie fühlte sich von all den jungen Mädchen im Büro ihres Mannes bedroht und konnte sich des Gefühls nicht erwehren, alt zu sein: »Warum sollte er mich überhaupt haben wollen?« In Wahrheit hatte sie ihre Identität aufgegeben, ihr Ichgefühl, und hatte angefangen, sich in Zusammenhang mit ihrer Beziehung sehr minderwertig und unsicher zu fühlen (und so zu handeln). Sie hatte zugelassen, daß aus ihr ein abhängiges Kind wurde. Als ganzer Mensch war sie in die Beziehung gegangen, um sich dann an Ted zu »hängen«, der für sie Stütze und Bollwerk sein sollte. (Kein Wunder, daß Männer früh sterben!) Um nun ihre Selbstverachtung zu maskieren, machte sie ihren ahnungslosen Ehemann zum Sündenbock.

In Wirklichkeit bemühte sich Ted verzweifelt, sie glücklich zu machen, wie Joan später erkennen konnte, als sie ihre Scheuklappen abgenommen hatte. Wäre er selbstsicherer gewesen, hätte er sich vielleicht imstande gesehen zu sagen: »Joan, verhalte dich wie ein reifer Mensch. Fang an herauszufinden, warum du so unzufrieden bist. Ich tue alles, was ich kann, um dich glücklich zu machen, aber ich weiß, daß in dir irgend etwas vor sich geht, das dich depressiv sein läßt. Wenn du möchtest, helfe ich dir dabei, ich weigere mich aber, dein Blitzableiter zu sein.«

Aber das Gegenteil war der Fall. Je mehr Joan ihn als Blitzableiter benutzte, desto mehr bemühte sich Ted, ihr zu gefallen und alles richtig zu machen. Hätte dieses Verhaltensschema angedauert, hätte sie selbst dafür gesorgt, daß sich das Prinzip der selbsterfüllenden Prophezeiung bewahrheitete: Warum sollte er sie überhaupt haben wollen? (Es sei denn, er wäre ein Masochist!)

Ich gab Joan ein Übungsprogramm, welches ihr helfen sollte, ihre eigene Kraft und Stärke zu mobilisieren, statt diese von Ted zu erwarten. Darüber hinaus wies ich sie an, eine Liste über all die liebevollen Dinge zu erstellen, die er jeden Tag für sie tat und ihm dafür zu danken. (Interessant ist, daß Joan zu Beginn unserer Sitzungen absolut nichts einfiel, das ihr Mann für sie tat. Nach Abschluß der Therapie hatte sie eine Liste mit dreißig Punkten.)

Bereits nach kurzer Zeit, in der sie die Übungen gemacht hatte, fing Joan wieder an, sich wie ein »Mensch« zu fühlen. Sie lernte es, gezielt dort anzusetzen, wo sie bereit war, in ihr »Klagemuster« zurückzufallen, um nicht die Verantwortung für ihr Leben übernehmen zu müssen. Sie konnte dann jene Instrumente zu Hilfe nehmen, die ich ihr gegeben hatte, und anfangen, an sich selbst zu arbeiten (statt Fehler bei ihrem Mann zu suchen). Durch diese Vorgehensweise lernte sie erkennen, welch liebenswerten Mann sie gewonnen hatte. Und genauso wichtig war, daß sie nun die liebenswerte Person im Vordergrund halten konnte, die sie in Wirklichkeit sein wollte – anstelle jenes fortwährend jammernden Kindes, welches sie verabscheute und verachtete.

Damit soll nicht gesagt sein, daß alle Männer so liebevoll wie Joans Mann sind, aber wie die Situation auch immer sein mag, es gilt das gleiche Prinzip:

> Wenn wir anfangen, uns im Hinblick auf unsere eigene Person besser zu fühlen, reagieren wir in angemessener Weise, um jene Situationen zu ändern, die unserem Wachstum nicht förderlich sind.

Was aber bleibt, ist die Frage: Was passierte mit Joan zu Beginn ihrer Ehe? Was war der Auslöser ihrer Unsicherheiten? Wo blieb die schöne, starke, kompetente, liebenswerte Frau, und woher kam jene unsichere, verängstigte, verzogene Göre?

Einen nützlichen Rahmen, der Joans Verhalten erklären hilft, finden wir in Eric Bernes Theorie der Transaktionsanalyse.[2] Berne behauptet, daß in jedem von uns, Mann wie

Frau, drei Ich-Zustände bestehen. Unser Leben obliegt jeweils einem dieser drei Ich-Zustände, und dieser bestimmt folglich, was wir denken, fühlen oder tun und wie wir es tun. Ich möchte Sie mit diesen drei Ich-Zuständen bekannt machen:

Der Kind-Ich-Zustand – Das ist jene Teilpersönlichkeit in uns, die noch nicht erwachsen geworden ist. Es ist das Kind, das wir einst in jungen Jahren waren und das nach wie vor in uns ist. Auf der positiven Seite ist es jener Teil, der neugierig, wißbegierig, verspielt und voller Lebensfreude ist. Auf der negativen Seite ist es der Teil, der voller Angst, Hilflosigkeit und Rebellion ist – all jene Emotionen eines trotzköpfigen Kindes, das einerseits seine Unabhängigkeit demonstrieren möchte und andererseits vor Schrecken wie gelähmt ist, wenn Mutti und Vati einmal außer Sichtweite sind. In den meisten Fällen ist es dieser Teil in uns, der für unsere Wut verantwortlich ist.

Der Eltern-Ich-Zustand – Je nachdem ist diese Teilpersönlichkeit der uns innewohnende Richter oder Ernährer. Am häufigsten verkörpert sie den Richter. Dies ist jener Teil in uns, der die »Tu das« und »Laß das« unserer Gesellschaft und unserer Eltern verinnerlicht hat. Er kann grausam in seinen Ansprüchen und weitaus strafender sein, als unsere Eltern es je waren. Unser ganzes »Man-sollte«- und »Man-sollte-nicht«- wie auch das »Ich-habe-es-dir-gesagt«-Repertoire entstammen jenem Eltern-Ich-Zustand. Positiv gesehen, können wir jener im Eltern-Ich-Zustand anzutreffenden Teilpersönlichkeit beibringen, uns das Sicherheitspolster zu sein, das wir für unser Wohlbefinden brauchen, wenn wir hilfsbedürftig sind.

Der Erwachsenen-Ich-Zustand – Dies ist der logische, rationale Teil in uns, der weder kindische noch elterliche Ansprüche und Forderungen stellt. Er repräsentiert die Fähigkeit, eine jeweilige Situation objektiv zu bewerten, ohne daß sich dabei der Kind-Ich-Zustand und der Eltern-Ich-Zustand oder irgendeine andere unserer Teilpersönlichkeiten einmischt. Der Erwachsenen-Ich-Zustand kann die Realität am konstruktivsten interpretieren. Wird er effektiv herangezogen, so kann er das Beste aus uns herausbringen.

Auf Joans Situation übertragen, können wir erkennen, daß während der Zeit, wo sie auf sich allein gestellt war, ihr Erwachsenen-Ich und Eltern-Ich die dominierenden Charaktere in ihrem Leben waren. Angesichts ihrer Verantwortlichkeiten als Mutter und Lehrerin hatte das Kind-Ich kaum eine Chance, zutage zu treten. Sobald sie sich dann jedoch unter dem »Schutz« eines Mannes befand, wurde automatisch die Unsicherheit dieses Kindes geweckt und mit einer Vehemenz an die Oberfläche befördert, die die Stärken jener Frau, die sie geworden war, verdeckte und all jene niemals verarbeiteten und gelösten Ängste, Nöte und Wutanfälle ihrer Kindheit und Jugendzeit offenbar werden ließ.

Ich verwende das Wort »geweckt«, weil:

> davon ausgegangen wird, daß bestimmte Ereignisse Erinnerungen an lange zurückliegende Dinge wachwerden und Gefühle wiederaufleben lassen, die mit diesen Vorkommnissen verbunden waren.

Dies würde erklären, warum bei so vielen von uns das Kind durchbricht, wenn wir uns in einer Beziehung befinden. Wenn wir auf uns allein gestellt in der Welt funktionieren und uns behaupten, werden Gefühle der Abhängigkeit nicht so leicht geweckt. Sobald wir es aber mit einem Mann zu tun haben (einer Vaterfigur in Wirklichkeit!), taucht automatisch das Kind auf, und auf der Ebene des Bewußtseins merken wir nicht einmal, was sich da abspielt.

Nach meiner Scheidung faßte ich den Entschluß, daß aus mir eine äußerst unabhängige Frau werden sollte. Klar, ich kam sehr gut alleine zurecht. Jedesmal jedoch, wenn ein neuer Mann in mein Leben trat, fiel ich wieder in alte Abhängigkeiten, Ansprüche und Muster und – natürlich – in die alte

Wut zurück. Mein ganzes Unglücklichsein pflegte ich dann demjenigen anzulasten, der jeweils zufällig der »Er« in meinem Leben war. Am Ende brach ich die Beziehung ab – in der Hoffnung, ich würde das nächste Mal auf jemand Besseren treffen. Und jedesmal, wenn ich mich wieder auf eine neue Beziehung eingelassen hatte, passierte das gleiche.

Schließlich wurde mir bewußt, daß jedesmal, wenn ich auf einen Mann hereinfiel, ich im wahrsten Sinne des Wortes, was meine Gefühle anging, in einen Kindheitszustand »fiel«. Mein Kind-Ich trat zutage und kam voll und ganz zur Geltung. Die Männer in meinem Leben waren gleich Freisetzungsautomatismen all jener Gefühle der Unsicherheit, Angst und Hilflosigkeit, die ich als Kind tatsächlich empfunden hatte. Dieses Bewußtsein befähigte mich schließlich, in die Gegenwart umzuschalten und jenen stärkeren und gesünderen Teil in mir zu mobilisieren, der imstande war, mein verängstigtes Kind-Ich mit einem positiven Selbstgespräch zu beruhigen:

> »Sorge dich nicht. Alles ist gut. Wir können überleben, mit oder ohne Mann. Ich bin stark. Ich kann mich um dich kümmern und für dich sorgen. Laß nur. Ich bin immer bei dir. Wir werden fertig damit, was auch immer geschieht. Du hast eine Beziehung, aber du bist mehr als deine Beziehung. Hör auf, dich zu sorgen, was du von diesem Mann bekommen kannst; konzentriere dich statt dessen darauf, was du dieser Welt geben kannst.«

Mit dieser Art positiver Selbstgespräche gelang es mir, mich aus einem lieblosen Zustand im Hinblick auf den Mann in meinem Leben herauszureißen und eine liebevollere Ebene zu finden.*

Es war mir möglich geworden zu erkennen, daß meine Verärgerung in Wirklichkeit etwas in meinem Innern war und

* Affirmationen sind eine weitere Form des positiven Selbstgesprächs. Am Ende vieler Kapitel habe ich eine Liste mit Affirmationen angefügt. Darüber hinaus finden Sie in Anhang A eine Anleitung, wie Sie diese am effektivsten verwenden können.

nichts mit ihm zu tun hatte. Auch hiermit möchte ich wiederum nicht sagen, daß alle Männer in meinem Leben Prachtkerle waren. Kaum! Einige von ihnen waren schlichtweg ein Alptraum! Der Kern des Problems ist jedoch nicht, daß sie jeweils ein Alptraum waren, sondern daß ich mich zunächst ja einmal frei entschieden hatte, mit ihnen zusammen zu sein. Und das war jenes gewisse »Etwas in meinem Innern«, das ich mir anschauen mußte.

Im Laufe der Zeit lernte ich, daß jene verängstigte Teilpersönlichkeit des Kind-Ich-Zustandes immer da sein wird. Genauso jener Teil des Eltern-Ich-Zustandes. Das bedeutet nur, daß es an uns ist, zu erkennen, wann sie sich zu Wort melden, und deren Stimmen durch Botschaften von einem höheren Teil unseres Ichs zu ersetzen. Die Schlagkraft dieser Art der »Innenschau« ist gewaltig.

Anhand einer häufig von Frauen vernehmbaren Klage: »Ich habe es satt, hier ständig der Chefkoch zu sein!« möchte ich die Funktionsweise unserer drei Teilpersönlichkeiten veranschaulichen.

Eltern-Ich: Du solltest das Abendessen für deinen Mann kochen. Das ist das richtige.
Kind-Ich: Ich möchte kein Abendessen kochen. Ich möchte, daß jemand für mich das Abendessen zubereitet.
Eltern-Ich: Das ist ein schlechter Denkansatz. Du bist sehr egoistisch.
Kind-Ich: Ich möchte aber kein Abendessen kochen! Und ich habe es satt, daß die ganze Hausarbeit an mir hängt!
Eltern-Ich: Aber du wirst nicht geliebt, wenn du nicht kochst und saubermachst. Das ist deine Aufgabe, und es ist das, was die Männer erwarten. Denk daran, da draußen gibt es jede Menge guter Frauen, die sehr viel dafür geben würden, einen Mann kennenzulernen. Du solltest dieses Abendessen lieber kochen!
Kind-Ich: Ja gut, ich mach es! (Weil ich den Konsequenzen nicht ins Auge sehen kann, die sich ergeben, wenn ich das, was von mir erwartet wird, nicht mache!) Aber ich habe

wirklich keine Lust dazu! Und ich hasse dich dafür, daß du mich dazu bringst, es doch zu tun.

Hinter diesem »Dich«, das wir hassen, verbirgt sich zwar in Wirklichkeit unser tadelndes Eltern-Ich und in noch erheblicherem Maße unser Kind-Ich, dem es an Mumm fehlt, aber nichtsdestoweniger richten wir unsere ganze aufgestaute Wut nach außen auf den unschuldigen (und hungrigen) Mann, der gerade zur Tür hereingekommen ist und keine Ahnung hat, daß er in unseren Vorstellungen ein Monster geworden ist. Natürlich ist es so, daß er möglicherweise an jedem Tag seines Lebens von Ihnen erwartet, daß Sie ihm sein Essen hinstellen, weil es ihm so beigebracht wurde, daß Frauen dies tun sollten; er hat aber mit Sicherheit nicht die Macht, Sie dazu zu bringen, daß Sie ihm seine Mahlzeiten zubereiten, wenn Sie dies absolut nicht möchten. Sie haben die Wahl, nein zu sagen! Jeder Tag, an dem Sie die Rolle des Chefkochs übernehmen, ist ein weiterer Tag, mit dem Sie die Erwartungen Ihres Mannes bestätigen und diese als Bestandteil des »Ehevertrages« festschreiben, womit sich eine Änderung zunehmend schwieriger gestaltet.

Warum sagen Sie also nicht nein? Weil das Kind-Ich glaubt, es käme nicht zurecht, wenn es im Stich und allein gelassen würde. Solange es uns nicht gelingt, es in irgendeiner Form zu beruhigen, daß es stets von dem Erwachsenen-Ich und dem unterstützenden (im Gegensatz zum kritischen, richterlichen) Eltern-Ich versorgt und behütet werden wird, wird es niemals in der Lage sein, heilsame Veränderungen vorzunehmen. Wir können dies erreichen, indem wir die Stimme des Erwachsenen-Ichs und des fürsorgenden Eltern-Ichs verstärken, die Schutz von seiten der zuverlässigsten Quelle versprechen können: der Kraft in unserem Innern. Über diese Kraft in unserem Innern werde ich noch ausführlicher in späteren Kapiteln sprechen.

Bisher habe ich über das Erkennen und Freisetzen unserer Wut gesprochen (Schritte 1 und 2 unseres Fünf-Punkte-Prozesses im Umgang mit Wut). Ebenso über die eigentliche Ursache unserer Wut (Schritt 3). Nun ist es an der Zeit, zu Schritt 4 zu kommen: angemessene Schritte zur Korrektur der uns belastenden Situation zu unternehmen. Wir greifen nochmals auf das Beispiel mit dem Kochen zurück; was würde unser Erwachsenen-Ich wohl zu der Situation sagen?

> »Es scheint, daß diese Regelung zum Kochen mich nicht glücklich macht. Ich weiß nicht, wie mein Mann auf meinen Wunsch, das zu ändern, reagieren wird. Wer weiß? Er könnte mich verlassen. Ich weiß, ich habe eine höllische Angst (das Kind-Ich), wenn ich allein daran denke, daß ich ihn verlieren könnte; auf der anderen Seite, wenn ich mich nicht auch um meine eigenen Bedürfnisse kümmere, wird es mir unmöglich sein, ein liebevoller Mensch zu sein. Ich bin ja bereits dabei, eine Abneigung gegen ihn zu entwickeln.
> Welche Alternativen habe ich? Ich werde mit ihm darüber sprechen. Er weiß nicht einmal, wie unglücklich ich in meiner Chefkochrolle bin. Und wenn ihm der Gedanke nicht behagt, wird er es einfach lernen müssen, sich daran zu gewöhnen. Ich möchte wirklich andere Dinge mit meiner Zeit machen. Das wäre die erste Möglichkeit. Die zweite, ich kann ihm einige Vorschläge unterbreiten: Wir können uns das Essen ins Haus bringen lassen, wir können dreimal in der Woche essen gehen, oder er ist an drei Tagen in der Woche für die Mahlzeiten verantwortlich. Das wichtige ist, daß ich ihm verdeutliche, daß ich nicht an jedem Tag der Woche kochen möchte . . .; ich bin entschlossen, entsprechende Initiativen zu ergreifen.«

Während sich all dies abspielt, meldet sich natürlich Ihr Eltern-Ich mahnend zu Wort: »Du bist ein schlechter Mensch. Du wirst nicht mehr gebraucht werden, und er wird dich verlassen.« Und so weiter. Und das Kind wird jammern: »Mein Gott, was werde ich nur tun, wenn er mich verläßt?« Der Schlüssel ist, diese Angst zu spüren und es trotzdem zu tun – in dem Wissen, daß man irgendwie, komme was wolle, überleben wird. Hierzu müssen Sie sich für die Stimme Ihres Erwachsenen-Ichs entscheiden, die Ihnen immer wieder bestätigt:

»Was auch immer geschieht, ich werde damit fertig!«
»Was auch immer geschieht, ich werde damit fertig!«
»Was auch immer geschieht, ich werde damit fertig!«

Sie werden am Ende den Mut aufbringen, Ihren Mann mit dem, was Sie unglücklich macht, zu konfrontieren und ihm Ihre Alternativvorschläge zu unterbreiten. Was Ihnen nicht bewußt ist, ist, daß die eigentliche Prüfung noch vor Ihnen liegt!

Nachdem Sie ihm auf rationale Weise Ihren Vorschlag vorgetragen haben, reagiert er mit Ablehnung. Sie müssen bedenken, daß auch sein Kind-Ich Angst vor Veränderungen des Status quo hat (»Ich bin für sie nicht mehr so wichtig, und sie könnte mich verlassen.«), und sein Eltern-Ich ist voll mit Anweisungen (»Du bist ein Schwächling und ein Versager, wenn du ihr das durchgehen läßt. Sei ein Mann, und behaupte dich!«). So hört sich seine Retourkutsche vielleicht folgendermaßen an:

»Ich kann nicht glauben, was ich da von dir höre. Du weißt, wie sehr ich dein Essen genieße. Warum würdest du mir eines meiner größten Vergnügen vorenthalten wollen?«

Schuld! Schuld! Angst! Angst! »Wenn ich nicht koche, bin ich ein schlechter Mensch, und er wird mich nicht mehr lieben!« Im Sinne einer gesunden Beziehung wäre es äußerst wünschenswert, wenn Ihr Erwachsenen-Ich die Oberhand behalten könnte:

»Ich weiß, daß du über diese Veränderung vielleicht aufgebracht bist, du mußt aber verstehen, daß ich nur an unsere Beziehung denke, wenn ich darauf bestehe, daß es einige Veränderungen geben muß. Ich fühle mich gefangen und merke, daß ich Abneigungen gegen dich entwickele, statt dir warmherzig und liebevoll zu begegnen. Laß uns zusammen überlegen, wie wir die Situation so ändern können, daß wir beide glücklich sind. Hast du irgendwelche Vorschläge?«

Sein Widerstand wird höchstwahrscheinlich anhalten und sogar noch etwas intensiver aufflackern:

»Also weißt du, du bist wirklich egoistisch. Ich wüßte nicht, daß sich andere Frauen beschweren. Sie wissen zu schätzen, was ihre Männer für sie tun. Was ist eigentlich dein Problem?«

Schuld! Schuld! Wut! Wut! Sofern wir über eine Engelsgeduld verfügen und unser Erwachsenen-Ich nach wie vor die Oberhand und damit einen klaren und nüchternen Kopf bewahren kann, würde es dem entgegenhalten:

»Ich weiß, daß es so aussieht, als ob ich egoistisch sei, ich muß es aber für mich tun. Und ich hoffe, daß du es verstehen wirst; wenn nicht, kann ich es nicht ändern! So sieht meine Planung aus, und ich habe vor, sie zu verwirklichen. Ich hoffe, daß du mich dabei unterstützt. Ich liebe dich sehr, ich muß aber auch für mein eigenes Glück die Verantwortung übernehmen, und das allabendliche Kochen macht mich nicht glücklich. Das hat überhaupt nichts mit meiner Liebe zu dir zu tun. Ich weiß all das, was du für mich tust, zu schätzen. Du bist ein wundervoller Ehemann. Und das hat nichts damit zu tun, daß ich fortan nicht mehr an jedem einzelnen Abend in der Woche kochen werde. Das steht definitiv fest.«

Anschließend ist es wichtig, Ihren Plan in die Tat umzusetzen – und daran festzuhalten –, ungeachtet der feindseligen Haltung Ihres Partners, die sich wahrscheinlich noch eine Zeitlang verstärken wird. Merkt er dann am Ende, daß es Ihnen wirklich ernst ist, wird er sich aller Wahrscheinlichkeit nach damit abfinden.

Die Erfahrung hat Sie aber möglicherweise bereits gelehrt, daß das Ganze für gewöhnlich nicht nach diesem Muster abläuft. Statt dessen tritt unser verängstigtes Kind, welches verzweifelt Zustimmung sucht, auf den Plan, um zu »beweisen«, daß es im Recht ist, und der Kampf beginnt:

»Was willst du damit sagen – egoistisch? Seit Ewigkeiten räume ich ständig hinter dir her, und ich habe dazu keine Lust mehr!«

Ihr Mann schreit zurück:

»Gut, und wer hat die meisten Rechnungen hier bezahlt?«

Und in diesem Sinne geht es dann weiter. Zwei Kinder-Ich mit verschlossenen Herzen, jedes unfähig, den Schmerz und die Angst auf seiten des anderen zu sehen. Der Kampf geht weiter, für gewöhnlich ist es aber so, daß wir Frauen am Ende den Wünschen unserer Männer nachgeben. Ich glaube, es war Betty Friedan, die sagte: »Wäre es ein richtiger Krieg, würden wir ihn verlieren. Wir brauchen die Männer zu sehr!« Ich bin mir nicht so sicher, daß wir Männer in irgendeiner Weise mehr oder weniger brauchen als sie uns. Ich weiß aber, daß es unser Nachgeben ist, das unsere Rage auslöst – und nicht ihr Anspruchsdenken.

Wenn unser Kind-Ich das Sagen hat, haben wir zuviel Angst, »unser Heim zu verlassen« und irgendwelche konkreten Veränderungen in unserem Leben vorzunehmen. Und, um bei dem früheren Beispiel zu bleiben, verharren wir auch weiterhin in unserer alten ungeliebten Stellung als Chefköchin. Wann immer wir auch nur den kleinsten Funken von Schuldgefühlen, Zwiespältigkeit oder Angst in bezug auf unser Vorhaben durchblicken lassen, wird unser Mann so lange seine Position hartnäckig verfechten, bis wir schließlich nachgeben. Das Muster der Selbstverachtung nimmt weiter seinen Lauf und in deren Schlepptau, natürlich, unsere Wut.

Sie müssen sich stets vor Augen halten, daß sich unsere Männer (und Kinder, Eltern und Freunde) gegen Veränderungen in unserem Verhalten fast immer wehren werden, und wir müssen darauf vorbereitet sein. Nichtsdestotrotz ist eines klar:

> Wir können Männern nicht die Schuld anlasten, einfach über uns hinwegzugehen. Wir können nur feststellen, daß wir ihnen nicht aus dem Weg gehen.

Ich werde nie vergessen, was Dan, der Leiter unserer Gruppensitzungen, zu mir sagte, als ich all die tatsächlichen und imaginären »Ungerechtigkeiten«, die mein Ex-Ehemann mir gegenüber im Laufe der Jahre begangen hatte, hinausschrie: »Susan, du redest, als wärst du ein Schmetterling auf dem Arschloch eines Elefanten. Du hättest da bloß weggehen müssen!« Ich muß sagen, daß nie zuvor jemand es mir so deutlich erklärt hatte!

So ist es an uns zu handeln, unser Leben so kreativ wie möglich zu gestalten. Viele von uns sind bereits dabei, genau das zu tun, und zwar ungeachtet der Ängste, die durch unser Kind-Ich hervorgerufen werden. Wir haben gelernt, jenes starke und zuverlässige Erwachsenen-Ich zu mobilisieren und haben unser Eltern-Ich dahingehend umgepolt, daß es fürsorglicher und liebevoller ist, so daß wir stets eine innere Unterstützung haben, die uns in harten Zeiten beisteht. Um diese Kraft und Stärke zu gewinnen, die wir für jene Veränderungen benötigen, mit denen wir unsere Wut loswerden können, müssen wir als erstes lernen, wie wir uns selbst lieben und fürsorglich mit uns umgehen können. Unsere Wut ist ein Indiz dafür, daß wir mit unserem Kind-Ich noch immer nicht fertig geworden, das heißt wir noch nicht erwachsen geworden sind. Je wütender wir sind, darauf können Sie wetten, desto abhängiger sind wir, egal wie es nach außen hin erscheinen mag.

Da gibt es diejenigen unter uns, die jung geheiratet und ihre Flügel in der Welt draußen nie wirklich ausprobiert haben. Das heißt nicht, daß die anderen nun sagen könnten, wir seien selbst schuld; Heim und Herd können in der Tat sehr warm halten. Einige von uns haben Glück, Sinn und Erfüllung dabei gefunden . . . und das ist gut so. Es ist das, was wir alle suchen. Andere von uns stellen jedoch fest, daß der Schuh nicht mehr paßt, und wir beginnen, das Gefühl der Hilflosigkeit, das wir empfinden, zu hassen. In der Folge fassen wir den Entschluß, aus unserer selbst auferlegten Falle herauszukommen und starke, unabhängige Frauen zu werden. Wir wissen, wir haben das Recht, da herauszukommen und wie unsere Männer, etwas Selbständiges zu tun. Und das ist der Punkt, wo wir steckenbleiben, aus Angst vor der großen Hürde. Unbewußt gerät unser Kind-Ich in Angst und Schrecken:

»Oh, mein Gott, meinst du wirklich, ich muß da rausgehen und mich der Ablehnung stellen, mich einem 14-Stunden-Tag stellen, mich einem Scheitern stellen? Bin ich dafür wirklich gerüstet? Bin ich wirklich gut genug? Kann ich das schaffen? Möchte ich wirklich so hart arbeiten? Ich komme ja nicht einmal mit meinem eigenen Scheckheft zu Rande. Wie soll ich es dann da draußen schaffen?«

An irgendeinem Punkt kommen wir dann unterbewußt zu dem Schluß, daß wir nicht so weit sind, den Sprung zu wagen, und um unsere Unsicherheit vor uns selbst und jedermann, der uns zuschauen könnte, zu verbergen, wahren wir das Gesicht. Wir geben ihnen die Schuld und vermeiden so, jene furchterregenden Schritte ins Unbekannte tun zu müssen.

»Gäbe es am Arbeitsplatz mehr Gleichberechtigung, dann würde ich es wirklich tun.«
»Müßte ich nicht zu Hause bei den Kindern bleiben, dann würde ich es wirklich tun.«
»Hätten Frauen die gleichen Chancen wie Männer, dann würde ich es wirklich tun.«

Noch immer sind wir mit dem Verteilen von Schuld beschäftigt. Das bedeutet, daß wir uns noch immer nicht die Tatsache eingestehen, daß diese Chancengleichheit heutzutage in vielerlei Hinsicht gegeben ist – Chancengleichheit bedeutet aber nicht Erfolgsgleichheit. Diese müssen Sie sich draußen selbst erarbeiten, was unglaublich harte Arbeit bedeutet. Damit soll nicht gesagt sein, daß zu Hause und am Arbeitsplatz keine frauenspezifischen Ungleichheiten und Ungerechtigkeiten bestehen. Mit Sicherheit gibt es die! Wir müssen selbstverantwortlich initiativ werden und dafür sorgen, daß solche Diskriminierungen abgestellt werden. Diejenigen, die es geschafft haben, ihre Angst zu überwinden und ihr Leben zu ändern, werden jedoch bestätigen, daß, wo ein Wille, auch ein Weg ist. Wenn wir mit unserer Angst nicht fertig werden, wird aus unserem Willen ein Unwille, und um unsere eigene Handlungsunfähigkeit zu maskieren, müssen wir jemand anderen zum Sündenbock machen. Die Wahrheit ist, daß Abhängigkeit und Wut Hand in Hand gehen. Wenn es uns gelingt, unsere Abhängigkeitsbedürfnisse und unser Gefühl der Hilflosigkeit (durch den richtigen Umgang mit unserem Kind-Ich) abzuschütteln, verflüchtigt sich auf wundersame Weise unsere Wut, und unsere Herzen beginnen sich zu öffnen.

Wie können wir es angesichts all dieser Dinge schaffen, unser Kind-Ich unter Kontrolle zu bringen und entsprechende Veränderungen in unserem Leben zu bewerkstelligen? Weil Angst die eigentliche Ursache für unsere Lähmung ist, möchte ich Ihnen vorschlagen, mein Buch *Feel the Fear and Do It Anyway*[3] zu lesen, in dem viele Wege und Möglichkeiten aufgezeigt werden, wie man Ängste überwinden kann, und das darüber hinaus ausführlich und tiefgreifend auf diese Thematik eingeht. Am Ende vom Lied erkennen wir, daß unsere Angst der Auslöser unserer Wut ist. Ich weiß, es gibt viele Dinge wie Untreue, Gewalttätigkeiten, ausbleibende Alimentezahlungen und so weiter, die unsere Wut legitim erscheinen lassen. Und um den Schmerz zu lindern ist es hilfreich, immer wieder auf »das Kissen einzuschlagen«. Wir dürfen jedoch nicht an diesem Punkt stehenbleiben und müssen jene notwendigen Veränderungen in Angriff nehmen, die gewährleisten, daß wir uns physisch, seelisch, emotional und geistig selbst versorgen. Wenn wir dies tun, wird uns bewußt werden, daß es wirksame Möglichkeiten gibt, Untreue, Gewalttätigkeiten, ausbleibenden Alimentezahlungen und so weiter zu begegnen, Möglichkeiten, die nicht an unserer Integrität und unserem Ichgefühl kratzen.

Wir leiden, wenn jemand uns verletzt. Es hilft, unseren Schmerz zu lindern, wenn wir uns vor Augen halten, daß jemand, der sich verletzt fühlt, auch andere verletzt. Sehr treffend formuliert es Zig Ziglar, »daß jede tadelnswerte Handlung eigentlich ein Hilfeschrei ist.«[4] Wenn wir es auf uns nehmen, denjenigen, die versuchen, uns zu verletzen, aus dem Weg zu gehen, können wir beginnen, unser Herz zu öffnen und den Schmerz zu erkennen, der in ihren Seelen begraben ist. Wir können beginnen zu verstehen, daß, um welch abscheuliches »Verbrechen« es auch immer gehen mag, es sich hierbei um die Handlung eines sehr verängstigten Kindes handelt, das – auf die einzige Art und Weise, die es kennt – um sein Überleben kämpft.

Wiederum, hiermit soll nicht das Verhalten solcher Personen beschönigt oder entschuldigt, sondern vielmehr unser eigener bohrender Schmerz und unsere Verwirrung gelindert werden. Es hilft uns zu erkennen, daß es ihr Schmerz ist, der sie zu destruktiven Dingen treibt, nicht ihre Boshaftigkeit. Aber auch angesichts dessen müssen wir nicht in einer Situation verharren, die durch fortwährende schmerzliche Verhaltensweisen bestimmt ist. Ich hörte einmal den Ausspruch: »Das erste Mal schämst du dich. Das zweite Mal schäme ich mich.« Es ist an uns, jene Schritte zu tun, die notwendig sind, um uns von einer lieblosen Person zu entfernen. Solange jedoch keine körperlichen Gewalttätigkeiten im Spiel sind, kommen wir nicht umhin, uns das, was in unserem Innern vor sich geht, einmal sehr genau anzuschauen, ehe wir zu irgendwelchen Veränderungen bereit und in der Lage sind. Oft ist es unsere Sichtweise, die lieblos ist, nicht unser Mann. Wie Joan entdeckte, nachdem sie an ihrem Selbstwertgefühl gearbeitet hatte, war sie trotz alledem mit einem wahrlich tollen Mann verheiratet.

Wenn wir in einer für uns sehr schmerzhaften Beziehung leben, ist es wichtig, daß wir nicht wütend auf uns selbst sind. Dies würde den Schmerz nur verstärken. Statt dessen können wir auf das Prinzip der Selbstbeobachtung zurückgreifen, um zu erkennen, was wir tun – mit dem Ziel, entsprechende Taten folgen zu lassen. Der erste Schritt ist aber immer die Selbstbeobachtung:

> Ich merke, daß ich mich sehr schwer damit tue, mich aus dieser ungesunden Beziehung zu lösen ... statt dessen: Dieser Schuft macht mich so unglücklich.
> Ich merke, daß ich fortwährend kritisierende Personen in mein Leben bringe ... statt dessen: Ich kann nicht glauben, wie er mich vor seinen Freunden demütigt.
> Ich merke, daß, wenn ein Mann mich wirklich gut behandelt, ich mich von ihm abwende. Ich habe einen Hang zu rücksichtslosen Männern ... statt dessen: Kannst du das glauben, er hat mich drei Stunden lang warten lassen!?!
>
> Und so weiter ...

Wenn wir jede Situation, wie schrecklich sie auch erscheinen mag, als eine Möglichkeit betrachten, aus der wir lernen können, gibt es keinen Grund, auf uns selbst wütend zu sein. Solange wir all unsere Erfahrungen, selbst unsere schlechten Beziehungen, als Spiegel benutzen und aus der Erkenntnis dessen, was wir darin sehen, Veränderungen in Angriff nehmen, können wir nichts »falsch« machen. Das alles gehört zu dem Prozeß des Lernens und Wachsens.

Daraus ergibt sich ebenso, daß, sobald wir begonnen haben, unsere Einstellung gegenüber denjenigen, die uns kränken, zu ändern, ein Vergeben und Loslassen (Schritt 5) leichter wird. Wenn wir ihre Unsicherheit und ihren Schmerz erkennen können, wird ihr unentschuldbares Verhalten entschuldbar – wenn auch nicht unbedingt akzeptabel. Sofern wir unsere Erfahrungen mit ihnen als eine Chance betrachten, mehr über uns selbst zu erfahren, können wir zurückschauen und ihnen dankbar sein, statt sie zu hassen. Betrachten wir unsere eigene Rolle, die wir in unserem Drama gespielt haben, aus diesem Blickwinkel, so schwindet unser Gefühl als »Opfer« und unser Aufgebrachtsein.

Wir müssen an unserer Fähigkeit, verzeihen zu können, arbeiten. Diese kommt nicht von allein. Eine meiner diesbezüglichen Lieblingsübungen ist folgende:

> Gehen Sie in ein Zimmer, in dem Sie allein sind, und sorgen Sie dafür, daß Sie nicht vom Telefon gestört werden. Lassen Sie irgendeine sanfte Musik spielen. Setzen Sie sich in einen bequemen Sessel, und schließen Sie die Augen. Konzentrieren Sie sich darauf, alle Teile Ihres Körpers, vom Kopf bis zu den Fußspitzen, zu entspannen. Denken Sie an einen Mann (oder eine Frau), der (die) in Ihnen eine Menge Wut, Schmerzen oder Schuldgefühle hervorruft. Sofern es in der Gegenwart niemanden gibt, denken Sie an jemanden aus vergangenen Zeiten. Stellen Sie sich ihn leibhaftig vor. Sagen Sie ihm, daß Sie ihm nur Freude und Glück in seinem Leben wünschen. Danken Sie ihm für das, was immer er Ihnen gegeben hat, wie wenig das in Ihren Augen auch gewesen sein mag. Wiederholen Sie diese Übung immer wieder, einmal am Tag, bis Sie jener Person vor Ihrem geistigen Auge tatsächlich auf eine Weise begegnen können, daß Sie ihr nur noch Liebe wünschen.

Klingt das einfach? Irrtum. Sie werden überrascht sein, wieviel Wut, Vorbehalte und Traurigkeit diese Übung in Ihnen aufsteigen lassen kann. Sie kann bewirken, daß Sie tatsächlich mit den Bergen an Ablehnung und Widerwillen, die Sie in sich aufgestaut haben, in Verbindung kommen – eine Ablehnung, die nur selbstzerstörerisch auf Sie und jeden in Ihrer Umgebung wirken kann. Erlauben Sie sich, jenen Menschen vor Ihrem geistigen Auge anzuschreien, ihn mit Schimpfworten zu titulieren oder was auch immer, dann aber immer wieder zu der Aufgabe zurückzukommen, um die es hier geht – Liebe und alle guten Wünsche zu vermitteln. Es kann Wochen dauern, bis Sie diesem Menschen wirklich vergeben können. Denken Sie daran, daß derjenige, bei dem Ihnen diese Übung am schwersten fällt, derjenige ist, dem Sie am dringendsten vergeben müssen.

Vielleicht müssen Sie jemandem verzeihen, der nicht mehr lebt. Der Tod eines Menschen bedeutet noch lange nicht, daß Sie Ihre Wut ihm gegenüber verarbeitet und gelöst haben. Ich kenne viele Menschen, die ihren Lieben ihr Sterben und damit den Umstand, sie allein gelassen zu haben, nie verziehen haben. Ich weiß, auf jemanden wegen seines Sterbens wütend zu sein, klingt alles andere als »vernünftig«, aber der Charakter unseres Kind-Ichs läßt sich an Maßstäben der Vernunft nicht messen.

In dem Maße, wie unsere Wut dahinschmilzt, können wir auch erkennen, inwieweit wir zum Ablauf der Ereignisse beigetragen haben. Das ist, wie gesagt, der Punkt, an dem wir wütend auf uns selbst werden. Fahren Sie mit dieser Übung fort, bis Sie auch sich selbst vergeben haben. Sehen Sie sich mit all den wunderschönen Dingen, auf die Sie ein Recht haben. Sehen Sie sich selbst als den prächtigen Menschen, der Sie wirklich sind.

Es handelt sich hierbei um eine heilsame Übung, die im übrigen in dieser oder jener Form von vielen Therapeuten verwendet wird. Die dabei erzielten Ergebnisse sind gewaltig.

Ähnlich wird im Rahmen der Gestalttherapie der »leere Stuhl« verwendet. In diesem Falle stellen Sie sich die Person, die das Ziel Ihrer Wut ist, auf einem leeren Stuhl, den Sie vor sich hingestellt haben, vor. Bei dieser Person kann es sich sowohl um einen Lebenden wie um einen Toten handeln. Sie beginnen mit einem Dialog, indem Sie ihr sagen, was Sie ihr gegenüber empfinden. (Um im Gegenpart in die Rolle der anderen Person schlüpfen zu können, hat es sich als sehr effektiv erwiesen, zu diesem Zweck auch tatsächlich jeweils auf deren Stuhl zu wechseln.) Sie werden zu dieser Person und antworten an ihrer Stelle. Mit dem Wechsel der Gesprächsbeiträge wechseln Sie auch immer wieder Ihren Platz. Sie werden erstaunt sein über die Einsichten und Erkenntnisse, die Sie gewinnen, und das Mitgefühl, das Sie entwickeln, sobald Sie sich buchstäblich die Schuhe Ihres Gegenübers anziehen.

Als Variante dieser Übung können Sie auch Ihre Teilpersönlichkeiten (Ihr Eltern-, Erwachsenen- oder Kind-Ich) auf dem leeren Stuhl Platz nehmen lassen. Oder spielen Sie schriftlich – in einem Heft – einen Dialog mit der Person, die das Objekt Ihrer Wut ist, durch. Ich staune immer wieder über die Kreativität unseres Unterbewußtseins. Alles, was wir wissen müssen, ist abrufbereit!

Eine weitere wirksame wutlösende Vorgehensweise ist das Spiel, das ich für meine Kurse erfunden und »Umschalten« getauft habe. Anhand meines eigenen Beispiels möchte ich Ihnen die Spielregeln erklären: Ich bin mit einem sehr liebevollen Mann verheiratet, der nur mein Bestes möchte. Folglich habe ich inzwischen gelernt, zunächst einmal davon auszugehen, daß irgend etwas in mir selbst die Ursache des Problems ist, wenn ich wütend auf ihn bin. Ich stelle mir dann folgende Frage:

> »Was tue ich selbst nicht für mich, von dem ich aber erwarte, daß er es für mich tut?«

Anders übersetzt: Inwieweit übernehme ich nicht selbst die Verantwortung für das, was ich gerne möchte? Normalerweise finde ich eine Antwort. Ein Beispiel: Mark übernimmt immer das Buchen unserer Flüge. So passierte es einmal, daß ich mit den uns zugewiesenen Plätzen nicht glücklich war. Meine erste Reaktion war, wütend auf ihn zu werden. »Warum hat er nicht nachgefragt? Er weiß doch, daß ich gerne einen Fensterplatz habe! Jetzt ist mir die ganze Reise verdorben, und alles ist seine Schuld!« Das sind ohne Zweifel die Gedankengänge des Kindes in mir, hier spricht nicht der intelligente, liebevolle Teil meines Ichs! Ich habe mir angewöhnt, auf diese gehässige Stimme meines Kind-Ichs aufzupassen, und wenn ich sie vernehme, schnell zu meinem Erwachsenen-Ich umzuschalten (auch wenn ich mich immer noch wie das Kind fühle!). In diesem speziellen Fall gelangte mein Erwachsenen-Ich rasch zur richtigen Schlußfolgerung; nämlich, wenn ich besondere Bedürfnisse in einem Flugzeug habe, es an mir ist, dafür zu sorgen, daß diesen Bedürfnissen Rechnung getragen wird. Es ist an mir, die Fluggesellschaft anzurufen und mich nach der Sitzverteilung zu erkundigen. Sobald ich soweit vorgedrungen war, meldete sich mein Eltern-Ich zu Wort: »Idiotisch! Typisch! Wenn es dir so viel bedeutet, warum hast du dann nicht die Fluggesellschaft angerufen und dir bestätigen lassen, daß du einen Fensterplatz hast!« Nochmals mußte ich zu meinem Erwachsenen-Ich umschalten und argumentieren:

> »Das ist eine gute Lektion. Das nächste Mal weiß ich, was ich zu tun habe. Mal sehen, ob ich meine ›Meinung‹, dies sei ein schlechter Platz, fallenlassen und die Reise dennoch wirklich genießen kann. Ist es nicht wundervoll, daß wir beide zusammen sind? Ist es nicht wundervoll, daß ich eine Reise mache? Ist das Leben nicht schön?«

Indem ich mich des Umschaltspiels bediente, gelang es mir, all meine Wut dahinschmelzen zu lassen ... etwas für zukünftige Reisen zu lernen ... mich auf das Positive statt das Negative zu konzentrieren, und in den wenigen Minuten, die ich für diesen ganzen Prozeß brauchte, hatte sich alles gewandelt – aus meinem Ärger war Euphorie geworden. Dieses Umschaltspiel (oder ein besserer Name wäre vielleicht Erwachsenwerden!) vollbringt wahre Wunder, wenn es Ihnen gelingt, alle Komponenten ins Spiel zu bringen.

1. Ergründen Sie, worüber das Kind-Ich wütend ist. (Denken Sie daran, es ist immer das Kind in Ihnen, welches wütend ist.)
2. Schalten Sie auf das Erwachsenen-Ich um, und ändern Sie Ihre Sichtweise.

3. Zählen Sie alle Möglichkeiten auf, die Sie haben, um selbst die Verantwortung für die Situation zu übernehmen.
4. Konzentrieren Sie sich auf das Positive statt auf das Negative.
5. Erlauben Sie es Ihrem Herzen, sich der Person, gegen die sich Ihr Ärger richtet, zu öffnen und zu erkennen, daß diese Person wirklich das in ihren Kräften Stehende tut.

Bei meinem Flugzeugdrama war das einzige, was ich tun konnte, meine Einstellung zu ändern. Häufig sind Lösungen schmerzlicher und nicht so einfach. Mitunter ist es erforderlich, daß Sie die Situation, in der Sie sich befinden, verlassen. Wenn Sie sich jedoch auf das Umschaltspiel einlassen, wird es Ihnen möglich sein, diese mitfühlend statt wütend, verzeihend statt grollend zu verlassen. Zum Beispiel:

> Vorwurf: Ich werde diesem Mann nie die Schmerzen verzeihen, die er mir zugefügt hat. Wie kann er mich nach zwanzig Jahren verlassen und mit einer anderen Frau abhauen? Wie kann jemand so grausam sein? Ich werde ihm nie verzeihen! Dafür wird er mir zahlen!

Umschaltung: Ich weiß, daß ich eine Zeitlang sehr unter dem Schmerz und dem Verlust leiden werde, aber das wird vorbeigehen. Ich bin so traurig, daß die Ehe zu Ende ist, aber ich bin auch dankbar für die vielen Jahre, die wir zusammen hatten. Es waren keine zwanzig vergeudeten Jahre. Auch wenn er manchmal wirklich schwierig war, er hat mich viele Jahre lang unterstützt, und auch dafür bin ich dankbar. Wir hatten gute Zeiten, viele gute Tage miteinander. Wir haben uns gegenseitig viel gegeben, vor allem unsere zwei großen Kinder. Ich weiß nicht, wie ich auf mich allein gestellt zurechtkommen werde, aber ich vertraue darauf, daß ich einen Weg finde. Ich werde es als das Ende einer Ära und den Beginn einer anderen betrachten. Wer weiß, welche Möglichkeiten die Zukunft für mich bereithält? Vielleicht werde ich wieder in die Schule zurückgehen und wieder da anfangen, wo ich vor so vielen Jahren aufgehört habe. Es gibt so viele Dinge, die ich all die Jahre hatte tun wollen und es nie geschafft habe. Workshops, an denen ich teilnehmen wollte; Freundschaften, die ich schließen und intensivieren wollte; kommunale Projekte, bei denen ich mich engagieren wollte. Ich denke, jetzt ist die Zeit da, damit zu beginnen. Ich (das Kind-Ich) fürchte mich zu Tode . . . aber ich werde einen Weg finden.

Ich weiß, daß diese Umschaltung mit einem ungeheuren Maß an Traurigkeit verbunden sein kann. Das ist wohl auch der Grund, warum die Wut bei so vielen Scheidungen siegt. Mit Wut läßt es sich leichter leben als mit Traurigkeit. Traurigkeit ist aber ein Teil unseres Lebens, und eine gesunde Traurigkeit hat einen bittersüßen Beigeschmack. Die Dinge ändern sich. Das Leben geht weiter. Wir müssen es lernen, damit Schritt zu halten, mit dem Strom zu schwimmen, wie es so schön heißt. Mit Sicherheit haben Sie es zigfach gehört, daß Sie keine Kontrolle über einen anderen Menschen ausüben können; diese Kontrolle können Sie nur über sich selbst haben. Und wenn Sie dieser habhaft werden, beginnt die Welt, sich für Sie zu öffnen.

Ich schlage Ihnen vor, einen Stift und einen Block zur Hand zu nehmen und die vielen Dinge aufzuschreiben, die Sie in Ihrem Leben wütend machen, ob diese nun mit Ihrem Beruf, Ihren Freunden, Ihrer Familie oder dem Mann oder den Männern in Ihrem Leben zusammenhängen. Schreiben Sie pro Seite nur einen Beschwerdepunkt auf, und lassen Sie die restliche Seite für das Umschaltspiel frei. Bemühen Sie sich zu erkennen, wie Sie Ihre Beschwerde in ein aktives Handeln Ihrerseits verkehren können, welches gewährleistet, daß Ihre Bedürfnisse befriedigt werden. Ich weiß, daß es Bereiche gibt, wo dies leichter gesagt als getan ist. Wenn Sie sich jedoch vor Augen halten, daß Ihre Wut dem Zweck dient, Einsichten über sich selbst zu gewinnen, kann dies eine sehr wertvolle Übung sein. Am Ende des Prozesses steht das Ziel, daß Sie mit einem Aktionsplan zur Verbesserung Ihres Selbstwertgefühls aufwarten. Seien Sie kreativ und einfallsreich. Je schwieriger die Situation, desto größer wird die Belohnung sein, wenn die Antwort gefunden wurde. Vielleicht möchten Sie diese Übung sogar mit einer Freundin zusammen machen, so daß Sie sich gegenseitig weiterhelfen können, wenn eine von Ihnen sich in einer Situation festgefahren hat. Sie werden über Ihre Cleverneß erstaunt sein, wenn Sie sich wirklich darauf konzentrieren. Nachfolgend ein weiteres Beispiel, wie Sie dieses Spiel spielen können.

> Vorwurf: Ich bin wütend, daß er so arbeitsbesessen ist.
> Umschaltung: Ich habe all diese viele Freizeit. Ich wette, es gibt ein paar wundervolle Dinge, die ich für mich selbst tun könnte. Ich werde mich mit meinen Freundinnen beim Babysitten abwechseln, so daß ich dafür kein Geld auszugeben brauche. Ich verstehe, daß mein Mann so hart arbeitet, weil er dem Druck ausgesetzt ist, das nötige Kleingeld nach Hause zu bringen. Vielleicht kann ich eine Teilzeitbeschäftigung finden, während die Kinder in der Schule sind, oder mich sogar mit einer Arbeit, die ich zu Hause erledigen kann, selbständig machen. Damit würde ich ihm einen Teil des Druckes abnehmen. Das wäre wirklich aufregend! Vielleicht könnte ich mich mit einer Freundin zusammentun, und wir könnten gemeinsam . . . und so weiter.

Dies ist zufällig die wahre Geschichte einer meiner Kursteilnehmerinnen. Sie begann schon bald, ihre »freie« Zeit wirklich zu genießen, während ihr arbeitsbesessener Ehemann seinen eigenen Geschäften nachging. Als sie wahren Enthusiasmus bezüglich dessen, was sie nun tat, entwickelt und sich in dieser Hinsicht von ihm abgenabelt hatte, raten Sie einmal, was geschah? Er begann, sich mehr für sie und weniger für seine Arbeit zu interessieren. Vor der von ihr vollzogenen Wende war es wirklich kein Zuckerlecken, zu ihr nach Hause zu kommen. Sie war stets leicht depressiv, ohne jede Energie und nörgelte ständig an ihm herum, daß er mehr an seiner Arbeit als an ihr interessiert sei. Als sie anfing, sich selbst zu

»retten«, änderte sich alles in der Beziehung. Ironischerweise ist sie nun diejenige, die arbeitsbesessen ist, und er ist derjenige, der um Straffung seines Terminkalenders bemüht ist, um mehr Zeit mit ihr zusammen verbringen zu können!

Es gibt natürlich auch solche Frauen, die sich mit einem abwesenden Ehemann nicht einverstanden erklären und abfinden möchten. Sie spielen das Umschaltspiel sehr konkret – indem sie die Beziehung verlassen und jemanden suchen, der mehr daran interessiert ist, ein Leben wirklich zu teilen. Das ist eine weitere kreative Lösung. Wir müssen entscheiden, was wir in einer Beziehung tolerieren und was nicht, und im Bereich des Letztgenannten aktiv auf eine Veränderung hinwirken – das Nicht-Tolerierbare zu tolerieren bedeutet, ein Stück von uns selbst zu töten.

Ich denke, Sie haben allmählich erkannt, worum es geht. Der Schlüssel ist, Ihr Leben selbst aktiv in die Hand zu nehmen, statt sich darüber zu beklagen, daß die Welt Sie nicht glücklich macht. Wenn es uns erst einmal gelingt, die »Opfermentalität« abzulegen, ist es erstaunlich, welche Kreativität wir entwickeln können. Wir mobilisieren die in uns steckende Kraft und erfüllen uns mit Begeisterung und einem Gefühl, als grenzten die sich uns nun erschließenden Möglichkeiten an ein Wunder. Eine Opfermentalität bringt nur Verärgerung hervor und bedeutet eine unglaubliche Vergeudung kostbarer Energie. Wenn Sie den Eindruck haben, daß ich auf diesem Punkt herumreite (und das tue ich), dann nur, weil es so wichtig ist, daß wir ihn alle verstehen.

> Wir müssen aufhören, die Rolle des »armen, bedauernswerten Wesens« zu spielen, und statt dessen ein neues Rollenmodell für uns schaffen – jenes von liebenden, kreativen, starken und erfüllten Erwachsenen. Mit diesem neuen Modell wird das Leben leichter und froher . . . und wir haben weitaus weniger Anlaß, wütend zu sein.

Ich glaube, wenn wir weiterhin auf dem Kriegspfad bleiben und auf unsere Männer einprügeln, statt sie zu lieben, dann wird in nicht allzu ferner Zukunft der Zeitpunkt kommen, an dem sie sich zur Gegenattacke rüsten. Erste Anzeichen dafür gibt es bereits. Natürlich tragen auch Männer ihre eigene Wut mit sich herum: Auch sie sind nur Menschen. Als Gruppe gesehen, sind sie jedoch in der Defensive geblieben und nicht zur Offensive übergegangen. Als Gruppe gesehen, haben sie uns noch nicht zum Feindbild erklärt. Angesichts der Richtung, auf die wir zuzusteuern scheinen, ist ein ausgewachsener Krieg zwischen den Geschlechtern kein Ding der Unmöglichkeit. Ich glaube nicht, daß irgendwer von uns das wirklich möchte. Ich glaube nicht, daß wir die Verluste, die beide Seiten hinnehmen müßten, voll ermessen können. Die Antwort liegt demgegenüber darin, Liebende zu werden. Und von unserer Seite her wäre so wenig erforderlich, um bei all dem die Wende zu schaffen.

Was wir nicht vollends verstehen, ist, daß die einsichtigsten Männer die Frauenbewegung befürworten; was sie jedoch nicht befürworten, ist unsere Wut. In meinen Workshops meinten viele Männer, das, was sie wirklich an bestimmten Frauen abstoßend fänden, sei deren Wut, nicht deren neu entdeckte Stärke und Unabhängigkeit. Letzteres mochten sie. Hierdurch wurde ein Teil der Verantwortung von ihren Schultern genommen. Darüber hinaus fanden sie das Zusammensein mit starken Frauen interessanter. Nachdem ich einen Kursus nach dem anderen über Beziehungen und Bindungen veranstaltet hatte, wurde mir klar, daß die meisten Männer uns wesentlich mehr mochten als wir uns selbst. Sie haben ihre eigenen Unsicherheiten, natürlich, aber in Wahrheit wollen sie das gleiche, was auch wir wollen – lieben und geliebt werden.

Jetzt, ehe sich unsere Positionen weiter verhärten, ist der Zeitpunkt gekommen, uns mit unserer Wut auseinanderzusetzen. Wut kostet Energie, die positiv, zum Wohle der Welt, statt in einem verletztenden Sinne, eingesetzt werden kann. Wir müssen positive statt negative Botschaften ausstrahlen. Wie können wir uns für die Ächtung von Kriegen starkmachen, solange wir selbst in Kampfhandlungen verstrickt sind?

Wir müssen lernen, wie wir wieder lieben können. Und warum sollten wir nicht diejenigen sein, die es schaffen, dies Wirklichkeit werden zu lassen? Ganz bestimmt, ohne jeden Zweifel, wir haben die Kraft und die Macht, dies Wirklichkeit werden zu lassen . . . und jetzt damit zu beginnen.

Affirmationen zum Freisetzen von Wut

- Ich werde handeln.
- Ich werde jetzt die Kontrolle über mein Leben übernehmen.
- Ich erhebe wieder den Anspruch auf meine Kraft.
- Ich bin stark, und ich bin liebevoll.
- Ich brauche nichts zu fürchten.
- Ich habe die Wahl in meinem Leben.
- Ich werde mein Leben so gestalten, wie ich es möchte.
- Ich sehe die Schmerzen bei denjenigen, die mich verletzen.
- Ich gehe denjenigen, die mich verletzen, aus dem Weg.
- Ich gehe mir selbst aus dem Weg, versperre ihn mir nicht länger.
- Ich werde wundervolle Menschen in mein Leben ziehen.
- Ich werde meine Wut und den Schmerz überwinden.
- Ich werde ein Leben, das mit Liebe erfüllt ist, schaffen.
- Alles, was ich wissen muß, ist in mir selbst.
- Was auch immer geschieht, ich werde damit fertig.
- Ich strahle positive Energie aus.
- Ich habe die Kraft und die Macht, mein Leben zu kontrollieren.
- Ich entspanne mich und lasse von meiner Wut los.

Kapitel 3

Egal, was sie machen – es ist immer verkehrt

»Wie viele der hier anwesenden Frauen denken, daß sie gerne mit den Männern tauschen möchten?«

»So viele, hm?«

»Wie viele der hier anwesenden Frauen würden bewußt, aus freien Stücken und ohne Widerwillen die finanzielle Verantwortung für die Beziehung übernehmen?«

»Niemand meldet sich, hm?«

»Wie viele der hier anwesenden Frauen erwarten von einem Mann, daß er bewußt, aus freien Stücken und ohne Widerwillen die finanzielle Verantwortung für die Beziehung übernimmt?«

»So viele, hm?«

»Noch mal, wie viele der hier anwesenden Frauen denken, daß sie gerne mit den Männern tauschen möchten?«

»Niemand meldet sich, hm?«

Und so weiter und so fort. In meinen Kursen über Beziehungen bin ich jedesmal wieder verblüfft und betroffen, daß wir auf der einen Seite zwar nach Gleichberechtigung streben, auf der anderen Seite aber nach wie vor an so vielen traditionellen Erwartungshaltungen festhalten. Das ist weder gut noch schlecht, es ist einfach nur eine Tatsache, die für uns (wie auch für unsere Männer) mehr als verwirrend ist! Und da es bei diesem Buch um das Öffnen unserer Herzen geht, glaube ich, daß wir die widersprüchlichen Erwartungshaltungen, die der freien Entfaltung der Liebe hinderlich sind, einmal näher betrachten sollten.

Während Sie dieses Kapitel lesen, werden Sie möglicherweise feststellen, daß Sie immer wieder mit einem lautstarken »Ja, aber« aufbegehren. Bleiben Sie ruhig dabei, hassen Sie mich, wenn Ihnen danach ist, bis Sie sich selbst einen Reim auf meine Argumentation machen können. Es gibt keinen Bereich, in dem wir uns intensiver selbst betrachten müssen, als im Bereich unserer Erwartungshaltungen. Unsinnige, unbegründete und unvernünftige Erwartungshaltungen sind der Grund für viele unserer Enttäuschungen sowohl in unseren Beziehungen mit Männern als auch in unseren Beziehungen mit uns selbst. Sie sind ebenfalls die Ursache für unsere Wut.

Seit vielen Jahren kämpfen wir Frauen für die Gleichberechtigung. Schauen wir uns aber einmal an, wie in den Augen vieler der perfekte protokollarische Ablauf bei einem ersten Rendezvous auszusehen hätte:

> *Er* ist derjenige, der anruft. *Er* ist derjenige, der das Restaurant wählt (je teurer, desto besser!). *Er* ist derjenige, der uns abholt. *Er* ist derjenige, der uns die Tür aufhält. *Er* ist derjenige, der sich ans Steuer setzt. *Er* ist derjenige, der dem Ober unsere Bestellung aufgibt. *Er* ist derjenige, der den Ober nochmals herbeizitiert, wenn mit unserem Essen etwas nicht in Ordnung ist. *Er* ist derjenige, der bezahlt. *Er* ist derjenige, der uns nach Hause und zur Haustür bringt.

Eine meiner Kursteilnehmerinnen meinte, daß sie nicht nur all das zuvor Genannte, sondern darüber hinaus auch von ihm erwarte, daß er sie am nächsten Tag anrufe, um ihr zu sagen, wie wundervoll die Stunden mit ihr waren. Ähnlich sieht es aus, wenn wir verheiratet sind und am Abend mit unserem Mann ausgehen. Sagen Sie mir, worin hierbei der Unterschied dazu besteht, wenn Eltern mit ihrem Kind essen gehen! Und, wenn Sie mir in irgendeiner Form ähnlich sind, lieben Sie dieses ganze Arrangement! Ich liebe es so sehr, daß ich nicht verstehen kann, warum Männer nicht die gleiche »Gleichberechtigung« anstreben!

Einige tun es, andere hingegen nicht, wie Sie vielleicht schon festgestellt haben. Männer fühlen sich mitunter in starkem Maße bedroht, wenn wir versuchen, ihnen einen Teil der Verantwortungen von ihren Schultern zu nehmen. Der Grund für dieses Sich-bedroht-Fühlen liegt darin, daß, genau wie unsere Weiblichkeit über ein Versorgtwerden, ihre Männlichkeit über den Begriff des Versorgers definiert wurde. Alte Selbstbilder sind zählebig! Auch hier ist weder das eine noch das andere falsch oder richtig – unsere Gefühle und Verhaltensweisen spiegeln einfach nur unsere Erziehung wider.

Ich merke, wie das Gesicht einer jungen Frau aufleuchtet, wenn sie von dem Mann erzählt, der sie in einer Limousine abholte, ihr Blumen mitbrachte und ihr Champagner und Kaviar kredenzte. (Der Traum jeder Frau an irgendeinem Punkt in ihrem Leben!) Die Tatsache, daß er extrem egozentrisch und mehr daran interessiert war, sie mit all seinen Erfolgen zu beeindrucken, als irgend etwas über sie in Erfahrung zu bringen, hält sie scheinbar nicht davon ab, am Telefon zu sitzen und auf seinen Anruf zu warten.

Dieses Leuchten in ihren Augen sehe ich nicht, wenn sie von jenem anderen Mann erzählt, mit dem sie verabredet war und der sich mit ihr im Restaurant traf, die Rechnung teilte und, weil beide jeweils mit ihrem eigenen Wagen gekommen waren, sie nicht nach Hause begleitete. Obwohl er eigentlich ein großartiger Kerl war, mit dem viele Gemeinsamkeiten bestanden, der warmherzig, offen und, so schien es, interessiert an ihr war, war ihr Interesse, ihn wiederzusehen, gleich Null. Und dennoch betrachtet diese Frau sich selbst als Feministin.

Für mich steht fest:

> Was vielen von uns an unseren Männern gefällt, steht im Widerspruch zu dem, wie diese Männer unserer Meinung nach sein sollten, und das gleiche gilt auch für uns selber.

Dieser innere Konflikt kommt in der Übersetzung als jene Wut zum Ausdruck, die wir gegenüber den Männern in unserem Leben empfinden. Wenn wir ganzheitlichere Menschen und Partnerinnen für unsere Männer werden möchten, müssen wir unsere Persönlichkeiten und die Art und Weise, wie wir uns in bezug auf Männer selbst sehen, ändern.

Eine ganze Reihe von uns haben bereits begonnen, die an uns selbst – und an unsere Männer – gestellten Erwartungen zu verändern. Unser Geschmack ist im Begriff, sich zu wandeln. Was uns einmal an Männern gefallen hat, gefällt uns nun nicht mehr. Langsam gewöhnen sich unsere Augen an eine realistischere Version des »Märchenprinzen«.

Dies ist allerdings ein langsamer Prozeß. Manche von uns werden sehr ungeduldig mit sich selbst. Wir scheinen zu wissen, was das beste für uns ist, aber unser »Auge« hat diese Botschaft noch nicht erhalten. Immer wieder und wieder werden wir zu dem falschen Typ hingezogen. Und am Ende stehen wir mit unseren Beziehungen vor einem Scherbenhaufen. Noch immer betrachten wir jene Männer nicht als attraktiv, die uns in unserem Sinne am optimalsten unterstützen können. Was wir daraus lernen können, ist ganz einfach: Unser Typ ist nicht wirklich unser Typ. Denn was die Wahl unserer Männer angeht, entpuppen sich viele von uns weiterhin als unsere ärgsten Feindinnen.

Es gibt viele Erklärungen für unser irrationales Verhalten. Die von mir bevorzugte ist folgende: Scheinbar müssen wir erst einen »Revisionsprozeß« durchlaufen, bevor wir unsere Auffassung darüber, was wir attraktiv finden, in Einklang damit bringen, was wir wirklich wollen. Wir müssen unsere Einstellung transformieren, das schaffen, was Robert Fuller als einen »psychostrukturellen« Wandel bezeichnet, ein großes Wort, das nichts weiter bedeutet als:

> Eine Veränderung der tiefgreifendsten Glaubensverhaftungen, ein Wandel dessen, was wir als garantiert annehmen.[1]

Fuller veranschaulicht diesen Punkt, indem er uns bittet, uns vorzustellen, wir lebten in einem Land, in dem die Sklaverei als etwas absolut Normales und Natürliches erscheine. Dies beschreibt natürlich das Amerika vor noch nicht allzu langer Zeit. Dennoch ist die Idee der Sklaverei für die Amerikaner widerlich und abstoßend, und es ist kaum zu glauben, daß sie tatsächlich einmal existierte. Fuller verdeutlicht an diesem Beispiel den tiefgreifenden Wandel der Denkstrukturen, den ganze Nationen in der Lage sind zu vollziehen. In gleicher Weise, denke ich, sind wir Frauen zu einem tiefgreifenden Wandel unserer Denkstrukturen im Hinblick auf Männer und uns selbst in der Lage.

Fullers Worte möchte ich noch insofern ergänzen, als daß es, nachdem die Ketten gelöst wurden, eine gewisse Zeit brauchte, bis sich die Sklaven wirklich frei fühlten und als frei betrachtet wurden. Es muß für die Sklaven beängstigend gewesen sein, die Sicherheit, in der sie sich bei ihren Herren wähnen durften, zu verlassen, und auf der anderen Seite muß es den Arbeitgebern gleichzeitig befremdlich vorgekommen sein, Ex-Sklaven einzustellen und sie wie Arbeitnehmer zu behandeln. Irgendwann war dann aber der Punkt erreicht, an dem sich die Revision vollzog und Ex-Sklaven sich frei fühlten und auch so betrachtet wurden.

Was bedeutet dies nun für Frauen und unsere Forderung nach gesunden Beziehungen im Sinne der Gleichberechtigung? Sehr viel. Es hilft, viele der Widersprüchlichkeiten in unserem Denken und unserem Verhalten zu erklären, die nicht einmal wir, geschweige denn unsere Männer, verstehen können, die sich bemühen, es uns recht zu machen und uns zu gefallen. Während wir einerseits erklärt haben, daß uns die gleichen Rechte zustehen (unsere eigene Version der Abschaffung der Sklaverei), erfahren wir andererseits momentan jenes normale Vakuum, das zwischen der Erklärung der Gleichberechtigung und dem Greifen der neuen Verhaltensweisen und Glaubensansätze, die mit dieser Erklärung verbunden sind, eintritt und das es zu überbrücken gilt. Ich denke, diese Phasenverschiebung, und damit unsere Verwirrung, ist einfach Bestandteil jenes Wandlungsprozesses. Ebenso denke ich, daß wir weder gleichberechtigt handeln noch gleichberechtigt behandelt werden, solange wir diesen Wandel unserer inneren Sicht nicht vollzogen haben. Erst dann werden wir unsere Wankelmütigkeit beenden und unsere »Gleichberechtigung« wirklich ernst nehmen und ab diesem Zeitpunkt folglich auch von der übrigen Welt ernstgenommen werden.

Einige von uns haben diesen Wandel auf einer individuellen Ebene bereits hinter sich, und er hat unsere Sicht der Welt vollständig verändert. Bei dem Rest von uns herrschen hingegen Verwirrung und Unglücklichsein. Ich hoffe, das, was ich sage, kann einen Teil der Seelenqualen, die Sie möglicherweise durchleiden, ausschalten. Eine Übergangsphase ist, per Definition, mit Verwirrungen verbunden: Aus der einen Phase sind wir noch nicht ganz heraus und in der anderen noch nicht ganz drin. Im Laufe der Zeit aber wird jener innere Sprung vollzogen, und unsere Zwiespältigkeit und Verwirrung werden beiseite geschoben. Das Neue wird zur Norm, und das Alte ist obsolet geworden.

Eine treffende Parallele finden wir in der Welt der Mode. Wenn wir uns daran gewöhnt haben, kurze Röcke zu tragen, so mögen wir neuere Modeerscheinungen, die lange Röcke zeigen, nicht auf Anhieb. Ab irgendeinem Zeitpunkt paßt sich unser Auge jedoch an; kurze Röcke sehen nicht mehr so gut und die langen Röcke sehen einfach großartig aus! Wenn wir in alten Modezeitschriften blättern, lachen wir und wundern uns, wie uns das nur jemals gefallen konnte.

Es ist wichtig, daß wir die weitreichende Bedeutung, die hinter dem hier Gesagten steckt, tatsächlich verstehen:

> Genau wie wir uns in einer Übergangsphase befinden und den für die Verwirklichung erforderlichen geistigen Sprung noch nicht geschafft haben, trifft dies auch für die Männer zu.

Dies erklärt auch den Umstand, daß die einsichtigsten Männer (und das sind weitaus mehr, als Sie denken!) einerseits zwar die Gleichberechtigung der Frauen unterstützen, sich ihr

»Auge« andererseits aber noch nicht an den neuen Anblick gewöhnt hat. Auch sie sind verwirrt und voller zwiespältiger Gefühle. Ihr Verstand und ihr Herz wissen, was Frauen und ihnen selbst gegenüber fairer ist, und dennoch empfinden sie vieles von dem, das mit dem alten Modell verbunden war, als attraktiv. Genau wie viele von uns die Vorstellung, daß der Mann der Hauptverdiener ist, nach wie vor attraktiv finden, so fühlen sich viele von ihnen nach wie vor zu der Idee hingezogen, daß Frauen sich um Herd und Heim kümmern. Mit der Zeit werden auch sie den inneren Sprung schaffen, der notwendig ist, daß ihnen Frauen auch in anderen Bereichen gefallen. In der Geschäftswelt geschieht dies bereits. Viele Männer bekunden beispielsweise, daß sie gerne mit Frauen zusammenarbeiten, während dies vor Jahren noch schier undenkbar gewesen wäre. Ich glaube, es ist nur eine Frage der Zeit, wann sich auch im Bereich des Haushalts die Gleichberechtigung als akzeptierte Norm durchgesetzt hat.
In diesem Zusammenhang gilt darüber hinaus:

> Je eher wir jenen inneren Wandel vollziehen, desto eher wird dies auch bei den Männern der Fall sein. Sobald sich unser Geschmack ändert, wird sich ihr Verhalten entsprechend diesem Geschmack wandeln.

Die meisten Männer möchten wirklich von Frauen geliebt und anerkannt werden. Wenn uns klar ist, daß der »neue« Mann besser als der »alte« Mann aussieht, werden Sie feststellen, daß es bereits wesentlich mehr »neue« Männer in Ihrer Umgebung gibt. Die in meinen Workshops von Männern an Frauen am häufigsten gestellte Frage ist: »Was wollen Frauen?« Wir können ihnen nur zusichern, daß wir uns eines Tages darüber selbst klargeworden sein werden! Vergessen Sie nicht:

> Weil wir sie selbst noch nicht akzeptiert haben, können wir nicht wütend auf Männer sein, daß sie die Gleichberechtigung zwischen den Geschlechtern noch nicht akzeptiert haben!

Die große Frage, der wir uns zuwenden müssen, lautet: »Können wir diesen inneren Wandel gemessen an dem, wie er sich scheinbar vollzieht, beschleunigen?« Sowohl auf seiten der Männer als auch auf seiten der Frauen wird eine zunehmende Polarisierung und eine Verhärtung der jeweiligen Positionen erkennbar. Wir müssen diesen Krieg beenden, der nur eine allseitige Schwächung bewirkt, und statt dessen beginnen, uns gegenseitig Kraft und Stärke zu geben. Eine Revisionskampagne unsererseits wäre meines Erachtens ein guter Anfang. Vor Jahren gab es eine Black-is-Beautiful-Kampagne. Es dauerte nicht lange, bis jeder, den ich kannte, einschließlich meiner Person, stolz mit seinem Afro-Look herumlief, wohingegen uns diese Frisur vor der Kampagne keineswegs sonderlich gefallen hatte. Die gleiche Art der Kampagne können wir im Hinblick auf eine Veränderung unserer Erwartungen und Vorstellungen von Männern initiieren. Indem wir uns den neuen Look allgegenwärtig vor Augen halten und die Schönheit des Neuen immer wieder bestätigen und bekräftigen, können wir jenen inneren Wandel beschleunigen und unsere unangemessenen Erwartungshaltungen abschütteln.

Seien Sie während dieses Prozesses bitte nicht ungeduldig mit sich selbst. Ich glaube, daß das Aufgeben von Einstellungen und Erwartungshaltungen zu den schwierigsten Dingen im Leben eines Menschen gehört. Es bedeutet die Aufgabe des damit verbundenen Mythos, des Traumbildes, der imaginären Sicherheit. Es bedeutet die Aufgabe der Wut, die, wie wir bereits wissen, uns ein Gefühl der Kraft und Macht gibt. Was wir jedoch als Gegenleistung erhalten, ist ein Selbstwertgefühl, ein Gefühl der Fürsorge, ein neuartiges Gefühl der Sicherheit, welches sich aus unserer eigenen inneren Kraft, einem offenen Herzen und einem Glücksgefühl ableitet.

Beginnen wir also diesen Revisionsprozeß, und schauen wir uns unsere alten »Visionen« und die entsprechend wünschenswerten Revisionen an. Natürlich wird nicht alles auf Ihre spezielle Situation zutreffen. Nehmen Sie einfach nur das für Sie Brauchbare und Nützliche, und ignorieren Sie den Rest. Eines ist aber sicher: Was nicht für Sie zutrifft, trifft sicherlich auf jemanden zu, den Sie kennen. Wichtig ist, daß Sie stets eine offene Haltung und ein Lächeln auf Ihrem Gesicht bewahren!

Revision unserer Erwartungshaltung

Ohne jeden Zweifel, die schwierigsten Bereiche, was unsere Erwartungen gegenüber Männern angeht, sind, in der Reihenfolge ihrer Wichtigkeit, Geld, Geld und Geld! Ich kenne so wunderbare Frauen, die sich, wenn es ums Geld geht, in boshafte Hexen verwandeln. Im Grunde überrascht das nicht sonderlich, da es sich hierbei um einen Bereich handelt, in dem wir uns am unsichersten fühlen.

Sowohl aufgrund meiner beruflichen als auch privaten Erfahrungen kann ich sagen, daß die Mehrzahl der Frauen von Männern noch immer erwartet, daß diese die Hauptverdiener sind, und infolgedessen mehr auf das Drum und Dran, auf die Äußerlichkeiten achten, die sie zu bieten haben, als auf die Männer selbst – auf die Autos, die sie fahren, die Restaurants, in die sie uns einladen, die Geschenke, die sie uns machen, und so weiter. Nachfolgend ein paar exemplarische Äußerungen von Kursteilnehmerinnen:

»Im Grunde weiß ich, daß aus uns nichts wird. Er wird nie so viel Geld verdienen, daß ich mich wirklich sicher fühlen und mir die Dinge leisten könnte, die ich in meinem Leben gerne hätte. Ich meine, ich werde natürlich auch immer selbst Geld verdienen, ich möchte aber dennoch die Sicherheit haben, daß er in der Lage ist, mich zu versorgen.«

»Wenn ein Mann nicht soviel verdient wie ich, schlußfolgere ich, daß mit ihm irgend etwas nicht in Ordnung ist – daß er Probleme hat, mit Kollegen und Vorgesetzten zurechtzukommen, über zu wenig Entschlußkraft verfügt, was er mit seinem Leben anfangen möchte, oder daß er nicht sehr ehrgeizig ist.«

»Würde ein Mann bei unserer ersten Verabredung von mir erwarten, daß wir die Rechnung teilen, würde ich kein zweites Mal mit ihm ausgehen.«

»Jeder Mann, der um Unterhaltszahlungen bittet, ist ein Blutsauger.«

Derartige Äußerungen sind nicht untypisch. Die Frauen, von denen sie stammen, waren jung. Manche von ihnen argumentieren, daß es so sein muß, weil Frauen nicht soviel wie Männer verdienen. Aber ich kenne Frauen, die im Jahr mehr als 100 000 Dollar verdienen, und ich kenne Männer, die 20 000 Dollar verdienen. Es entspricht den Tatsachen, daß in bestimmten Bereichen eine gravierende Kluft zwischen den Verdienstmöglichkeiten von Frauen und Männern existiert, und wir müssen weiter daran arbeiten, diese Kluft zu schließen. Aber das Kernproblem, um das es hier geht, ist, daß die meisten von uns, welches Gehalt sie auch immer beziehen, auf einen Mann herabblicken, der nicht genausoviel verdient wie sie oder der nicht die Hauptlast der finanziellen Verantwortung für die Beziehung trägt.

Damit soll nicht gesagt sein, daß es nicht sehr viele unter uns gibt, die Männer unterstützen, die arbeitslos sind, Fortbildungen machen oder studieren. Nach einer »respektablen« Frist reagieren die meisten von uns jedoch verärgert, wir sind aufgebracht über deren Unfähigkeit, ein Einkommen heranzuschaffen, und brechen die Beziehung häufig ab. Gott sei Dank empfinden Männer im allgemeinen nicht die gleiche Verärgerung! Es ist nur zu wahr, daß sich manche Männer bedroht fühlen, wenn wir mehr als sie verdienen, und Sie kennen einen der Gründe, warum das so ist: Sie haben das Gefühl, unsere Achtung zu verlieren . . . und sie haben recht!

Die Tatsache, daß wir den Männern so generös die finanzielle Verantwortung übertragen, hat allerdings wenig mit dem Umstand zu tun, daß diese sich oft durch unsere Verdienstmöglichkeiten bedroht fühlen. Es hat vielmehr mit unserem eigenen Versagen zu tun, daß wir es nicht schaffen, uns als ausreichend kompetent zu »sehen«, all jene angenehmen Dinge des Lebens für uns selbst und unsere Familien selbst beschaffen zu können. Noch immer glauben wir, daß wir einen Mann brauchen, der uns das alles gibt.

Ebenso haben wir den inneren Wandel noch vor uns, der es uns ermöglicht, es als absolut normal zu betrachten, wenn eine Frau einen Mann unterstützt. Unterschwellig halten wir ihn für unfähig oder gehen davon aus, daß er eine Mutterfigur sucht, faul ist oder auch alles zusammen. Aber für die meisten von uns ist es nach wie vor etwas absolut Normales, wenn ein Mann eine Frau unterstützt.

Diese Kombination von unserer Unsicherheit einerseits und der Übergangszeit bis zum Abschluß unseres Revisionsprozesses andererseits bringt dann Witze wie folgenden hervor: »Was dein ist, ist mein, und was mein ist, ist mein!« Wir lachen dabei und betrachten unsere Bemerkung als geistreiche Stichelei. Sobald wir jenen inneren Wandel jedoch vollzogen haben und unser Herz sich allmählich öffnet, bemerken wir rückblickend, daß unsere Stichelei doch nicht so geistreich war. Wie konnten wir sie nur als gerechtfertigt betrachten? Nun erscheint sie uns als egoistisch, takt- und gefühllos, als unsinnig. (Unsere Männer werden sich rückblickend fragen, warum sie sich das haben gefallen lassen!) Solange dieser innere Wandel nicht tatsächlich vollzogen ist, ist die Idee einer wahrhaft partnerschaftlichen Beziehung noch immer zu neu, als daß sie uns als etwas Normales erschiene. Aber es wird dazu kommen.

Diesen Übergang zu schaffen, ist nicht leicht, und einige von uns möchten ihn nicht einmal schaffen. Wir wollen die gleichen Rechte, ohne zu diesem Handel jedoch unseren eigenen Teil beisteuern zu müssen. Unser hartverdientes Geld für Dinge wie die Tilgung der Hypothek, den Kauf von unentbehrlichen Haushaltsgeräten herzugeben, kommt bei vielen von uns am Anfang einem Todeskampf gleich. So jedenfalls war es bei mir. Meinen heutigen Ehemann lernte ich kennen, kurz nachdem ich mich beruflich verändert hatte. Anfänglich war mein Einkommen kläglich, und so wurde er zu meiner finanziellen Hauptstütze, eine Rolle, die er bereitwillig und auf liebenswerte Weise übernahm. Als ich in meiner neuen beruflichen Laufbahn dann schließlich anfing, wirklich Geld zu verdienen, merkte ich, daß ich den unwiderstehlichen Drang hatte, es auf die hohe Kante zu legen und ihn weiterhin die Rechnungen bezahlen zu lassen. (Erkennen Sie das Kind-Ich hier?) Ein anderer Teil meines Ichs (das Erwachsenen-Ich) meldete sich jedoch zu Wort und vertrat die Auffassung, daß dies denn wohl doch nicht so ganz der modernen Definition einer Partnerschaft entspräche, und ich zwang mich, mein Einkommen so weit zu teilen, bis ich mich gut fühlte. Der springende Punkt bei alledem war, daß ich mich in den zwölf Jahren, in denen ich alleinstehend war, ohne die Hilfe meines Ex-Ehemannes voll und ganz selbst versorgt hatte . . . und das war ein großartiges Gefühl! Ich hatte Selbstvertrauen, fühlte mich stark, gesund und glücklich. Sobald ich wieder geheiratet hatte, verabschiedete sich mein Erwachsenen-Ich von der Bildfläche, und hervor trat das Kind-Ich und rückte alle meine althergebrachten Erwartungen in bezug auf Geld wiederum in den Vordergrund.

Welche Schritte können wir nun unternehmen, um jenen Revisionsprozeß im Hinblick auf Geldfragen zu beschleunigen? Als erstes können wir uns einmal bewußt auf unsere alte Sichtweise konzentrieren und, uns diese vor Augen haltend, davon die Revision ableiten. Zum Beispiel:

Alte Sicht: Männer sollten die Hauptverdiener sein.

Revision: Warum? Es ist doch großartig, wenn eine Frau draußen in der Welt genug Geld verdient, um ihre Familie zu unterstützen. Das bedeutet nicht, daß ihr Mann ein Versager ist. Es bedeutet nicht, daß sie verrückt ist. Sie ist einfach nur eine fähige Frau, die zufällig mehr Geld als ihr Mann verdient! Er ist kein Parasit! Vielleicht unterstützt er sie in vielerlei anderer Hinsicht.

Alte Sicht: Frauen, die Unterhaltszahlungen verlangen, haben ein Recht darauf.

Männer, die Unterhaltszahlungen verlangen, sind Schmarotzer.

Revision: Warum? Wenn wir glauben, daß Unterhaltszahlungen für Frauen angemessen sind, dann sind sie unter den gleichen gegebenen Umständen ebenso für Männer angemessen. Ein Mann ist keineswegs ein Schmarotzer, wenn er Unterhaltszahlungen verlangt, er ist ein gleichberechtigtes menschliches Wesen. Für Männer wie für Frauen, die das ihren Partnern oder Partnerinnen rechtlich oder moralisch zustehende Geld vorenthalten, gilt, daß sie egoistisch und vor dem Hintergrund des Fürsorgegedankens verantwortungslos handeln!

Alte Sicht: Bei einer Verabredung sind Männer die einzigen, die eine Brieftasche brauchen.*

Revision: Warum? Es ist entwürdigend für eine Frau, wenn ein Mann alles zahlt. Selbst wenn eine Frau sich keine teuren Restaurants leisten kann, so ist eine beiderseitige Beteiligung an den Kosten dennoch wichtig für das Selbstwertgefühl. »Neue« Frauen erwarten nicht, daß sie ständig ausgehalten werden und ihnen alles zufällt, sie wissen die Geschenke, die sie von ihren Bekanntschaften erhalten, vielmehr zu schätzen und zeigen dies entsprechend. Sie schicken selbst Blumen und ein Wort des Dankes und tun all die Dinge, die sie umgekehrt von ihren Männern erwarten. Ein Mann, der damit nicht zurechtkommt, ist ein »alter« Mann und damit jemand, den wir doch ganz bestimmt abhaken wollen!

Alte Sicht: Frauen können nicht soviel Geld wie Männer verdienen.

Revision: Warum nicht? Schauen Sie sich um. Frauen sind in der Lage, ausgesprochen hohe Gehälter zu beziehen. Manche

* Die Älteren werden sich noch erinnern, daß unsere Mütter oder Väter uns immer einen »Notgroschen« zusteckten, wenn wir zu einer Verabredung gingen; das war gerade genügend Geld, um wieder nach Hause zu kommen, wenn wir mit unseren Jugendbekanntschaften in Nöte gerieten. Einige von uns haben diese Praxis nie aufgegeben!

haben es sogar eigenständig zu großem Reichtum gebracht. Der Prozentsatz ist zwar klein, aber der Prozentsatz der Männer, die Spitzengehälter beziehen, ist ebenfalls gering! Wir sind keine Opfer in dieser Welt. Es stimmt zwar, daß es für Frauen in vielen Fällen schwieriger ist, mit Spitzenleistungen aufzuwarten, unmöglich ist es aber nicht. Die heutige Welt bietet uns aufregende Herausforderungen, und wir Frauen sind für diese Herausforderung gerüstet!

Allmählich bekommen Sie eine Vorstellung, worum es geht. Ich kann Ihre »Ja, aber«-Kommentare förmlich hören, und dennoch sieht die Revision, im rechten Licht betrachtet, angemessener aus als die alte Sichtweise. Halten Sie sich Ihre Erwartungen im Hinblick auf Geldfragen einfach immer wieder vor Augen, und überlegen Sie, wie Sie sich eine andere Sichtweise und Einstellung zu eigen machen können. Vielleicht erstellen Sie eine Liste über all Ihre persönlichen Erwartungen und schreiben dazu Ihre eigene Revision auf. Indem Sie Ihre alten Erwartungshaltungen mit einem »Warum?« oder »Warum nicht?« hinterfragen, bringen Sie jenen Prozeß in Gang, der diese tiefsitzenden und Verwirrung stiftenden Glaubenssysteme verändert. Es ist darüber hinaus hilfreich, sich jede Revisionsaussage einzeln anzuschauen und ein wenig darüber zu meditieren. Schließen Sie Ihre Augen, und stellen Sie sich einige Minuten lang vor, wie Sie sich in dem neuen Szenario wohl und glücklich fühlen.

Abgesehen von der Notwendigkeit, uns jene Bereiche bewußtzumachen, die einer Revision bedürfen, gibt es noch etwas anderes, das wir tun müssen:

> Frauen müssen es lernen, besser mit Geld zurechtzukommen und im Zuge dieses Prozesses ihr »Verhältnis« zu Geld zu verändern. Gelingt es uns, unser Verhältnis zu Geld zu verbessern, wird sich definitiv auch unser Verhältnis zu Männern verbessern.

Selbst einige der erfolgreichsten Frauen, die ich kenne, tun sich schwer damit, sich in der Welt der Finanzen zu Hause zu fühlen. Als Anstoß, um in die richtige Richtung zu kommen, ist das Buch *Rich Is Better* von Tessa Albert Warschaw lesenswert. Warschaw meint, Frauen legen sich selbst Stolpersteine im Hinblick auf die volle Nutzbarmachung ihrer Kraft und Macht in den Weg, und zwar insbesondere auf dem uns Furcht einflößenden Gebiet des Geldes. Es sei an der Zeit, appelliert sie kämpferisch, daß für Frauen eine Periode »überschwenglichen Reichtums« anbreche. (Allein das Aussprechen dieser zwei Worte gibt mir ein gutes Gefühl!) Unter diesem »überschwenglichen Reichtum« versteht sie »die Kunst, ein Leben zu leben, das trotz der materiellen Errungenschaften nie seinen geistigen und ethischen Sinn verliert; die Kunst, anderen – und in der Tat diesem Planeten – Reichtum zu geben und gleichzeitig Gewinne und Erfolge zu verbuchen.«[2] Und sie offeriert eine Fülle von Ratschlägen, wie wir dies erreichen können.

Darüber hinaus können Sie auch Workshops besuchen, die sich mit Geldfragen beschäftigen, oder mit Experten auf diesem Gebiet sprechen. Oder Sie initiieren mit ein paar Freundinnen eine Selbsthilfegruppe, in der Sie sich schwerpunktmäßig mit Ihren geldbezogenen Ängsten und Erwartungen auseinandersetzen. Es ist keineswegs so, daß Frauen und Finanzen zwei Paar Schuhe sind (das ist eine alte Sichtweise). Die Zahl der Expertinnen in der Finanzwelt wächst mit jedem Tag. Ein hervorragendes Betätigungsfeld für Frauen. Machen Sie das Lernen über und Spielen mit Geld zu einem Ihrer Hobbys, wenn Sie es nicht gar zu Ihrem Beruf machen.[3]

Einen dritten Schritt, den Sie zugunsten des Revisionsprozesses unternehmen könnten, wäre, daß Sie sich mit der Ungleichbehandlung von Frauen in der Arbeitswelt, die heute nach wie vor besteht, vertraut machen. Sie können sich konkret im politischen und rechtlichen Willensbildungsprozeß engagieren, indem Sie etwa an Politiker schreiben oder auch auf die Straße gehen und demonstrieren. Es gibt viele engagierte Frauen und Männer, die für unsere Rechte eintreten und bereits enorme Fortschritte gemacht haben. Es ist an uns, sicherzustellen, daß dieser Vorwärtstrend weitergeht.

Eine vierte Möglichkeit, wie Sie jenen Prozeß beschleunigen können, ist, daß Sie Geld einmal auf eine Weise verwenden, wie Sie es noch nie zuvor getan haben. Gibt es etwas, das Sie sich schon immer gewünscht haben, aber so konditioniert wurden, daß ein Mann das für Sie kaufen »sollte«? Und folglich warten Sie darauf? Hören Sie auf zu warten! Sparen Sie sich Ihr Geld zusammen, und kaufen Sie es sich selbst – ein Schmuckstück, eine Reise in den Orient, jene teure Kamera oder was auch immer.

Verwenden Sie Geld auf eine neue Weise, was die Männer in Ihrem Leben angeht. Eine meiner Freundinnen liefert uns ein großartiges Beispiel. Als Leiterin eines Workshops war sie gerade von einer 10-Städte-Tournee zurückgekehrt, die ihr durch den Verkauf ihrer Kassetten und Bücher eine große Geldsumme eingebracht hatte. Sie besah sich ihren hartverdienten Lohn und konnte sich ein frohes »Aha!« nicht verkneifen. Sie beschloß, ihre Einnahmen, die sie weitestgehend bar erhalten hatte, in Geschenkpapier einzuwickeln und sie ihrem Mann für einen ihm beliebigen Verwendungszweck zu schenken. Wie reagierte er? Er war zu Tränen gerührt. Noch nie hatte ihm jemand in dieser Form Geld gegeben. Das Geschenk wurde noch kostbarer durch den Umstand, daß er wußte, wie hart sie für dieses Geld gearbeitet hatte. Es war ganz bestimmt nicht so, daß er es gebraucht hätte, da er selbst sehr gut verdiente, aber er meinte, daß er sich noch nie so geehrt gefühlt habe. Sie sagte, dies sei für sie eine Erfahrung eines grundlegenden Wandels gewesen. Sie fühlte sich stark, tüchtig und froh.

Beginnen Sie also, Geld in einer Art und Weise zu verwenden, die für Frauen atypisch ist. Sie werden überrascht sein, wie sehr Ihre Generosität geschätzt werden wird. Als Start in die richtige Richtung schicken Sie einem Mann in Ihrem Leben ein paar Blumen. Viele Männer erzählten mir, daß sie noch nie einen Blumenstrauß erhalten hätten, und alle waren sich einig, wie viel ihnen dies bedeuten würde. Ein Mann sagte: »Ich würde mich sehr darüber freuen, aber dieser Fall ist noch nie eingetreten.«

Jenseits von Geld, welche anderen Erwartungshaltungen bedürfen einer Revision? Ich hoffe, auch Sie haben an den folgenden Beispielen Ihren Spaß.

Alte Sicht: Männer sollten uns ihre Jacken geben, wenn uns kalt ist.

Revision: Warum? Ist es wirklich in Ordnung, uns auf ihre Kosten warmzuhalten? Sind wir so schwach und zerbrechlich, daß wir uns eine Erkältung holen, wenn sie uns nicht aufwärmen? Wohl kaum! Nach den Sterblichkeitstabellen zu schließen, sind wir das gesündere Geschlecht und sollten ihnen unsere Jacken anbieten!

Revisionsübung: Würden Sie den Mantel einer Freundin annehmen, wenn diese auch frieren würde? Doch wohl kaum! Seien Sie also auch Ihrem Mann eine Freundin. Wenn ihm kalt ist, nehmen Sie seine Jacke nicht. Bleiben Sie sitzen, und frieren Sie, das nächste Mal werden Sie dann ganz bestimmt daran denken, sich einen wärmeren Pullover mitzunehmen!

Alte Sicht: Männer sind für das Fahren zuständig.

Revision: Warum? Sie werden sich doch wohl nicht den Allgemeinplatz zu eigen machen, Frauen könnten das nicht. Wir fahren ausgezeichnet! Warum bieten wir also nicht an, diese Last zu teilen? Könnte es sein, daß da wiederum der alte »Prinz in seiner weißen Kutsche« aus unserer Traumwelt ins Spiel kommt? Könnte es sein, daß wir einfach nur f-a-u-l sind? Möglicherweise empfindet er es als unwürdig, sich von einer Frau herumfahren zu lassen. Bauen Sie sein Selbstwertgefühl auf, und sagen Sie ihm, daß ein »richtiger« Mann sich nicht von dem Umstand bedroht fühlt, daß eine Frau das Fahren übernimmt . . . und daß Sie ihn als »richtigen« Mann sehen!

Revisionsübung: Sagen Sie Ihrem Partner oder Ihrem Bekannten, daß Sie als ein Geschenk an ihn im nächsten Monat das Fahren übernehmen, so daß er sich einfach entspannen und die Landschaft genießen kann. Hierdurch werden Sie davon abkommen, daß das Fahren automatisch die Aufgabe des Mannes ist. Nach Ablauf dieses Monats können Sie sich das Fahren teilen.

Alte Sicht: Ich möchte einen Mann, zu dem ich aufschauen kann!

Revision: Warum? Das führt nur zu einem steifen Nacken! Per Definition ist ein Mann, zu dem Sie »aufschauen« können, ein Mann, der auf Sie »herabschauen« kann. Eine weitere konditionierte Einstellung, die revisionsbedürftig ist. Dieses »Aufschauen« mag zwar einfach nur eine unglückliche Metapher sein, die nichts weiter besagt, als daß wir unseren Mann achten, die Wahrheit ist jedoch, daß viele von uns es nicht als Metapher verstehen. Wir möchten in Wirklichkeit Männer haben, die »mehr« sind als wir selbst – die mehr Erfolg, mehr Geld, ein Mehr an Status, ein Mehr an Stärke und so weiter haben. Ein Mann, der körperlich größer ist als wir, gibt uns bewußt oder unbewußt die beständige Hoffnung, beschützt zu sein. Welche Art der Beziehung möchten Sie haben? Eine Zu-ihm-Aufschauen-und-auf-mich-Herabschauen-Beziehung oder eine, in der Sie auf gleicher Augenhöhe sind?

Revisionsübung: Jedesmal, wenn Sie einen Mann sehen, der nach den Maßstäben unserer Gesellschaft als etwas zu klein geraten betrachtet wird, sagen Sie zu sich selbst: Kleine Männer sind schön! Kleine Männer sind sexy! Ich liebe kleine Männer!

Alte Sicht: Das Werben ist Sache der Männer.

Revision: Warum? Ich habe Hunderte von Männern gefragt, ob sie daran Anstoß nähmen, wenn eine Frau sie anrufen oder den ersten Schritt im Sinne eines Annäherungsversuches tun würde. Ohne Ausnahme sagten sie, daß sie sich sehr darüber freuen würden! Sofern ein Mann etwas dagegen hat, handelt es sich definitiv um einen »alten« Mann und damit um einen, den wir meiden möchten. »Neue« Männer lieben es, wenn Frauen ihr Interesse an ihnen zeigen.

Um der Wahrheit willen sollten wir jedoch eingestehen, daß der eigentliche Grund, warum wir nicht um Männer werben, sie nicht ansprechen, nicht der ist, daß sie etwas dagegen hätten, sondern vielmehr, daß wir Frösche sind! Wir fürchten die Ablehnung! Ja, es ist schwer, wenn man mit einer Zurückweisung konfrontiert wird, halten Sie sich aber vor Augen, daß von Männern ganz selbstverständlich erwartet wird, jederzeit auf eine mögliche Ablehnung vorbereitet zu sein ... die sie gleichermaßen wie uns verletzt! Viele Männer erzählen, daß sie mitunter sieben Annäherungsversuche machen mußten, ehe eine Frau darauf einging. Stellen Sie sich einmal diesen Schmerz vor! Eine meiner Kursteilnehmerinnen sagte, sie habe einmal einen Annäherungsversuch bei einem Mann unternommen und sei gescheitert. Also versuchte sie es nicht mehr. Können Sie sich vorstellen, was geschähe, wenn die Männer in der gleichen Weise reagierten? Wir kämen niemals zusammen!

Revisionsübung: Gehen Sie in einem sicheren Umfeld auf drei Männer, zu denen Sie sich hingezogen fühlen, zu, und sprechen Sie diese an, daß Sie sie gerne an einem Tag in der darauffolgenden Woche zum Mittagessen einladen würden. Möglicherweise erhalten Sie eine Abfuhr, aber was soll's! Sie werden damit fertig! Ich will nicht behaupten, daß es nicht ein wenig schmerzt, sorgen Sie aber dafür, daß die Schmerzintensität nicht zu groß wird. Das wichtigste ist jedoch, daß diese Erfahrung Sie lehren wird, was Männer fortwährend durchmachen müssen.

Wenn Sie verheiratet sind, gibt es viele Möglichkeiten, wie Sie Ihrem Mann gegenüber »die Initiative ergreifen« können – sexuell, durch einen Blumengruß, durch ein Abendessen bei Kerzenlicht ... Seien Sie eine Liebende im wahrsten

Sinne des Wortes, in der gleichen Weise, wie Sie geliebt werden möchten.

Alte Sicht: Es ist für einen Mann unangemessen, zu Hause zu bleiben und die Kinder zu versorgen, während seine Frau berufstätig ist.

Revision: Warum? Manchen Männern liegt die fürsorgliche Rolle mehr als manchen Müttern. Wäre es somit nicht angebrachter, daß derjenige, der sich am besten dafür eignet, auch derjenige ist, der mehr Zeit mit dem Kind verbringt? Während einige Fachleute darauf pochen, Frauen seien von Natur aus die besseren Fürsorger und Erzieher und Männern diese Fähigkeiten absprechen, so bin ich doch mit Nachdruck gänzlich anderer Meinung. Jüngsten Untersuchungen zufolge zeigen Männer, die sich in der Rolle des Alleinerziehenden befinden, gleichermaßen gute fürsorgliche und erzieherische Qualitäten wie Frauen. Mein Ex-Ehemann war mit Sicherheit ein weitaus besserer Erzieher als ich!

Revisionsübung: Schauen Sie sich Videos wie beispielsweise *Kramer gegen Kramer* an, die zeigen, wie Männer die Mutterrolle »lernten« (genau wie wir unser Muttersein anfänglich »lernen« mußten). Ich denke nicht, daß dieses Muttersein für Frauen etwas so Natürliches ist, wie man uns glauben machen will. Schließlich sollten wir nicht vergessen, daß wir als Mädchen durch das Spielen mit unseren Puppen eine Menge »Training« hatten, was Männern nie zuteil wurde. Und ein »Training« war es mit Sicherheit.

Alte Sicht: Männer bevorzugen Frauen, die nicht so erfolgreich sind.

Revision: Das ist die billigste Ausrede, die mir je zu Ohren kam! Es stimmt, daß manche Männer sich von erfolgreichen Frauen ausgesprochen bedroht fühlen, aber ist das die Art von Mann, mit dem Sie Ihr Leben teilen möchten? Die Antwort ist »Ja«, wenn Sie noch immer zuviel Angst haben, nach draußen zu gehen und erfolgreich zu sein. Die Antwort ist »Nein«, wenn Sie willens und bereit sind, die Herausforderung anzunehmen, sich in neuen Wassern zu versuchen.

Die Wahrheit ist, daß die Männer zunehmend weniger daran interessiert sind, abhängige Frauen zu heiraten und diese für den Rest ihres Lebens zu versorgen. In meinen Workshops meinten die Männer fast einstimmig, daß sie interessante und unabhängige Frauen haben möchten, die ihnen einen Teil der finanziellen Verantwortung abnehmen können. Darüber hinaus waren sie der Meinung, daß erfolgreiche Frauen ihr Selbstwertgefühl erhöhen. Woran Männer Anstoß nahmen, war nicht, daß eine Frau erfolgreich, sondern, daß sie wütend, voreingenommen und selbstgerecht war und sich ständig angegriffen fühlte!

Revisionsübung: Fragen Sie fünfzig alleinstehende Männer, ob sie sich von erfolgreichen Frauen abgestoßen fühlen. Ich kann fast garantieren, daß die Mehrzahl sich höchst positiv über diese Frauen äußern wird.

Dies sind nur einige Beispiele, wie Sie einen Anfang finden können. Sie können zusammen mit Ihren Freundinnen ein Spiel daraus machen und versuchen, sich einmal tatsächlich vor Augen zu führen, in welchem Maße Ihre Einstellungen und Erwartungen Relikte finsterer Vergangenheit sind. Diese Bewußtheit wird die Plattform für den letzten seelischen Sprung sein, dann nämlich, wenn wir wirklich verstanden haben und es genießen können, was Gleichberechtigung bedeutet.

Um uns bei unserem Revisionsprozeß weiterzuhelfen, müssen wir uns bewußtmachen, wie sehr unsere Einstellungen und Erwartungen unterbewußt durch Radio, Fernsehen, Schlagertexte, Frauenzeitschriften und so weiter geprägt sind. Fragen Sie sich, ob die Botschaften, die Sie erhalten, Ihr Wachstum fördern oder dafür sorgen, daß Sie ein narzißtisches Kind bleiben. Sofern Sie letzteres als gegeben ansehen, schreiben Sie an die entsprechenden Stellen, und machen Sie Ihre Meinung deutlich.

Eine solche unterbewußte Prägung erfolgt ebenso durch viele althergebrachte Traditionen, von denen einige nur sehr schwer aufgegeben werden können. So war ich zum Beispiel kürzlich bei einer Hochzeit anwesend, bei der der Vater die Braut dem Bräutigam »übergab«. Dieser Teil der Zeremonie mag zwar die Tränen in so manches Auge treiben, er bestärkt aber auch das Image der Frau als Kind. Symbolisch begab sich die Braut von der Obhut eines Mannes in die eines anderen. Eine Banalität, vielleicht, vielleicht aber auch nicht.

Als mein liebster Onkel mich, als ich das zweite Mal heiratete, »übergeben« wollte, erklärte ich ihm, daß das nicht mehr zu der Person paßte, die ich geworden war. Um seine Gefühle nicht zu verletzen, teilte ich ihm bei der Hochzeitsfeier einen Ehrenplatz zu und sagte ihm, wieviel er mir bedeutete. Mein Mann und ich hatten uns entschlossen, gemeinsam zum Traualtar zu gehen, und zwar nicht in der Weise, daß ich mich bei ihm eingehakt hatte, sondern Hand in Hand, ein symbolischer Gang durchs Leben, Seite an Seite. Ich kann gar nicht sagen, welchen psychologischen Unterschied diese simple Änderung der Trauungszeremonie für mich machte. Ich weiß nicht, wie viele von uns zu dieser Umstellung der Trauungszeremonie bereit sind, es ist aber etwas, über das Sie einmal nachdenken sollten.

Den Revisionsprozeß können wir des weiteren beschleunigen, indem wir uns bewußtmachen, inwiefern so manche unserer Erwartungshaltungen sogar widersprüchlich sind. Erwartungen, die unsere Männer unmöglich erfüllen können, deren Nichterfüllung aber dennoch in unserem Innern sehr viel Wut und Verärgerung erzeugt. So etwa, wenn wir einen Mann möchten, der einerseits beruflich erfolgreich ist, andererseits aber auch einen Großteil seiner Zeit mit uns verbringt. Beides schließt sich in vielerlei Hinsicht gegenseitig aus, und unsere Erwartungshaltung ist sowohl unrealistisch als auch unfair.

Ich ging unlängst mit einem Ehepaar zum Abendessen aus,

welches in einer traditionellen Beziehung lebt. Sie findet es wichtig, zu Hause bei den Kindern zu sein, statt Geld zu verdienen und damit zum Haushaltsunterhalt beizutragen. Deshalb steht er unter einem großen finanziellen Leistungsdruck. Nichtsdestoweniger beschwert sie sich über die vielen Stunden, die er zu arbeiten hat, und läßt ihn (und ansonsten jedermann) wissen, daß sie sich über seine häufige Abwesenheit ärgert. Er bemüht sich verzweifelt, es ihr recht zu machen, und läßt nichts unversucht. Er hat noch nicht erkannt, daß er es ihr in Wahrheit nicht recht machen kann, aber eines Tages wird sich diese Erkenntnis bei ihm durchsetzen, und er wird sie verlassen. Und ihre Freundinnen werden fortan immerzu die Geschichte hören, wie »böse« ihr dieser Mann doch mitgespielt hat, für den sie so vieles in ihrem Leben aufgegeben hatte.

Ein sehr kluger Lehrer sagte einmal zu mir: »Susan, du kannst im Leben alles haben, was du möchtest, du kannst aber nicht alles haben.« Eine Wahl schließt die andere aus. Je schneller wir das begreifen, desto schneller werden wir Frieden mit uns selbst . . . und Frieden in unseren Beziehungen finden.

Uns zu einem Mann aufgrund seines Status, seiner Macht und seines Reichtums hingezogen zu fühlen, macht uns gegenüber den Dingen, die eine schöne Beziehung begründen, blind. Warschaw verdeutlicht, daß viele der vorrangig status- und leistungsorientierten Frauen sich unbewußt ein persönlich unglückliches Leben schaffen, da sie nur Männer haben möchten, die sich als »Gladiatoren« präsentieren. Gladiatoren, so meint sie weiter, bedingen jedoch, daß sich die Frauen erschöpft, unerfüllt und verletzt fühlen. Diese Frauen halten erst gar nicht nach Männern Ausschau, die einfühlsam, unterstützend und bereit sind, wirklich intime Bedürfnisse zu erfüllen.

Frauen hören häufig, wenn sie einen Mann finden möchten, müßten sie ihre Ansprüche herunterschrauben. Ich denke nicht, daß wir unsere Ansprüche herunterschrauben müssen; statt dessen müssen wir das Gute und Schöne in einem anderen Menschen erkennen lernen. Vielleicht sollten wir das als ein Heraufschrauben unserer Maßstäbe bezeichnen!

Ich spreche von erwachsen und reifer werden . . . und Erwachsenwerden ist nie einfach. Aufgrund all der Kämpfe, die während dieses Prozesses stattfinden, sind viele von uns versucht, wieder in das Altgewohnte zurückzufallen. Und in den Medien gibt es viele Männer und Frauen, die uns angesichts unserer gegenwärtigen Unzufriedenheit weismachen wollen, daß wir lieber wieder zurückgehen sollen, anstatt den nächsten Schritt auf diesem Weg nach vorne zu machen. Ich bin damit nicht einverstanden.

Ja, es gibt eine Menge Unzufriedenheit, aber nicht, weil wir uns in die falsche Richtung bewegen, sondern weil einfach jede Veränderung eine innere Zerrissenheit und Widerstände mit sich bringt. In diesem Sinne ist Zerrissenheit auch nicht unbedingt ein negatives Zeichen. Das Ganze ist vergleichbar mit einem Umzug in eine andere Stadt. Sowohl vorher als auch noch kurze Zeit nach dem Umzug ist das Leben durch Umwälzungen, Ängste, Müdigkeit, Verwirrung und Reizbarkeit geprägt. Wir fragen uns, ob wir die richtige Wahl getroffen haben. Nach einer Zeit aber, wenn wir uns eingelebt haben, fangen wir an, uns wieder wohl zu fühlen, vielleicht sogar wohler als zuvor.

Wir befinden uns in einem viel umfassenderen »Umzug« – dem Wechsel von einem Bewußtseinszustand zu einem anderen –, bei dem das Gesamtgefüge unseres Seins und der Gesellschaft, in der wir leben, mit einbezogen wird. Eine soziale Veränderung ist ein langwieriger Prozeß, und wir müssen einen weiten Weg gehen. Dabei dürfen wir aber nicht aus den Augen verlieren, wie weit wir schon gekommen sind.

Eine meiner Kursteilnehmerinnen sagte: »Ich bin dankbar, daß ich wachse, aber in Wirklichkeit möchte ich gar nicht wachsen.« Ich verstehe. Da ist ein Teil in uns, der in Wirklichkeit die vielen Privilegien und die vermeintliche Sicherheit, welche die Kindheit uns gewährt, nicht aufgeben möchte. Ich verstehe, warum wir an so manchem Alten festhalten, gleichzeitig aber die Privilegien des Neuen genießen möchten. Aber es gibt auch den anderen Teil in uns, der jene Stärke lieben wird, die aus dem Gefühl der Ganzheit und des Seite-an-Seite-Stehens mit unserem Partner erwächst. Wie Harold Kushner schrieb: »Ganz gleich, wie reizend und anmutig ein Kind auch sein mag, es hat etwas Unvollkommenes an sich.«

Das gleiche gilt natürlich für Frauen. Es ist diese Unvollständigkeit, dieses Gefühl, nicht »ganz« zu sein, das unsere Unsicherheit und unseren Mangel an Selbstwertgefühl erzeugt. Es ist an der Zeit für uns, erwachsen zu werden – das betrifft auch uns, die wir vierzig, fünfzig oder älter sind. Kind zu sein hat offensichtlich nichts mit dem Alter zu tun!

Was können wir nun also von unseren Männern im Rahmen einer gesunden Beziehung erwarten? Um was würden wir sie in einer idealen Welt – in einer fairen Welt – bitten? In einer fairen Welt würden wir sie nur bitten, uns mit Respekt zu behandeln, uns in unserem Sinn zu unterstützen, uns so zu lieben, wie wir sind, mit all unseren Schwächen und kleinen Fehlern, in unserem Team, nicht im gegnerischen, mitzuspielen und das zu tun, was das Beste für uns ist, vorausgesetzt, es kollidiert nicht mit dem, was das Beste für sie ist ...

Aber selbst diese »fairen« Erwartungen bergen gewisse Risiken in sich. Vielleicht ist unser Mann, aus welchen Gründen auch immer, nicht in der Lage, sie zu erfüllen. Aber auch das ist kein Grund zur Aufregung! Es gibt einen Weg, eine Beziehung auf einer risiko- und enttäuschungsfreien Erwartungshaltung aufzubauen! Sie müssen sich nur zu folgendem Schluß durchringen:

> Der *einzige* Sinn und Zweck der Beziehung besteht für mich darin, zu lernen, wie ich ein liebenswerterer und liebenderer Mensch werden kann.

> Jeden Tag bekräftigen Sie sich selbst gegenüber:
> »Heute werde ich neuen Situationen begegnen, die mich mehr darüber erfahren lassen, wer ich bin und was ich noch über die Liebe zu mir selbst und zu anderen lernen muß.«

Aus diesem Blickwinkel betrachtet, wird jeder Mensch, für den wir uns in unserem Leben entscheiden, zu einem »Menschen, bei dem wir praktische Erfahrungen sammeln« können. So können wir davon ausgehen, daß wir ihn gewählt haben, um etwas zu analysieren und zu erarbeiten, das wir bislang in uns selbst noch nicht ganz gelöst haben. Das paßt wunderbar zu dem eigentlichen Anliegen dieses Buches, nämlich, zum Spiegel statt zu einem Vergrößerungsglas zu greifen.

Sie werden sehen, dieser Ansatz löst so manche Qualen, Ängste und Schmerzen, die mit den traditionellen Erwartungshaltungen verbunden sind. Selbst wenn wir jemanden wählen, bei dem wir später den Entschluß fassen, ihn zu verlassen, oder umgekehrt, er zu diesem Entschluß kommt und uns verläßt, werden wir uns nicht als Verlierer fühlen oder uns wie jemand vorkommen, dem etwas verlorengegangen ist. Wenn wir uns darauf konzentrieren, zu lernen und zu wachsen, wie dies in jeder Beziehung möglich ist, werden wir immer als eine Gewinnerin daraus hervorgehen . . . und das gleiche wird für ihn der Fall sein.

Sie werden möglicherweise feststellen, daß es Lektionen gibt, die einige von uns immer und immer wieder lernen müssen. Sei's drum! Am Ende wird die Botschaft bei uns ankommen, und wir werden beginnen, in unserem Leben bessere Wahlen zu treffen – dank jener Interimsbeziehungen, die für uns wertvolle Lernerfahrungen waren. *In dieser Hinsicht ist jede Beziehung – ob gut oder schlecht – eine risikofreie Beziehung.* Es wäre wunderbar, wenn wir all unsere Beziehungen mit dem nachfolgenden Vertrag, den wir mit uns selbst schließen, beginnen könnten:

> Ich begreife, daß wir beide prächtige Menschen sind, die versuchen, ihr Bestmögliches zu geben. Meine einzige Erwartung an diese Beziehung – ob sie nun eine Woche hält, fünfundzwanzig Jahre oder bis daß der Tod uns scheidet – ist, daß ich mehr darüber lernen werde, wie ich mein Herz öffne und ein liebenswerterer und liebenderer Mensch werde. Ich sehe darin eines meiner höchsten Lebensziele.

- Warmherzige Männer sind wunderbar!
- Sanfte Männer sind wunderbar!
- Offenherzige Männer sind wunderbar!
- Gleichwertige Männer sind wunderbar!
- Männer sind wunderbar!
- Starke Frauen sind wunderbar!
- Selbstsichere Frauen sind wunderbar!
- Erfolgreiche Frauen sind wunderbar!
- Gleichwertige Frauen sind wunderbar!
- Frauen sind wunderbar!
- Frauen als Hauptverdiener sind wunderbar!
- Männer, die zu Hause bleiben und die Kinder versorgen, sind wunderbar!
- Männer, die Unterhaltszahlungen erhalten, sind wunderbar!
- Frauen, die die Rechnungen bei einem Rendezvous bezahlen, sind wunderbar!
- Männer, die Frauen akzeptieren, welche die Rechnungen bei einem Rendezvous bezahlen, sind wunderbar!

Kapitel 4

Wie beurteile und verurteile ich? Auszüge aus unserem Repertoire

Am Anfang ist alles wunderbar. Er ist so perfekt, und unsere Herzen sind voll von einer ewigwährenden Liebe. Wir haben ihn schließlich gefunden – den Mann unserer Träume. Die Zeit vergeht, und der erste Glanz verblaßt ein wenig. Er macht uns nicht mehr so glücklich wie zuvor. Die erste Hochstimmung ist vorbei. Auf unserer rosaroten Brille werden die ersten ernstzunehmenden Kratzer erkennbar, bis wir am Ende nichts mehr außer fehlerhaften Stellen sehen können – eingebildet, vielleicht, aber real für unsere verzerrte Sicht. Das Be- und Verurteilen beginnt. Wenn nur genügend Zeit vergeht, haben wir schließlich sogar den Punkt erreicht, an dem wir die Art und Weise, wie er ißt, hassen.

Ein vertrautes Szenario! Und dann fragen wir uns selbst und jeden anderen: »Was ist aus Herrn Wunderbar geworden?« Einige von uns gehen auf diese Weise einen Mann nach dem anderen durch, gelangen zu der Feststellung, daß die zutage tretenden Schwächen und Fehler zu schwerwiegend sind, als daß man damit fertigwerden könnte, und wir verlassen ihn, oder wir ufern mit unserer Kritik so weit aus, daß die Selbstachtung des Mannes ihn dazu bewegt, uns zu verlassen. Letztendlich kommen wir dann zu dem Schluß, daß das, von dem wir gehofft hatten, es sei eine Fiktion, sich nun als Tatsache bestätigt: *Es gibt da draußen wirklich keine guten Männer!*

Sind die Männer wirklich alle so schlecht? In meinen Workshops mit Frauen fordere ich diese auf, mir einmal klar und deutlich ihre Meinung zu sagen, was an Männern schlecht ist. Als Beispiel einige Antworten, die ich hierzu erhielt:

Sie manipulieren, kontrollieren, sind egoistisch, haben Angst, sich zu binden, sie sind schüchtern und leidenschaftslos, selbstgefällig, kindisch, faul, abhängig, verschlossen, gemein, unsensibel, verlogen, besitzergreifend, tyrannisch, unreif, uninteressant, allwissend, wütend, feindselig, unflexibel, teilnahmslos, untreu, unzuverlässig im Hinblick auf Unterstützung, nörglerisch und spielen sich als Richter auf, sie sind grob und ungehobelt, arrogant . . .

So schlecht? Während diese Worte immer weiter heraussprudeln, spürt man förmlich, wie sich die Luft allmählich mit Feindseligkeit und Verachtung sättigt, wohl ganz jene Art von Luft, die sich in vielen Beziehungen breitmacht. Das ist nicht die Atmosphäre, in der Liebe blühen und gedeihen kann, gelinde ausgedrückt. Es ist vielmehr die Atmosphäre, die ultimativ den Tod einer Beziehung signalisiert.

Dieselben Frauen fordere ich dann auf, mir klar und deutlich zu sagen, was schlecht an Frauen ist, und sie antworten:

Wir sind abhängig, fordernd, wir manipulieren, wir sind egoistisch, wir leben in einer Traumwelt, haben Angst vor Bindungen, halten Ausschau nach einem perfekten Mann, wir sind selbstgerecht, selbstherrlich, launisch, wissen nichts zu schätzen, wir sind bedürftig, unaufrichtig, ängstlich, wütend, feindselig, faul, nur an dem Geld der Männer interessiert, geizig, nörglerisch, spielen uns als Richterinnen auf, wir spielen verrückt, wir sind gemein, gehässig, kompliziert, besitzergreifend, tyrannisch, untreu . . .

So schlecht? Jetzt füllt sich die Luft mit Gelächter, da uns bewußt wird, wieviele Dinge wir Frauen mit unseren Männern gemeinsam haben! An diesem Punkt bitte ich sie, mit mir ein Abkommen zu schließen:

Keine Kritik mehr an Männern, bis wir es geschafft haben, das zu korrigieren, was bei uns nicht in Ordnung ist!

Das ist der richtige Weg! Ich erinnere sie daran, daß die einzige Möglichkeit, wie wir Frauen vorwärtskommen können, darin besteht, aufzuhören, Männer voreingenommen zu kategorisieren und zu stigmatisieren und zu beginnen, an uns selbst zu arbeiten. Ich sage dies nicht aus altruistischen Gründen, sondern aus einem gesunden Egoismus heraus. Auch die Lektion dieses Tages lautet wiederum, zum Spiegel statt zum Vergrößerungsglas zu greifen. Wir alle möchten liebevolle Beziehungen haben, und um das zu erreichen, weiß ich keinen schnelleren und befriedigenderen Weg, als unsere Negativurteile in bezug auf Männer auszuschalten.

Um meinen Kursteilnehmerinnen im Ansatz zu demonstrieren, wie das funktioniert, fordere ich sie als nächstes auf, mir klar und deutlich zu sagen, was wunderbar an Männern ist. Ein anfängliches Zögern, natürlich, nachdem dieses aber überwunden ist, sprudeln die Worte des Lobes nur noch so heraus:

> Sie sind stark, generös, lustig, sexy, loyal, anschmiegsam, zuverlässig, liebevoll, zärtlich, sie schmeicheln, machen uns Mut, sie sind treu, teilnahmsvoll, nett, begeisterungsfähig, freigiebig, leidenschaftlich, mutig, herrlich, warmherzig, humorvoll, beschützend, einfühlsam, gelassen, unbeschwert, sanft, es ist leicht, es ihnen recht zu machen . . .

Ich wünschte, Sie könnten dabeisein und selbst erleben, wie sich die Atmosphäre in dem Raum verändert, sobald die Frauen den Wechsel vollzogen haben, sich auf das Positive statt auf das Negative zu konzentrieren. Wenn Sie es nicht besser wüßten, würden Sie glauben, jemand hätte die Personen in diesem Raum ausgewechselt! Sie sehen sogar anders aus – warmherziger, weicher, liebevoller und mit Sicherheit liebenswerter. Es ist kaum zu glauben, daß diese überschwenglichen Lobesworte aus dem Mund derselben Frauen kommen, die nur wenige Minuten zuvor derart negative Dinge äußerten. Es ist eine erstaunlich einfache Demonstration . . .

Und dann, um diese positive Energie in dem Raum noch zu steigern, bitte ich die Frauen, mir klar und deutlich zu sagen, was an Frauen wunderbar ist:

> Sie sind freigebig, offen, liebevoll, loyal, humorvoll, weich, anschmiegsam, sexy, wißbegierig, einfühlsam, treu, klug, teilnahmsvoll, nett, an anderen interessiert, warmherzig, stets bemüht, mehr über sich selbst zu lernen, zärtlich, sanft, ermutigend, freundlich, fürsorgend, rücksichtsvoll, versöhnlich ...

Sobald sie das Schöne und Gute in ihrem Innern erkannt haben, sieht man den Frauen ihr Selbstvertrauen, Selbstwertgefühl und ihren Stolz auf das, was sie als Menschen sind, förmlich an.

> Klar, wenn wir uns selbst und unsere Männer fortwährend nur kritisieren, verlieren wir unsere Freude am Leben und unsere Unbeschwertheit – Qualitäten, in deren Genuß wir nur kommen, wenn wir alles mit liebenden und nicht mit feindseligen Augen betrachten.

Können Sie sich vorstellen, wie die Welt aussähe, wenn unsere Herzen unentwegt von dieser Art der Aufgeschlossenheit und Wertschätzung uns selbst und anderen gegenüber geleitet würden? Nun, wir können es in die Tat umsetzen oder zumindest den Prozentsatz derer, die so handeln, erhöhen! So werden Sie in diesem Kapitel durchgehend Übungen finden, die Ihnen zeigen, wie Sie in Zusammenhang mit Ihrer Beziehung einen Wandel in bezug auf Ihre Haltung vollziehen können, hin zu einer Haltung, die von Aufgeschlossenheit und Wertschätzung statt von Klagen und Vorwürfen geprägt ist. Bei sich selbst werden Sie feststellen, daß Sie glücklicher sind, als Sie es lange Zeit waren. Sofern Sie nicht in einer Beziehung leben, können Sie andere Personen für diese »Übungszwecke« heranziehen – Ihre Eltern, Ihre Kinder, Ihre Vorgesetzten. Die Art und Weise, wie sich Ihre Beziehung zu jedermann in Ihrer Umgebung verbessert, wenn Sie ein »liebender Mensch« werden, wird Ihnen gefallen.

Übungen der Aufgeschlossenheit und Wertschätzung

1. Hören Sie auf, sich über Männer zu beschweren.

Es hört sich leicht an, warten Sie aber erst einmal ab, bis Sie es versuchen! Wenn ich meine Kursteilnehmerinnen mit dieser Forderung konfrontiere, berichten die meisten, daß sie sich anfänglich unglaublich schwer damit tun, das in die Tat umzusetzen. Manche schafften es gar nicht. Eine Teilnehmerin meinte, der einzige Weg, wie ihr das gelingen könnte, wäre, daß sie sich den Mund zuklebt! Diese Übung führte ihnen vor Augen, wie sehr sie es sich angewöhnt hatten, auf die Männer einzuprügeln. So sagte eine Frau, wenn sie und ihre Freundinnen nicht über ihre Männer klagen könnten, bliebe ihnen kaum noch ein Gesprächsstoff. Schweigsame Mittagspausen! Anhand des zu Beginn dieses Kapitels angeführten Beispiels ist Ihnen inzwischen bewußt geworden, daß auch Männer in der Tat gute Eigenschaften haben; das Kernproblem ist nur, daß sich scheinbar so viele von uns auf das Negative konzentrieren. Sollte dies auch für Sie zutreffen, dann ist es jetzt an der Zeit, daß Sie lernen, wie Sie eine Verlagerung Ihrer Schwerpunktsetzung erreichen können.

Der erste Ort, wo Sie beginnen können, Ihre Klagemuster einmal genauer zu beobachten, ist, wenn Sie sich mit einer Freundin zum Mittagessen in einem Restaurant treffen. Es ist eine gute Idee, wenn Sie bewußt einmal etwas früher als verabredet im Restaurant eintreffen und bei der Gelegenheit die an den Nachbartischen zwischen den Frauen ablaufenden Gespräche belauschen. Ob diese Frauen nun Chirurginnen, Sekretärinnen, Managerinnen, Hausfrauen, Psychologinnen oder was auch immer sind, wenn sie sich mit einer Freundin zum Mittagessen treffen, dreht sich ein Großteil ihrer Gesprächszeit um den universellen Mittelpunkt schlechthin, der alle vereinigt – um die Probleme mit den Männern in ihrem Leben oder mit Männern im allgemeinen. Dabei bekommt man dann kaum einmal, wenn überhaupt, etwas zu hören, was an Männern positiv ist. Das soll nicht heißen, daß Frauen nur über Männer sprechen. Was ich aber sagen will, ist, daß bei denjenigen von uns, die nicht in einer Beziehung oder in einer unbefriedigenden Partnerschaft leben, Männer in unseren Gedanken und in unseren Gesprächen dominieren.

Aber zurück zu Ihrem Mittagstisch. Ihre Freundin trifft ein, und nach ein paar Begrüßungsworten und Allgemeinplätzen werden Sie merken, daß die Klage- und Vorwurfswelle ins Rollen kommt.

> Kannst du dir vorstellen, daß Joe unseren Urlaub verschoben hat?
> Ich begreife nicht, warum er sich einfach nicht binden will.
> Er erwartet von mir, daß ich den ganzen Tag arbeite, dann nach Hause komme, koche und saubermache. Ich bin es wirklich leid.
> Ich wünschte, er würde anrufen, wenn er sagt, daß er anruft. Ich habe den ganzen Abend herumgesessen und auf den Anruf gewartet, dabei hätte ich so gut mit Freundinnen ins Kino gehen können.
> Er erniedrigt mich regelrecht vor anderen Leuten, und das kann ich nicht ausstehen.
> Ich hasse Männer wirklich. Sie können das Leben wirklich miserabel machen.
> Ich wünschte, er wäre zugänglicher. Die Hälfte der Zeit habe ich das Gefühl, ich spreche mit einer Wand.

All diese Punkte mögen der Wahrheit entsprechen. Zweifelsohne gibt es zwischen Männern und Frauen Probleme, die diskutiert und geklärt werden müssen. Was tun Sie nun angesichts dessen, um von der »Gesellschaft des Stöhnens und Wehklagens« heraus- und in die »Sei-glücklich-Gesellschaft voller Leben und Liebe« hineinzukommen? Wie die Frauen in meinem Workshop das demonstriert haben, ist es leicht, dort das Gute und Schöne entstehen zu lassen, wo einst das Häßliche und Schlechte existierte, indem wir einfach eine Verlagerung unserer Schwerpunktsetzungen vornehmen. Sie können sich da langsam hineinarbeiten und nach jedem negativen Satz einfach ein »Und« anfügen und eine positive Aussage folgen lassen. Zum Beispiel:

Kannst du dir vorstellen, daß Joe unseren Urlaub verschoben hat?

und

Ich bin wirklich dankbar dafür, daß er so hart arbeitet und es unseren Kindern somit ermöglicht, eine Privatschule zu besuchen.

Ich begreife nicht, warum er sich nicht binden will.

und

Ich bin dankbar für die Offenheit, mit der er mir zu verstehen gibt, daß er noch nicht zum Heiraten bereit ist.

Er erwartet von mir, daß ich den ganzen Tag arbeite, dann nach Hause komme und koche und saubermache. Ich bin es wirklich leid.

und

Mit ihm habe ich mehr Spaß als mit irgendeinem anderen Menschen, den ich kenne. Er bringt mich wirklich zum Lachen.

Ich wünschte, er würde anrufen, wenn er sagt, daß er anruft. Ich habe den ganzen Abend herumgesessen und auf den Anruf gewartet, dabei hätte ich so gut mit Freundinnen ins Kino gehen können.

und

Wenn wir zusammen ausgehen, stehe ich immer für ihn im Mittelpunkt, er geht voll und ganz auf mich ein. Er hört wirklich zu, wenn ich etwas sage. Er gibt mir das Gefühl, daß ich ihm wichtig bin und daß er sich um mich kümmert.

Er erniedrigt mich regelrecht vor anderen Leuten, und das kann ich nicht ausstehen.

und

Er kann manchmal so zärtlich sein, daß mir die Tränen kommen.

Ich hasse Männer wirklich. Sie können das Leben wirklich miserabel machen.

und

Mir gefällt es wirklich, auf welche Art und Weise Männer Freude in mein Leben bringen.

Ich wünschte, er wäre zugänglicher. Die Hälfte der Zeit habe ich das Gefühl, ich spreche mit einer Wand.

und

Er bemüht sich so sehr, es mir recht zu machen und mir zu gefallen.

Üben Sie das so lange, bis Sie sich dabei tatsächlich wohl fühlen. Es sollte sich hierbei, und das müssen Sie berücksichtigen, aber nicht um eine Übung des Leugnens und Verdrängens handeln; es gibt in Beziehungen bestimmte Dinge, die geklärt werden müssen. Das heißt im Falle der vorgenannten Klagen: Wir brauchen Urlaub. Wir müssen unser Leben strukturieren, damit wir keine Superfrauen sein müssen. Wir müssen unseren Männern klarmachen, daß wir, wenn sie sagen, sie rufen an, auch erwarten, daß sie es tun (oder daß wir ansonsten ausgehen und eine schöne Zeit mit unseren Freundinnen verbringen, statt herumzusitzen und auf ihren Anruf zu warten). Wir müssen den Männern klarmachen, daß es nicht in Ordnung ist, wenn sie uns vor anderen maßregeln und erniedrigen. Wir müssen die Kommunikation eröffnen, in Gang bringen. Aber alles, was in einer Beziehung klärungsbedürftig ist, wird eine wesentlich bessere Chance für eine Lösung haben, wenn wir das Problem mit einer liebevollen statt einer verurteilenden Haltung angehen.

Sobald Sie den Punkt erreicht haben, an dem Sie mit dem ersten Teil der Übung wirklich gut zurechtkommen, gehen Sie zu Teil 2 über, der darin besteht, die negative Aussage insgesamt fallenzulassen und sich einfach auf die positive zu beschränken. Wenn Sie merken, daß die Klage Ihnen auf der Zunge liegt, schalten Sie zur positiven Aussage um:

> Ich bin wirklich dankbar dafür, daß er so hart arbeitet und es unseren Kindern somit ermöglicht, eine Privatschule zu besuchen.
> Ich bin dankbar für die Offenheit, mit der er mir zu verstehen gibt, daß er noch nicht zum Heiraten bereit ist.
> Mit ihm habe ich mehr Spaß als mit irgendeinem anderen Menschen, den ich kenne. Er bringt mich wirklich zum Lachen.
> Wenn wir zusammen ausgehen, stehe ich immer für ihn im Mittelpunkt, er geht voll und ganz auf mich ein. Er hört wirklich zu, wenn ich etwas sage. Er gibt mir das Gefühl, daß ich ihm wichtig bin und daß er sich um mich kümmert.
> Er kann manchmal so zärtlich sein, daß mir die Tränen kommen.
> Mir gefällt es wirklich, auf welche Art und Weise Männer Freude in mein Leben bringen.
> Er bemüht sich so sehr, es mir recht zu machen und mir zu gefallen.

Wenn das Gespräch von positiven statt von negativen Aussagen geprägt ist, entsteht ein ganz neues geistiges Klima. Das ist der springende Punkt. Auf diese Weise entdecken wir das Gute und Schöne statt Fehler und Mängel an unseren Männern. Ich staune immer wieder, wie abfällig Frauen beim Mittagessen über einen Mann sprechen, dann aber erwarten, das Abendessen mit ihm in einer liebevollen Beziehung zu verbringen. Was sollte eigentlich in der Zwischenzeit geschehen, das all diese schlechten und negativen Gefühle verschwinden läßt? Glauben wir wirklich, daß er nicht auf irgendeiner Ebene spürt, daß wir ihn zum Feind gemacht haben? Was wir tun, ist nichts anderes, als die Plattform für eine selbsterfüllende Prophezeiung zu schaffen. Denken Sie an das allgemein gültige Gesetz: Gleiches zieht Gleiches an. Setzen wir uns mit einer (versteckten oder offenen) feindseligen Haltung an den Abendbrottisch, ist die Wahrscheinlichkeit größer, daß auch wir Feindseligkeit ernten. Nehmen wir statt dessen mit einer liebenden und akzeptierenden Haltung (wobei ich nicht bedürftig und leidend meine) zum Abendessen Platz, dürften wir auch im Gegenzug wesentlich eher Liebe und ein Akzeptiertwerden erfahren. Sie müssen sich vor Augen halten, daß man unmöglich eine liebevolle Beziehung mit einem Mann vor dem Hintergrund haben kann: »Männer sind an allem schuld, was mit Frauen nicht in Ordnung ist.« Eine derartige Beziehung ist nur möglich, wenn wir sie in den Rahmen stellen: »Ich liebe Männer!«

Um alles nur noch problematischer zu machen, wenn wir negativ gestimmt sind, erhärten wir unsere Position mit einem »Rundumschlag«, daß Männer an allem schuld sind, ein Zyklus, der es zusehends schwieriger werden läßt, aus dieser selbstzerstörerischen Geisteshaltung wieder herauszukommen. Es erfordert ein enormes Maß an Stärke zu sagen: »Ich habe mich geirrt.« Je festgefahrener wir in unserer negativen Sicht sind, desto schwieriger ist es, einen anderen Standpunkt, eine andere Sichtweise überhaupt zu erkennen. Wir ignorieren das Positive und setzen alles daran, zu »beweisen«, wie schrecklich die Männer sind!

Ich muß gestehen, als ich das erste Mal positiv über Männer sprach, war mir dabei alles andere als wohl zumute; es kam mir vor, als sei ich meinem eigenen Geschlecht gegenüber unloyal, eine Verräterin an der Sache. Ich hatte mich so sehr auf meine Position versteift, daß Männer die Schuld für alle Schlechtigkeiten dieser Welt trugen. Mein Unbehagen wurde des weiteren durch die Verachtung verstärkt, die mir von seiten einiger meiner Freundinnen entgegenschlug, als ich meinen Tonfall änderte und anfing, nach positiven Dingen an Männern zu suchen. Sie wollten das nicht hören. Da mir nun aber das Lamentieren über Männer zur Gewohnheit geworden war, sah ich mich mit einer weiteren Schwierigkeit konfrontiert – ich mußte mir einen neuen Bezugsrahmen schaffen. Mein anfängliches Unbehagen verlor sich bald, als ich anfing, positive Männer (und Frauen) in mein Leben zu ziehen. Und das Leben wurde zunehmend befriedigender.

Einigen meiner alten Freundinnen, wofür ich natürlich dankbar war, gefielen hingegen die neuen Regeln, nach denen wir nun anfingen, das »Mittagessenspiel« zu spielen. Wir unterstützten uns gegenseitig, um die neuen Regeln beherrschen zu lernen. So wurde uns bewußt, daß die Basis unserer Freundschaft auf Kosten unserer Männer gegangen war. (Ein wahrlich unschönes Bild!) Das Positive, nicht das Negative, so kamen wir überein, sollte fortan unsere Freundschaft ausmachen.

Am befriedigendsten war jedoch das neue Gefühl, welches wir jetzt uns selbst gegenüber entwickelten. Ich glaube nicht, daß wir uns wirklich selbst achten, wenn wir uns permanent im Kritisieren und Maßregeln anderer ergehen. In jener Zeit, als ich begann, mein Herz gegenüber Männern zu öffnen, war ich in der Abrüstungsbewegung sehr engagiert, was überhaupt nicht zu der Feindseligkeit paßte, die ich anderweitig mit meiner überzogen kritischen Einstellung verbreitete. Mit dem Wandel meiner Denkstrukturen merkte ich dann, daß ich mit dem schöneren Teil meines Ichs in Einklang kam – mit meiner Seele, wenn man so will –, und ich fühlte mich in einem weitaus größeren Frieden mit mir selbst.

Eine Bekannte von mir meinte einmal, daß es ihrer Meinung nach einfacher sei, über eine Beziehung hinwegzukommen, wenn man sich auf die negativen Seiten des Mannes statt auf die positiven konzentriert. Das stimmt schon, es ist leichter, die Bande mit Vorwürfen zu brechen als mit Liebe. Das erklärt denn wohl auch die extreme Feindseligkeit, die allenthalben das Klima zwischen geschiedenen Paaren beherrscht. Es ist allemal einfacher zu sagen: »Ich hasse dich. Mach, daß du aus meinem Leben verschwindest!« als »Ich liebe dich, und ich bin so traurig über die Schmerzen, die wir uns gegenseitig zugefügt haben.« Und wenn es dieser Feindseligkeit bedarf, um eine schlimme Zeit durchzustehen, sei es drum. Vielleicht ist sie einfach nur ein Teil des Prozesses.

Es kommt aber der Zeitpunkt, an dem wir uns mit dem Schmerz unseres Verlustes auseinandersetzen müssen, um mit unserem Leben fortfahren zu können. Je schneller wir dies tun, um so besser. Wir müssen uns immer wieder auf das, was an der Beziehung positiv war, zurückbesinnen und sie als eine große Lernerfahrung betrachten, statt als eine Zeit, die wir vergeudet haben. Das heißt, wir müssen uns darauf konzentrieren, was uns diese Beziehung gegeben hat, und nicht darauf, was wir aufgegeben haben. Ein solches Denken treibt den Heilungsprozeß wesentlich schneller voran.

Wenn Sie die Verantwortung für Ihr Leben übernehmen möchten, übernehmen Sie auch die Verantwortung für Ihren Mund! Genau das kann den Unterschied zwischen einer liebevollen und einer feindselig geprägten Beziehung machen. Es liegt an Ihnen. Womit ich zu Schritt 2 komme . . .

2. Stimmen Sie nicht in den Chor der Klagen und Vorwürfe Ihrer Freundinnen ein.

Sie treffen sich zum Mittagessen mit Ihrer Freundin, und sie fängt an, sich über den Mann in ihrem Leben zu beklagen. Wie reagieren Sie? Ganz einfach. Da sie sich als Sprachrohr des Bösen aufspielt, können Sie genau das Gegenteil tun! Beschwert sie sich beispielsweise über den mangelnden Ehrgeiz ihres Freundes, können Sie entgegnen: »Ja, und er ist so rührend in vielerlei anderer Hinsicht. Ich fand es großartig, wie er letztens für dich das Abendessen kochte.« Der Sinn besteht darin, daß Sie auf die positiven Seiten ihres Mannes hinweisen.

Vielleicht möchten Sie ihr aber zuerst erklären, was Sie tun, oder Sie riskieren es, eine Freundin zu verlieren! Daß Sie sie verlieren, kann aber so oder so der Fall sein, da sie möglicherweise noch nicht soweit ist, von ihrer negativen Einstellung gegenüber Männern abzulassen. Fühlen Sie sich deswegen nicht schuldig. Sie wird auch fortan viele da draußen finden, mit denen sie weiterhin lamentieren kann. Wichtiger ist, daß Sie beginnen, sich mit positiv gesinnten Freundinnen zu umgeben. Es ist stets hilfreich, eine »Wachstumsgefährtin« zu haben, eine Freundin, auf die Sie sich stützen können und umgekehrt. Wir müssen uns gegenseitig helfen, um da herauszukommen. Wir müssen uns bei diesem Umlernprozeß gegenseitig Lehrerinnen sein. Im übrigen gilt, daß wir das am besten lehren können, was wir am dringlichsten lernen möchten!

3. Nutzen Sie Ihre Kritik als Orientierungshilfe für Ihre Selbstentdeckung.

So sehr wir uns auch bemühen werden, Kritik und Nörgeleien aus unserem Kopf und unserem Mund zu verbannen, es wird uns nicht immer gelingen. Denn in Wahrheit wird es immer jenen kritisierenden und verurteilenden Teil, mit dem wir zu kämpfen haben, in uns geben. Er ist Teil des Menschseins. Aber kein Grund zur Sorge! Negative Kritiken und Urteile lassen sich in eine wertvolle Orientierungshilfe für die Selbstentdeckung verwandeln. Sie können als Signal dienen, daß in unserem Innern etwas geortet und ergründet werden muß, und wenn wir unseren Spiegel zur Hand nehmen, um nachzusehen, was dieses »Etwas« ist, erkennen wir folgendes:

> Unsere mißbilligende Haltung gegenüber jemand anderem signalisiert häufig, daß wir die Verbindung zu unserem eigenen, uns innewohnenden Guten und Schönen verloren haben; das Ergebnis ist, daß wir mit uns selbst nicht zufrieden sind.

Diese Unzufriedenheit mit uns selbst verleitet uns dann oftmals zu jener kindlich-hartnäckigen Mutmaßung, es sei die

Welt, die uns glücklich mache. Werfen wir aber einen Blick in unseren Spiegel, können wir statt dessen anfangen, unsere Stärke und unser Selbstvertrauen zu erhöhen. Das ist der Schlüssel, mit dem wir bei unseren Reaktionen ansetzen müssen, was auch immer um uns herum geschieht, wie schmerzhaft eine Situation auch immer sein mag. Ohne dieses Bewußtsein verharren wir in der hilflosen Position, anderen die Schuld für das zu geben, was mit unserem Leben nicht in Ordnung ist.

Ich kenne eine Frau, die ganz offensichtlich mit sich selbst nicht im reinen ist. Seit ihr Mann sie vor zehn Jahren verließ, hat sie nicht mehr mit ihm gesprochen, wodurch sich die Kommunikation über die Kinder, gelinde ausgedrückt, etwas schwierig gestaltet. Während er in seinem neuen Leben ausgesprochen glücklich ist, schmort sie nach wie vor in ihrem eigenen Saft und merkt nicht, daß die einzige Person, der sie damit schadet und wehtut, sie selbst ist ... Ihr Ex-Ehemann überließ ihr das große Haus, in dem sie lebt, und aufgrund der Scheidungsregelungen wird sie nie mehr auch nur einen Tag in ihrem Leben arbeiten müssen. Es gäbe so vieles, das sie tun könnte ... so vieles, das sie der Gemeinschaft bieten könnte ... so vieles, das sie einem anderen Mann bieten könnte ... so viel Freude, die sie geben und die ihr zuteil werden könnte. Ihr Haß verhindert jedoch, daß sie den unbeschreiblichen Reichtum und die Fülle in ihrem Leben sehen kann. Statt ihrem Ex-Mann für die neun Jahre, die sie zusammen hatten, zu danken und das leichte Leben, das sein 14stündiger Arbeitstag ihr ermöglichte, zu schätzen, zieht sie über ihn her, wann immer sich jemand bereit findet, ihr zuzuhören. Man braucht nicht lange, um zu verstehen, warum er sie verlassen hat! Unsere Reaktionsweisen bedürfen der Änderung. Ein enorm wichtiger Teil im Rahmen dieses Prozesses ist, daß wir

> aufhören zu fragen, warum andere Menschen so handeln,wie sie es tun. Relevant ist die Frage, warum wir so reagieren, wie wir es tun.

Wann auch immer ich gefragt werde: »Warum müssen Männer dieses oder jenes tun?« antworte ich, daß diese Frage irrelevant, nicht von Belang ist. Relevant ist vielmehr die Frage: »Wie erkläre ich meine Reaktion auf ihr Verhalten?« Statt die Männer hinterfragen zu wollen, müssen wir dazu übergehen, uns selbst zu hinterfragen. Zum Beispiel:

Unangemessen	*Angemessen*
Warum hat er mich verlassen?	Warum kann ich nicht von ihm loslassen?
Warum will er sich nicht binden?	Warum finde ich niemanden, der bereit ist, sich zu binden?
Warum räumt er seine Kleidung nicht selbst weg?	Warum räume ich seine Kleidung für ihn weg?
Warum gibt er mir nicht mehr Geld?	Warum finde ich keinen Weg, zusätzlich Geld zu verdienen?
Warum hört er nicht mit dem Trinken auf?	Warum nehme ich nicht an den Treffen der Anonymen Alkoholiker teil?
Warum muß er sich mit anderen Frauen herumtreiben?	Warum bleibe ich bei einem Mann, der ständig andere Frauen braucht?

Es ist hilfreich, wenn Sie sich Ihre Klagepunkte aufschreiben und anhand der Aufzeichnungen mit Ihrer Seelenerforschung beginnen, um an die Wurzel des Problems heranzukommen. Notieren Sie einen Klagepunkt, quasi als Überschrift, auf einem Blatt, und prüfen Sie sich mit einem Optimum an Ehrlichkeit auf Herz und Nieren. Berücksichtigen Sie dabei, daß Ehrlichkeit nichts mit Selbstvorwürfen zu tun hat, sondern mit Selbstentdeckung. Ihre Selbstanalyse könnte etwa folgendermaßen aussehen:

Vorwurf: Es macht mich wirklich wütend, daß Peter sich immer verspätet.

Selbstbefragung: Ich frage mich, warum ich mich aufrege, wenn Peter sich verspätet. Seit ich ihn kenne, kommt er immer zu spät. Ich weiß, daß ich ihn nicht ändern werde, warum rege ich mich also dermaßen auf? Warum richte ich mich nicht auf sein Zuspätkommen ein, indem ich ihm etwa eine frühere Uhrzeit für das Treffen nenne, indem ich mir ein Buch zum Lesen mitnehme oder die Zeit der Ruhe in der Form genieße, daß ich einfach andere Leute beobachte? Brauche ich etwas, das ich ihm vorhalten kann? Sehe ich darin eine Möglichkeit, ihm gegenüber als überlegen dazustehen? Oder verärgert mich in Wirklichkeit irgend etwas anderes?

Wenn Sie diese Selbstbefragung wenigstens eine halbe Stunde lang fortführen, erhalten Sie möglicherweise ein paar hochwichtige Einsichten, warum Sie so reagieren, wie Sie es tun. Das soll auch hier wiederum nicht heißen, daß Peter richtig handelt, wenn er fortwährend zu spät kommt. Wir sind aber machtlos, wollten wir versuchen, Peters Verhalten zu ändern. Was wir nur ändern können, sind unsere Reaktionen auf das, was Peter tut. Nachdem wir uns die »Warums« unserer Reaktionen angeschaut haben, besteht der nächste Schritt darin, einen Aktionsplan zu entwickeln, beispielsweise analog zu folgendem Muster:

1. Ich werde Peter sagen, daß ich ab sofort nur noch zwanzig Minuten warten werde; kommt er bis dahin nicht, gehe ich wieder.
2. Ich werde stets einen Plan mit Ausweichmöglichkeiten parat haben, so daß ich nicht den ganzen Abend herumsitze und vor mich hin brüte.
3. Wenn wir zusammen zu einer Party gehen wollen und er kommt nicht rechtzeitig, um mich abzuholen, mache ich mich einfach alleine auf den Weg und hinterlasse ihm einen Zettel, daß wir uns dort treffen.
4. Ich entschließe mich, weder defensiv noch wütend zu sein, sondern ihm einfach nur zu sagen, daß ich meinen eigenen Bedürfnissen gerecht werden möchte, so daß ich nicht mehr wütend auf ihn sein muß, wenn er sich verspätet.

5. Haben wir uns in einem Restaurant zum Abendessen verabredet, so nehme ich mir vor, das Geschehen um mich herum zu genießen. Wenn ich Hunger habe, werde ich mir eine kleine Vorspeise bestellen. Ich bin dafür verantwortlich, daß ich mich selbst glücklich mache, ganz gleich, zu welcher Zeit Peter auftaucht.
6. Darüber hinaus nehme ich mir vor, mich rechtzeitig von ihm abzunabeln. Er kennt meine Gefühle; was er macht, ist seine eigene Entscheidung. Was ich mache, ist meine Entscheidung.
7. Ich nehme mir vor, mir stets vor Augen zu halten, daß seine Verspätung kein persönlicher Affront ist. Er verspätet sich immer, wohin er auch geht. Ich werde aufhören, es persönlich zu nehmen.
8. Ich nehme mir vor, stets zu berücksichtigen, daß, wenn ich mit Peter zusammensein möchte, sein Zuspätkommen ein Teil von ihm ist. Wenn ich damit nicht leben kann, so ist es an mir, jemanden zu finden, der die Pünktlichkeit liebt.

Welchen Plan Sie auch immer entwerfen, das A & O ist, daß Sie sich daran halten! Auf der Grundlage des vorgenannten Beispiels heißt das: Ist Peter nicht binnen der eingeräumten zwanzig Minuten eingetroffen, dann gehen Sie wieder. Wenn Sie sich fertig gemacht haben, um zu einer Party zu gehen, und Peter ist noch nicht gekommen, um Sie abzuholen, dann gehen Sie alleine.

Wenn Sie dies mit Liebe tun, wird die Botschaft am Ende vielleicht bei ihm ankommen, so daß er anfängt, pünktlich zu sein. Vielleicht aber auch nicht. Wie auch immer, Sinn dieser Übung ist nicht die Manipulation, sondern den eigenen Bedürfnissen Rechnung zu tragen.

Beginnt Ihr Mann nun, Sie aufgrund Ihres aktiven Handelns zu kritisieren, was er garantiert tut, ist es wichtig, daß Sie sich in Ihrem Kopf im klaren darüber sind, daß sein Verhalten und nicht das Ihrige in diesem Fall unangemessen ist und für Sie somit kein Grund vorliegt, in die Defensive zu gehen. Sagen Sie einfach:

»Ich verstehe, warum du dich möglicherweise aufregst, aber ich trage nur meinen eigenen Bedürfnissen in dem Fall Rechnung, daß du dich verspätest. Ich habe dann keinen Grund mehr, mich über dich zu ärgern. Du bist mir wichtig, und ich möchte nicht fortwährend wütend auf dich sein.«

Lassen Sie sich nicht auf die Schuldschiene ein, auf die er Sie möglicherweise gerne bringen möchte. Am Anfang mag nicht alles ganz glattgehen, halten Sie aber an Ihren Übungen fest. Mit der Zeit wird es leichter.

In Anlehnung an eine These der Anonymen Alkoholiker ließe sich sagen, wenn wir mit unseren eigenen Reaktionen nicht fertig werden und statt dessen unsere Zeit damit verbringen zu versuchen, die andere Person zu ändern, tragen wir zu deren negativen Verhaltensmustern bei, wir werden zu »Mitbeteiligten«.

Nutzen wir unseren Vorwurf jedoch als Spiegel, so ist es uns möglich, unser Kontrollbedürfnis im Hinblick auf die andere Person zu durchbrechen. Eine wesentlich stärkere und wirkungsvollere Art des Seins. Wenn es Ihnen gelingt, in jeder Person in Ihrem Leben jemanden zu sehen, an dem Sie »üben« können, werden Ihre Überlegungen, woran Sie in Ihrem Innern an sich selbst arbeiten müssen, nämlich jene Klagen und Vorwürfe, die nicht nur sinnlos waren, sondern auch das Gegenteil bewirkten, nun in einem völlig neuen gesunden Licht erscheinen. Sie werden jetzt zu Orientierungshilfen für Sie selbst statt zu Waffen, die Sie gegen die Menschen in Ihrem Leben einsetzen. Kommen wir auf unser Mittagessen mit unseren Freundinnen zurück. Wenn wir unsere Kritik als Instrumente für unsere Selbsterkundung nutzen, so haben wir damit mit Sicherheit neuerlich reichlich Gesprächsstoff während unseres Mittagessens.

Denken Sie aber immer daran, daß es hierbei niemals um einen Vorgang gehen kann, bei dem wir auf uns selbst einprügeln. Ein Einprügeln auf die Männer gegen ein Einprügeln auf uns selbst auszutauschen, steht nicht auf der Tagesordnung. Der Schlüssel ist, etwas Abstand zu nehmen und der Beobachter zu sein. »Aha, hier verfalle ich wiederum in das alte Muster. Das ist ja interessant!« Ich sehe mich immer als Sherlock Holmes, der versucht, die einzelnen Teile des Puzzlespiels, welches als Leben bezeichnet wird, zusammenzufügen.

Immer wieder wird ein Teil des Gesamtbildes deutlich, und das ist der Moment des »Aha-Erlebnisses«, jener Moment der Erleuchtung. Mir ist wohl bewußt, daß ich das Bild in seiner Gesamtheit wahrscheinlich nie zu sehen bekommen werde, aber in dem Zuge, wie ich meine Selbsterforschung weiter vorantreibe, erkenne ich Dinge mit größerer Klarheit und bin infolgedessen in der Lage, mehr Kontrolle über mein Leben auszuüben.

4. Zufriedenheit oder das Gegebene nehmen lernen.
Wenn wir permanent andere Menschen kritisieren, können wir mit Sicherheit davon ausgehen, daß wir auf irgendeiner Ebene das Gefühl haben, daß es uns an irgend etwas fehlt. Von irgend etwas haben wir in unserem Leben »nicht genug«. Wir strampeln uns ab, um all das anzuhäufen, von dem wir das Gefühl haben, daß es uns fehlt, aber irgendwie ist es nie genug. Wir können nie genug Lob bekommen, nie genug Geld, nie genug Liebe, nie genug von was auch immer. Das Syndrom, nicht genug zu bekommen, ist ein Indikator, daß wir es nicht gelernt haben, die Fülle all der positiven Dinge, die uns umgeben, zu »nehmen«. Ob wir in unserem Leben nun einen liebevollen Mann haben oder nicht, wir müssen erkennen, daß diese Fülle immer in dieser oder jener Form vorhanden, präsent ist.

> Die Sonne scheint, *und* unser Auto springt an, *und* wir haben ein Dach über dem Kopf *und* zuviel Essen in unserem Bauch *und* Freunde und eine Familie, die wir lieben und genießen, *und* Blumen, die uns lächeln lassen, *und* Sonnenuntergänge, die uns den Atem rauben, *und* ein Herz, das nach wie vor schlägt, *und* Bücher zum Lesen *und* Spaziergänge,

die wir machen können, *und* Dienste, die wir der Gemeinschaft zugute kommen lassen können, *und* Tiere zum Lieben *und* Filme zum Anschauen *und so weiter und so fort.*

Eine der Übungen, die ich meinen Kursteilnehmerinnen auftrage, ist, ein »Buch der Fülle« anzulegen. Allabendlich vor dem Einschlafen erstellen sie eine Liste über mindestens fünfzig Dinge, für die sie an diesem Tag dankbar sein müssen. Sich auf all die positiven Dinge, mit denen wir gesegnet sind, zu besinnen, ist ein optimaler Weg, langsam in den Schlaf hineinzugleiten. Am Anfang sperren sich die Frauen dagegen. »Fünfzig Dinge!« Wenn sie sich dann darauf einlassen und sich diese Übung zur Pflicht machen, stellen sie fest, daß es ihnen gelingt, wenn sie die Tage Revue passieren lassen, nach den Dingen Ausschau zu halten, die in ihrem Leben schön sind, statt an ihrer alten Gewohnheit, nur das Schlechte und Verwerfliche zu sehen, festzuhalten. Es braucht wohl nicht eigens gesagt zu werden, daß diese Methode ein hervorragendes Lebenselexier ist.

Ich möchte auch Sie bitten, Ihr eigenes »Buch der Fülle« anzulegen und darin Ihre eigene Liste über wenigstens fünfzig Punkte aufzunehmen, die all den positiven Dingen, die Männer in Ihr Leben bringen, Rechnung tragen. Sofern Sie nicht in einer Beziehung leben, konzentrieren Sie sich auf das Positive, das Ihnen von seiten Ihrer Freunde, Ihres Vaters, Ihres Vorgesetzten, (falls es sich hierbei um einen Mann handelt), des Busfahrers, der Sie sicher nach Hause brachte, oder auch des Tankwarts, der Sie bediente, zuteil wurde. *Beginnen Sie, Männer als Teil der positiven Aspekte in Ihrem Leben zu sehen.*

Bemühen Sie sich, zu erkennen und anzuerkennen, wenn Ihnen etwas gegeben wird, so klein oder geringfügig es auch sein mag. Ich weiß sehr gut, daß man im Laufe der Zeit, wenn man lange in einer Beziehung lebt, dazu neigt, Dinge als Selbstverständlichkeit zu nehmen. Ein Weg, die Flamme neuerlich zu entfachen, ist, dankbarer für all die positiven Dinge zu werden, mit denen wir gesegnet sind. Auch wenn Sie denken, daß Sie in einer »schlechten« Beziehung leben, seien Sie dankbar für das Positive, für das, mit dem Sie beschenkt sind. Diese Geschenke sind wirklich vorhanden. Falls Ihr Mann faul oder schweigsam ist, Sie stets kritisiert oder gar demütigt, machen Sie sich bewußt, daß es dennoch irgend etwas gibt, das Sie aus dieser Beziehung bekommen, andernfalls würden Sie nicht daran festhalten. Ergründen Sie, was dieses Etwas ist. Möglicherweise ist es einfach das: »Ich bin noch nicht soweit, daß ich allein zurechtkäme. So bin ich dankbar, daß ich nicht allein bin.« Und, wenn Sie bereit sind, eine ungesunde Beziehung zu verlassen, dann sollten Sie dies mit einem Gefühl der Dankbarkeit und Wertschätzung dessen tun, was diese Beziehung Ihnen ermöglichte. Es gibt immer positive Dinge, die Sie an dem Mann in Ihrem Leben finden können. Manches wird uns gegeben, aber unsere Augen sind oft blind gegenüber solchen Geschenken. Wenn Sie beginnen, mit einem Gefühl der Dankbarkeit und Anerkennung durchs Leben zu gehen, wird das Gefühl der Benachteiligung verschwinden, und an dessen Stelle wird ein Gefühl der Fülle und des Reichtums treten. Wenn Sie sich dies nur lange genug bewußt machen und in dankbarer Anerkennung vor Augen halten, werden Sie sich zunehmend gestärkt fühlen und das Gefühl der Bedürftigkeit und Armseligkeit verlieren, welches den Untergang der meisten Beziehungen signalisiert.

Dieses Gefühl kann darüber hinaus Beziehungen im Keim ersticken, das heißt, sogar das Entstehen und die Entwicklung von Beziehungen verhindern. Ich kenne viele Frauen, die gleich bei der ersten Verabredung Männer ausschlugen, weil ihre Bedürftigkeit die Oberhand gewann. *Bedürftige Menschen können nicht lieben,* und die Männer verhalten sich klug, wenn sie vor solchen Frauen weglaufen (das gleiche gilt umgekehrt). Gewinnt demgegenüber das Gefühl die Oberhand, daß wir Grund zu überschwenglicher Freude haben, können wir in unseren Beziehungen wesentlich liebevoller und liebenswerter sein. Wir hören auf, die Widrigkeiten und Ungerechtigkeiten zu speichern, und beginnen, statt dessen unser Hauptaugenmerk auf die positiven Dinge zu richten.

5. Das Dankesagen gegenüber Männern lernen.
Diese Übung ist eine Ergänzung der vorherigen. Nachdem Sie sich all die positiven Dinge, die Männer in Ihr Leben bringen, bewußtgemacht haben, besteht der nächste Schritt darin, ihnen hierfür zu danken.

> Wissen Sie, wie gut es einem Mann tut, wenn Sie ihn wissen lassen, daß er Ihnen in Ihrem Leben etwas bedeutet? Und wissen Sie, wie gut es Ihnen tun wird, wenn Sie sehen, daß sich sein Gesicht freudig belebt, wenn er daran erinnert wird, daß er Ihnen tatsächlich etwas bedeutet?

Manchen von uns ist diese Erfahrung äußerst fremd. Wir sagen nicht sehr oft danke. Ich denke, es gibt eine Reihe von Gründen, warum wir den Menschen in unserem Leben nicht danke sagen:

1. Unser Selbstwertgefühl ist auf einem derart niedrigen Niveau, daß es uns erst gar nicht in den Sinn kommt, daß jemand anderes auf unsere Meinung wirklich Wert legen könnte. Aber glauben Sie mir, dem ist so! Alle Menschen brauchen das Echo der Anerkennung und Wertschätzung aus ihrer Umgebung. Und seltsamerweise erfährt unser Selbstwertgefühl Auftrieb, wenn wir jemand anderem Auftrieb geben, ihn anspornen!

2. Wir verkneifen uns das Dankesagen, wenn wir verärgert oder wütend auf unser Gegenüber sind. Statt dessen entscheiden wir uns für die offene Kritik. Wir möchten absolut nichts tun, was dazu beitragen könnte, daß er sich gut fühlt! Gelingt es uns, jene Feindseligkeit zu überwinden und ihm zu danken, beginnt unser Herz zu schmelzen.

3. Wir fühlen uns in unserem eigenen Leben so machtlos und möchten keinesfalls, daß irgendwer weiß, daß wir ihn brauchen. Wir glauben, jenes Wissen könnte der anderen Person Macht über uns verleihen. Erfahren wir dabei aber

eine positive Reaktion, so beginnen wir zu begreifen, daß der Pfad, der von Schmerzen zu Macht führt, darin besteht, anderen Menschen zu geben.

4. Unterbewußt haben wir eine solche Angst, von irgend jemandem abhängig zu werden, daß wir nicht einmal uns selbst eingestehen, daß das, was diese Person uns gibt, für uns in unserem Leben wichtig ist. Wenn wir dazu übergehen, das Geschenk, das wir von jemandem erhalten, zu erkennen und anzuerkennen und es lernen, unseren Mitmenschen zu danken, werden wir spüren, wie jene schwere Last, die wir uns selbst aufgeladen haben, von unseren Schultern fällt.

Mitmenschen, die uns in unserem Leben etwas bedeuten, danke zu sagen, kann für viele von uns aus vielerlei Gründen schwierig sein, besonders dann, wenn es darum geht, es zu unseren Männern zu sagen. Eine Frau meinte, lieber würde sie sich alle Zähne ziehen lassen!

Als Experiment legen Sie jetzt, in diesem Moment, das Buch beiseite und danken Sie dem Mann in Ihrem Leben für alles, das er Ihnen hat zuteil werden lassen. Sollte er nicht dasein, greifen Sie zum Telefonhörer, und rufen Sie ihn an, oder schreiben Sie ihm einen Brief. Sofern Sie nicht in einer Beziehung leben, rufen Sie irgendeinen anderen Mann an, der in der Vergangenheit eine Rolle gespielt hat, und danken Sie ihm. Das könnte sogar Ihr Vater sein. Auch dies ist eine jener Übungen, die sich so leicht anhören und für einige von uns buchstäblich nicht zu bewerkstelligen sind. Der Widerstand, der dabei in uns geweckt wird, ist einfach gewaltig. Falls es Ihnen unmöglich ist, jene Worte des Dankes über die Lippen zu bringen, täten Sie gut daran, sich zunächst einmal auf die Übungen zum Bewältigen Ihrer Wut in Kapitel 2 zu konzentrieren. Wenn es Ihnen gelingt, mit Ihrer Wut umzugehen, wird es Ihnen wesentlich leichter fallen, danke zu sagen.

Um das Ganze für den Anfang etwas einfacher zu gestalten, beginnen Sie zunächst damit, Personen aus dem eher neutralen Umfeld danke zu sagen – Verkäufern und Verkäuferinnen in Kaufhäusern, Polizisten und Polizistinnen, Kollegen und Kolleginnen und so weiter. »Danke! Danke! Danke!« Dieses Wort muß in Ihrem Bewußtsein so fest verankert werden, daß es Ihnen leicht über die Lippen kommt. Anderen zu danken ist ein großer Schritt hin zum Öffnen unseres Herzens.

Wenn wir es bewußt vermeiden, anderen unsere Anerkennung und unseren Dank auszusprechen, ist dies normalerweise ein Indiz für unsere Wut, unsere Unsicherheit und unsere Schmerzen. Andererseits gibt es auch Männer, welche ebenfalls von Wut, Unsicherheit und Schmerzen geprägt sind und infolgedessen für unseren Dank möglicherweise nicht empfänglich sind. Wenn Sie mit einem solchen Mann zusammenleben, kommen Sie am Ende vielleicht zu dem Schluß, daß Sie Ihr Leben nicht mit einem Menschen teilen möchten, der Ihre Liebe nicht zu schätzen weiß. Wahrscheinlicher ist jedoch, daß der Mann in Ihrem Leben oder Männer im allgemeinen diese neue Art des Umgangs mögen werden und in liebevoller Weise reagieren. Denken Sie daran, je mehr wir die anderen in ihrem persönlichen Machtgefühl bestärken, desto weniger werden diese sich veranlaßt sehen, es auf unsere Kosten einzusetzen.

Eventuell stellen wir interessanterweise fest, daß wir diejenigen sind, bei denen sich Widerstand regt, wenn Männer in liebevoller Weise reagieren. Veränderungen sind schwierig, und wenn wir in unserer Rolle als Liebende nicht sonderlich geübt sind, fühlen wir uns mit unserem feindseligen Verhalten auf sicherem Terrain. Aber geben Sie nicht auf! Neue Verhaltensweisen erfordern ein langwieriges Trainingsprogramm – welches für gewöhnlich ein Leben lang dauert.

6. Unsere Negativität überwinden.
Wenn wir an jemandem immer nur das Negative sehen, ständig an ihm herumkritisieren möchten, ist es oft hilfreich, einmal zu einem anderen Teil unseres Ichs überzuwechseln und statt dessen der betreffenden Person etwas Liebevolles zu sa-

gen. Das ist vor allem dann angebracht, wenn uns sehr wohl bewußt ist, daß wir mit unserem Kritisieren zu weit gehen, es in Wahrheit eine »Stellvertreterfunktion« hat, dann nämlich, wenn wir für irgend etwas in unserem Leben nicht die Verantwortung übernehmen wollen und unserem Mann die Schuld dafür geben.

Ein Beispiel wäre etwa: »Ich bin wirklich sauer, daß er mit dem Besorgen der Theaterkarten zu lange gewartet hat. Jetzt können wir die Vorstellung nicht sehen.« Die Wahrheit sieht aber so aus: »Hätte ich die Vorstellung wirklich sehen wollen, wäre es an mir gewesen, die Karten zu besorgen. Ich war einfach zu faul, mich irgendwie darum zu kümmern!« Oder wir haben uns vielleicht über irgend etwas in Zusammenhang mit unserem Arbeitsplatz geärgert und geben unterbewußt unserem Ehemann die Schuld dafür, daß er kein Millionär ist, denn dann müßten wir nicht arbeiten! (Das ist durchaus die Art und Weise, wie unsere Psyche manchmal arbeitet.) Das, was im verborgenen vorhanden ist, lassen wir in der Form zum Ausdruck kommen, daß wir uns maßlos darüber ereifern möchten, weil er vergessen hat, die Zahnpastatube wieder zuzuschrauben. Ein andermal haben wir schlechte Laune und sehen alles mit besonders negativ-kritischen Augen, aber wir haben nicht die leiseste Ahnung, warum es so ist. All das sind Situationen, in denen es angebracht ist, von dem liebenswerteren Teil unseres Ichs aus zu agieren. Ich möchte Ihnen aus meiner eigenen Erfahrung ein paar Beispiele geben, die verdeutlichen, wie diese Technik funktioniert.

An einem Sommertag machten Mark und ich einen Ausflug. Wir fuhren durch eine herrliche Landschaft, insgeheim kochte ich aber innerlich über irgend etwas Dummes. Als ich gerade loswettern wollte, was ganz meinem alten Muster entsprach, biß ich mir auf die Lippen und schob, obwohl ich nach wie vor voller Feindseligkeit war, meine Negativität beiseite und sagte: »Ich bin so froh, daß wir diesen Nachmittag zusammen verbringen. Ich liebe dich.« Ich fühlte mich nicht froh. Ich empfand keine Liebe. Aber ich sagte es dennoch. Nachdem es heraus war, streckte er seine Hand nach mir aus, berührte meine und sagte: »Ja, es ist wirklich herrlich. Ich liebe dich auch.« Was hätte himmlischer sein können! Die Härte in meinem Herzen löste sich auf der Stelle und ebenso mein Ärger. Ich hatte es geschafft, eine Atmosphäre zu schaffen, in der sich Liebe statt Kampf durchsetzen konnte. Auch ich mußte lernen, immer wieder den Raum für Liebe zu öffnen, statt ihn durch Verurteilungen und Tadel zu versperren. Auf diese Weise trug ich dazu bei, daß wir einen sehr schönen Nachmittag hatten, der mit liebevoller Dankbarkeit statt mit Anspannungen und Kämpfen gefüllt war.

Ein andermal äußerte Mark sich besorgt über einen Termin, den er eines Morgens wahrzunehmen hatte und von dessen erfolgreichem Ausgang eine Menge für seine Firma abhing. Ich befand mich zu jener Zeit beruflich gerade in einer Übergangsphase und verdiente kein eigenes Geld. In Zeiten, in denen ich nicht mein eigenes Einkommen habe, reagiere ich äußerst ängstlich, wenn das Einkommen meines Mannes in irgendeiner Form in Frage gestellt wird. (Klingt das vertraut?) Als er nun seine Besorgnis zum Ausdruck brachte, kamen spontan meine Ängste an die Oberfläche, und meine innere Abwehr war schnell mit Verurteilungen bei der Hand. »Warum hat er die Situation nicht unter Kontrolle? Warum ist er nicht besser vorbereitet?« Solche und ähnliche Gedanken kreisten unaufhörlich in meinem Kopf. In Wirklichkeit wollte mein Kind-Ich sicher sein, daß er alles im Griff hatte.

Da meine Verärgerung jedoch völlig unangebracht war, war dies die ideale Situation, jene negativen Gedanken durch ein paar liebevolle Worte zu verwandeln. Mit diesem Bewußtsein war ich in der Lage, das Erwachsenen-Ich und das fürsorgliche Eltern-Ich zu mobilisieren und ihm Mut zuzusprechen, als er diesen wirklich benötigte. Obgleich ich innerlich voller Sorge war, war ich imstande, zu ihm zu sagen: »Mach dir deswegen keine Sorgen, Liebling. Es wird alles gutgehen. Selbst wenn das Gespräch nicht den von dir gewünschten Ausgang haben wird, wir werden damit fertig. Wir sind noch immer mit allem fertig geworden, und das wird auch weiter so sein. Mach dir keine Sorgen!«

Was in meinem Innern geschah, als ich diese Worte sagte, kam einem Wunder gleich. Ich verspürte auf der Stelle Erleichterung. Indem ich seinen Kummer beschwichtigte, verschwand mein eigener. Ich fühlte mich wohl und sicher, und eine Woge der Ruhe kam über mich. Die positive Bestärkung Mark gegenüber wirkte als Beruhigungsmittel auf mich selbst. Ich spürte, daß das, was ich sagte, absolut der Wahrheit entsprach (und natürlich war es auch so). Meine feindseligen und verurteilenden Gefühle ihm gegenüber wandelten sich auf der Stelle in Mitgefühl und Dankbarkeit für die Unterstützung, die er mir zuteil werden ließ, während ich von einem Beruf zu einem anderen wechselte. Der Wandel in meinem Innern von Angst zu Liebe kam tatsächlich einem Wunder gleich!

Als Nachtrag sei noch erwähnt, daß Mark mich später an jenem Tag anrief, um mir zu sagen, daß alles gutgegangen sei, und um mir für die Ermutigung zu danken. Er meinte, er sei, sich meine Worte vor Augen haltend, in die Sitzung gegangen und habe folglich in bezug auf deren Ausgang keine Verzweiflung empfunden. Meine positiven Worte ließen mich nicht nur meine eigene Angst und Feindseligkeit loswerden, sondern führten auch zu dem Ergebnis, das ich mir gewünscht hatte.

Ein Phänomen: Es bedarf nicht einer bereits vollzogenen Änderung unserer negativen Gedanken als Voraussetzung, um jemand anderem oder uns selbst eine Stütze zu sein. Wir müssen nur unsere Worte ändern, was dann automatisch den Wandel für uns bewirkt.

Unsere Negativität beiseite zu schieben ist dann am sinnvollsten, wenn wir wissen, daß unsere Verärgerung über unseren Partner das Ergebnis von irgend etwas in unserem Innern ist und wenig oder überhaupt nichts mit ihm zu tun hat. Es erfordert ein gewisses Maß an Bewußtheit, um zu erkennen, wann dies der Fall ist. Üben Sie es, sich selbst zu beobachten und sich zu fragen: »Ist mein Ärger über ihn begründet, oder gibt es irgend etwas in meinem eigenen Leben, um das ich mich nicht kümmere?«

Das Beiseiteschieben unserer Negativität sagt uns die Wahrheit, wenn unser Inneres sich im Hinblick auf den Mann in unserem Leben mit Lügen zu Wort meldet.

Lesen Sie diese Aussage nochmals. Sie ist verwirrend, aber wahr! Es ist wichtig zu begreifen, daß so viele unserer Verurteilungen auf falschen Annahmen und Empfindungen beruhen. Wir können lernen, diese Empfindungen durch die Worte, die wir sprechen, zu ändern – das ist der Hintergrund, warum ich so fest an die Macht von Affirmationen glaube.

7. Nonverbale Zeichen der Liebe.
Unsere Negativität auf nonverbale Art und Weise überwinden. Dies sei am Beispiel einer meiner Kursteilnehmerinnen veranschaulicht, die enorme Kommunikationsprobleme mit ihrem Vater hatte. Jeden Tag, wenn sie von der Arbeit nach Hause kam, sah sie sich einem Tyrannen gegenüber, der verbal seine ganzen Lebensfrustrationen auf sie ablud. Ihre Reaktion war, es ihm gleichzutun und zurückzuschreien. Als Aufgabe für die Woche trug ich ihr auf, ihn wissen zu lassen, daß sie ihn liebte, was sie unter der Oberfläche all ihrer Schmerzen und Verletzungen wirklich tat.

Eines Tages schrie er sie an. Sie wollte gerade zurückgeifern, als ihr die Aufgabe wieder einfiel. Statt zurückzuschreien, setzte sie sich einfach hin und sagte im stillen immer wieder und wieder: »Ich liebe dich, ich liebe dich, ich liebe dich.« Während sie diese Worte immerzu wiederholte, merkte sie, wie sich ein Knoten in ihrem Herzen löste. Statt der alten Wut, die sie normalerweise empfand, fühlte sie, wie Mitleid für den Mann in ihr aufstieg, den sie ihren Vater nannte und der es nie wagte, seine Träume zu leben.

Und dann geschah es. Ihr Vater hielt plötzlich inne, schaute sie an und entschuldigte sich überschwenglich, daß er sie zur Zielscheibe all seiner Wut gemacht hatte. Sie mußte es nicht einmal laut sagen. Ihre Botschaft wurde gehört. Auch hier gilt: Als sie anfing, ihr »Ich liebe dich« im stillen vor sich hin zu sagen, entsprachen diese Worte keineswegs ihren tatsächlichen Gefühlen. Das fortwährende Wiederholen bewirkte sowohl die Entspannung in ihrem Körper als auch in dem Raum.

8. Schließen Sie Freundschaft mit allen Teilen Ihres Ichs. Wenn ich davon spreche, daß wir mit allen Teilen unseres Ichs in Verbindung sein müssen, so meine ich alle Teile – die schönen und die schrecklichen. Viele Teilebenen unseres Ichs wurden bereits angesprochen – der männliche Teil in uns, der weibliche Teil in uns, unser Kind-Ich, unser Erwachsenen-Ich, unser Eltern-Ich. Das sind nur einige der zahlreichen Teilpersönlichkeiten in unserem Innern, von denen sich viele unserem Bewußtsein entziehen. Diese in uns verborgenen Teile werden von Psychologen als »verdrängtes Ich« bezeichnet. Bei jenen Bereichen, die wir »verdrängen«, handelt es sich normalerweise um die dunkle Seite oder das »Schatten-Ich«, wie Carl Jung diesen Teil nannte.

Was die verschiedenen Modelle besagen wollen, ist, daß der Mensch aus vielen Polaritäten besteht – Gut und Böse, Habgier und Freigebigkeit, Friedfertigkeit und Aggression, Freundlichkeit und Gehässigkeit und so weiter. Das erklärt, warum wir in einem Moment Gefühle der Liebe und eine Stunde später vielleicht Gefühle der Feindseligkeit empfinden. Es hängt einfach davon ab, welche innere Teilpersönlichkeit gerade die Oberhand gewonnen hat. Jung meinte, daß es so lange keinen Frieden in dieser Welt geben könne, bis nicht jede Nation ihren eigenen »Schatten«, also ihre eigene dunkle Seite, erkannt und anerkannt hat. Gleichermaßen gilt, daß es in Beziehungen so lange keinen Frieden geben kann, bis nicht jeder von uns seine eigene persönliche dunkle Seite erkannt und anerkannt hat. Auf diesen Punkt werde ich im nächsten Kapitel noch näher eingehen. Halten Sie sich einfach die Tatsache vor Augen, was auch immer wir bei jemand anderem an »Bösem« sehen, können wir auch in uns selbst finden.

Mit diesem Wissen können wir auch hier wiederum unsere Verurteilungen und unsere Kritik als Spiegel für uns selbst benutzen. Wir fragen uns: »Was verberge ich vor mir selbst?«

Er ist egoistisch!
Ist da nicht auch ein Teil in mir, der egoistisch ist?
Er ist rücksichtslos!
Ist da nicht auch ein Teil in mir, der rücksichtslos ist?
Er ist manipulierend!
Ist da nicht auch ein Teil in mir, der manipulierend ist?

Wenn wir am Ende die Ganzheit dessen, wer wir sind, erkennen, akzeptieren und im wahrsten Sinne des Wortes »annehmen«, dann – und nur dann – können wir das auch bei einem anderen Menschen.

Ich erinnere mich an einen alten Film, in dem es um die Charakterdarstellung eines Geizhalses ging; der Hauptdarsteller beschwerte sich fortwährend, daß die Menschen Geizhälse seien und es der Welt ohne sie besser ginge. Mit ein bißchen Magie war es ihm möglich, eine Welt ohne Menschen zu schaffen. Diese erwies sich jedoch als zu einsam. Nun entschloß er sich, einfach eine Welt zu schaffen, deren Bewohner alle genau wie er selbst seien – sein perfektes Spiegelbild. Als er den Schock überwunden hatte, bei anderen Menschen seine dunkle Seite zu sehen, akzeptierte er schließlich die Tatsache, daß Menschen mit all ihren Fehlern gut und schön sind, und das ist in der Tat die beste aller möglichen Welten.

Liebe kommt dann, wenn wir bei unseren Mitmenschen neben dem Guten und Schönen auch deren »Fehler und Schwächen« annehmen können. Das hingegen ist wiederum nur möglich, wenn wir jene Fehler und Schwächen sowie auch das Gute und Schöne in uns selbst annehmen. Dabei werden einige von uns möglicherweise feststellen, daß es für sie gleichermaßen schwierig ist, die positiven Seiten zu akzeptieren, wie es schwierig ist, die negativen Seiten anzunehmen. Können Sie sich vorstellen, welche Auswirkungen das für unsere Beziehungen hat?

9. Entdecken Sie Ihre negativen Denkmuster, und verändern Sie diese.

Wir alle haben unsere eigenen festen Glaubenssysteme. Besagt unser Denkmuster, Männer sind schlecht, so werden wir alles, was an Männern schlecht ist, registrieren. Besagt unser Denkmuster, Männer sind gut, so registrieren wir alles Gute an Männern. So einfach ist das. Wenn wir glauben, daß irgend etwas so oder so ist, wählen wir automatisch jene Erfahrungen, die unsere Denkansätze bestätigen. Wenn wir glauben, Männer seien egoistische und rücksichtslose Scheusale, sammeln wir alle Beweise, um diese Haltung zu rechtfertigen und zu untermauern.

Unsere Denkmuster wurden im Laufe vieler Jahre geformt, und es ist ein hohes Maß an Neuprogrammierung erforderlich, um sie zu ändern; es ist aber zu bewerkstelligen. Als erstes möchte ich Ihnen vorschlagen, eine Liste über alle Ihre negativen Denkansätze in bezug auf Männer zu erstellen. Einige dieser Denkansätze sahen bei meinen Kursteilnehmerinnen etwa wie folgt aus:

Männer bereiten Schmerzen.
Männer fürchten Bindungen.
Männer lügen.
Männer treiben sich mit anderen Frauen herum.
Männer sind rücksichtslos.

Als nächstes forderte ich die Kursteilnehmerinnen auf, ihre negativen Aussagen in positive Aussagen zu verkehren:

Männer bereiten Freude.
Männer möchten Bindungen.
Männer sind ehrlich.
Männer sind treu.
Männer sind rücksichtsvoll.

Die Wahrheit ist, daß manche Männer Ihnen Schmerzen bereiten, manche Männer Ihnen Freude bereiten und manche Männer beides. Manche Männer fürchten Bindungen, während andere sich binden möchten. Manche Männer sind Lügner, andere sind ehrlich. Manche Männer treiben sich mit anderen Frauen herum, während andere treu sind. Manche Männer sind rücksichtslos, wohingegen andere sehr besorgt und umsichtig sind. Wir haben die Wahl, welches Denkmuster wir in die Beziehung mit einem Mann einbringen möchten. Das Denkmuster, welches wir wählen, kann das ausschlaggebende Moment dafür sein, ob die betreffende Beziehung positiv verläuft oder nicht.

Beginnen Sie den Wandlungsprozeß, indem Sie alle Ihre negativen Verhaftungen auflisten und diese in positive verändern. Wiederholen Sie Ihre neuen Denkansätze jeden Tag immer und immer wieder, bis diese fest in Ihrem Kopf und Ihrer Seele verankert sind. Sollten Sie hierbei Hilfe benötigen, so schauen Sie sich die *Affirmationen* am Ende dieses Kapitels an. So sehr ich in zurückliegenden Zeiten auf die Männer eingeprügelt habe, so sehr habe ich Männer durch diesen Prozeß und den der Revision lieben gelernt. Und welch schöne Sicht bietet sich mir heute. Kommen Sie, und schauen Sie selbst!

Affirmationen

Männer sind toll!	Ich liebe Männer!	Männer sind stark!
Ich liebe Männer!	Männer sind loyal!	Ich liebe Männer!
Männer sind wundervoll!	Ich liebe Männer!	Männer sind sexy!
Ich liebe Männer!	Männer sind nett!	Ich liebe Männer!
Männer sind liebenswert!	Ich liebe Männer!	Männer sind anschmiegsam!
Ich liebe Männer!	Männer sind zuverlässig!	Ich liebe Männer!
Männer sind fürsorglich!	Ich liebe Männer!	Männer sind reizend!
Ich liebe Männer!	Männer sind beschützend!	Ich liebe Männer!
Männer sind großzügig!	Ich liebe Männer!	Männer sind eine Freude!

Ich liebe Männer!	Männer sind rücksichtsvoll!	Ich liebe Männer!
Männer sind herrlich!	Ich liebe Männer!	Männer sind warmherzig!
Ich liebe Männer!	Männer sind treu!	Ich liebe Männer!

Kapitel 5

Immer im Recht ... aber nie glücklich

Müssen Sie immer recht behalten? Müssen Sie immer das letzte Wort haben? Und wenn jemand Sie darauf hinweist, daß Sie selbstgerecht sind, versuchen Sie dann, selbstgerecht zu beweisen, daß Sie nicht selbstgerecht ... sondern einfach nur immer im Recht sind?!?

Sofern Ihre Antwort auf eine dieser Fragen »Ja« ist, so lassen Sie sich von jemandem, der es weiß, sagen, daß Sie noch sehr viel in bezug auf die Liebe zu sich selbst und zu anderen lernen müssen.

Vor nicht allzulanger Zeit entdeckte ich, daß es sich bei mir durchaus um einen schweren Fall einer Selbstgerechtigkeitsmanie handelte. Obwohl meine Kinder mich regelmäßig darauf hinwiesen, hatte ich das einfach abgetan. (»Kinder sind Kinder« – sie werden ihre Mutter immer kritisieren!) Und dann kam der Tag, an dem mich sechzig Erwachsene in einem Workshop, an dem ich teilnahm, mit der Tatsache konfrontierten, daß ich in der Tat eine Königin der Selbstgerechtigkeit war. Bei nur 59 Anwesenden wäre ich möglicherweise versucht gewesen, ihnen zu beweisen, daß sie mit diesem Urteil falsch lagen, aber sechzig war eine zu schreckliche Zahl! Also begann ich, mein Verhalten selbst zu beobachten, und entdeckte, leider, daß sie recht hatten.

Es war klar an der Zeit, ein paar neue Lektionen in meinem Leben zu lernen. Wie einer der alten Weisen einst meinte: »Wenn der Schüler bereit ist, erscheint der Lehrer von selbst.« Ich befand mich gerade auf dem Gipfel von Mount Palitana in Indien, als mein erster Lehrer erschien. Er war ein dschainistischer Mönch, der vor 25 seiner Jünger sprach. (Mein Weg hat mich wahrlich an viele interessante Orte geführt!) Das Ganze hatte etwas sehr Spirituelles, und ich war für seine Worte empfänglich:

»Ihr werdet euer Leben lang immer wieder feststellen, daß Menschen den Drang haben, recht zu behalten. Und ihr könnt sie so tolerieren. Wenn ihr auf jemanden trefft, der das letzte Wort haben muß, so laßt es ihn haben. Ihr müßt es nicht haben. Schaut ihn einfach nur an, und denkt daran, daß er noch nie auf dem Gipfel von Mount Palitana war. Er versteht es nicht.«

Bei der nächsten Party, die ich besuchte, hatte ich Gelegenheit, die von ihm vorgeschlagene Strategie zu testen. Ein Alleswisser (es ist so einfach, unsere eigenen Fehler und Schwächen bei anderen zu sehen!) ließ sich selbstgerecht und verächtlich über eine Meinung aus, die ich gerade geäußert hatte. Ich merkte, wie mein Blut zu kochen anfing, und wollte gerade zum Gegenangriff übergehen, als ich mich der Worte des dschainistischen Mönches erinnerte. Ich biß die Zähne zusammen und wiederholte im stillen nur immer wieder seine Worte:

»Er war noch nie auf dem Gipfel von Mount Palitana.«
»Er war noch nie auf dem Gipfel von Mount Palitana.«
»Er war noch nie auf dem Gipfel von Mount Palitana.«

Und es funktionierte. Ich konnte meinen Mund halten. Zu sagen, das wäre mir leichtgefallen, wäre eine Lüge. Es gab einen Teil in mir, der fortwährend schrie: »Bring ihn um! Bring ihn um!« – aber ich hielt meinen Mund. Als ich an jenem Abend nach Hause ging, war ich sehr stolz auf mein beachtliches Maß an Selbstkontrolle.

Ich übte so lange, bis ich mir diesen Drang, das letzte Wort haben zu müssen, schließlich abgewöhnt hatte . . . keine geringe Leistung! Nach einer gewissen Zeit merkte ich jedoch, daß an dieser Strategie irgend etwas sehr unvollkommen war. Zwar verhinderte sie, daß sinnlose Streitereien eskalierten, was sie mir aber nicht abnahm, war der Drang, mich überlegen zu fühlen. Ich hatte nicht aufgehört, auf Personen herabzuschauen, die anderer Meinung als ich waren; nur tat ich das jetzt nicht mehr so lautstark kund. Offensichtlich war das Problem weitreichender, als nur auf dem Gipfel von Mount Palitana gewesen zu sein.

Mit meinem eigenen selbstgerechten Verhalten konfrontiert, machte ich mich nun daran, dieses bei anderen zu beobachten. Im Laufe der Zeit gelangte ich zu dem Schluß:

> Diejenigen, die fortwährend recht haben müssen, tragen in Wahrheit einen Kampf mit einem Teil ihres Selbst aus, welcher sich sehr minderwertig und unsicher fühlt. Und daraus folgt, je selbstgerechter, desto größer dieser Kampf im Innern.

Um davon ablassen zu können, recht haben zu müssen, ist es notwendig, jenen Ort im Innern, der sich so bedroht fühlt, zu befrieden, was, wie wir alle wissen, kein leichtes Unterfangen ist. Das, was uns das Gefühl vermittelt, minderwertig und unsicher zu sein, ist unser inneres »Lästermaul« – jene negative Stimme in unserem Innern, die uns mit Untergangsbotschaften erfüllt und auf diese oder jene Weise stets versucht, uns davon zu überzeugen, daß wir in Wirklichkeit nicht gut genug, daß wir unzulänglich sind. Sie erkennen es an der Stimme, die sich etwa folgendermaßen anhört:

> Ich habe mir das Vorstellungsgespräch völlig vermasselt. Mein Gott, wenn ich doch nur ein anderes Kleid getragen hätte. Fortwährend rutschte es hoch, während ich auf dem Stuhl saß. Hoffentlich hat er keine falschen Schlüsse daraus gezogen. Er kam mir sehr kühl vor. Ich frage mich, ob ich irgend etwas gesagt habe, das ihn so betont reserviert sein ließ. Vielleicht hätte ich ihm nicht sagen sollen, daß ich zwei Jahre nicht gearbeitet habe. Vielleicht denkt er nun,

ich hätte keine Arbeit finden können oder ich sei faul gewesen. Vielleicht hätte ich mich auch begeisterter über das Unternehmen äußern sollen. Ob ich wohl die richtigen Fragen gestellt habe? Aber vielleicht habe ich doch nicht die nötige Begeisterung über das Unternehmen an den Tag gelegt (und so weiter und so weiter und so weiter . . .).

Glücklicherweise hat jenes »Lästermaul« aber ein Gegengewicht in Form des »Unterstützer-Ichs« – jenem spirituellen Teil unseres Ichs, der uns mit Botschaften der Fülle und des Reichtums erfüllt und uns sagt, daß wir nicht nur gut genug sind, sondern in dieser Welt etwas Besonderes darstellen. Das Unterstützer-Ich hört sich so an:

> Ich bekomme diesen Job oder auch nicht. Ich habe mein Bestes gegeben, und wenn ich diesen Job bekommen soll, dann wird es so sein. Wenn nicht, so gibt es noch einen besseren Job da draußen, der auf mich wartet. Ich weiß, daß ich dieser Welt vieles zu bieten habe, und ich vertraue darauf, daß ich das, was ich zu geben habe, in angemessener Weise zum Ausdruck bringen kann. Ich habe alles, was dazu erforderlich ist, in mir; und das Wissen, daß ich auch weiterhin durch die Erfahrungen, die ich machen werde, lernen und wachsen kann, läßt mich getrost in die Zukunft schauen. Das Wissen, daß alles glattgeht und die Dinge ihren rechten Lauf nehmen, läßt mich ruhig und gelassen bleiben.

Wenn es uns möglich ist, diese Art der Geisteshaltung abzurufen und ins Spiel zu bringen (wozu nur wenige von uns in der Lage sind, weil sie nicht wissen, wie sie es anstellen sollen), kommt ein Gefühl des inneren Friedens und Reichtums, ein inneres Wissen darum auf, daß mit dieser Welt alles in Ordnung ist. Vielleicht war es das, was der dschainistische Mönch in Wirklichkeit meinte, als er von dem Gefühl, auf dem Gipfel des Mount Palitana gewesen zu sein, sprach, dem Ort, der nur Frieden, Schönheit, Kreativität, Freude, Fülle und Reichtum, Liebe und Mitgefühl kennt.

Ich habe die Beobachtung gemacht, daß Frauen in der heutigen Welt scheinbar ein größeres Problem als Männer mit der Selbstgerechtigkeit haben. Das liegt nicht daran, daß wir weniger als Männer mit unserem Unterstützer-Ich verbunden wären. (Niemand von uns schneidet in dieser Hinsicht sonderlich gut ab.) Es liegt vielmehr daran, daß die Frauenbewegung zu einer Zeit aufkam, als die Gesellschaft insgesamt ihre spirituelle Daseinsverhaftung verloren hatte. Männer wie Frauen haben sich gleichermaßen mit dem Körper und dem Verstand beschäftigt, der Geist ist dabei jedoch auf der Strecke geblieben. Viele von uns bestreiten sogar die Existenz jenes geistigen Teils unseres Ichs!

Nach meinen Erfahrungen zu urteilen, sind Frauen von diesem Mangel an geistiger Zentrierung mehr betroffen als Männer, weil wir einfach weitreichenderen Veränderungsprozessen unterliegen. Als Ergebnis der Frauenbewegung wagen wir uns nun auf neuen und furchterregenden Pfaden in die Welt hinaus. Wir sind dabei, unser Selbstbild zu wandeln. Den akzeptierten Formen und Normen laufen wir zuwider und wagen uns auf unvertrautes, fremdes Territorium hinaus. Selbst jene Frauen, welche die Frauenbewegung nicht befürworten, sind betroffen, weil sie gezwungen sind, lange als unantastbar aufrechterhaltene Werte in Frage zu stellen. Bei all dem benötigen wir so viel Hilfe, wie wir nur bekommen können – von innen und von außen!

Aber gerade in einer Zeit, wo wir diese innere Führung und ein Gefühl der Sicherheit seitens unseres Unterstützer-Ichs am dringendsten bräuchten, mangelt es uns an der Fähigkeit, dessen habhaft zu werden. Wenn man so will, sind wir außerstande, den Gipfel von Mount Palitana zu erreichen. Wir sind unserem »Lästermaul« auf Gedeih und Verderb ausgeliefert und sind nicht in der Lage, uns selbst jenes Gefühl des inneren Friedens und Vertrauens zu geben, welches wir so dringend benötigen. Ohne diese »Zentrierung« war und ist es zu schwierig, in unseren sprichwörtlichen Spiegel zu schauen. So ist es verständlich, daß:

es ohne die Rückendeckung der »besten« Seite unseres Selbst viel zu schmerzhaft war und ist, einen Blick auf die »schlechteste« Seite unseres Selbst zu werfen. Insofern ist die Tatsache, daß wir uns auf das »Schlechteste« bei unseren Männern konzentrieren, ein Modus, die Konfrontation und Auseinandersetzung mit uns selbst zu vermeiden.

In meinen Workshops mache ich eine sehr aufschlußreiche Übung. Ich arrangiere es so, daß in dem Raum alle Männer auf der einen Seite gegenüber den Frauen, die auf der anderen Seite sitzen, Platz nehmen. Die Anweisungen bestehen für die Männer und Frauen einfach darin, sich abwechselnd gegenseitig Fragen zu stellen. Im allgemeinen scheinen die Männer ihre Fragen mit einem aufrichtigen Interesse zu formulieren:

»Wonach suchen Frauen bei einem Mann?«
»Wie stellen sich Frauen den ersten Annäherungsversuch der Männer vor?«
»Wie denken die Frauen über eine Teilung der Kosten?«
... und so weiter.

Was dabei deutlich wird, ist zum einen der Wunsch, Frauen zu gefallen und es ihnen recht zu machen, und zum anderen eine völlige Verwirrung darüber, was Frauen wirklich möchten.

Auf der anderen Seite zeigt eine große Zahl der Frauen ein gänzlich anderes Bild. Sie sitzen vorgebeugt, haben die Hände in die Hüften gestemmt und drücken mit ihren Mienen Hochmut und Verachtung aus. Ihre Stimmen klingen feindselig, und ihre Fragen offenbaren unmißverständlich Selbstgerechtigkeit. Es hagelt Schuldzuweisungen:

»Warum seid ihr Männer nie gewillt, eine Bindung einzugehen!?!«
»Warum seid ihr Männer nur an Sex interessiert!?!«
»Warum ruft ihr Männer nicht an, wenn ihr sagt, daß ihr anruft!?!«

(Ich war von der Antwort, die ein Mann auf diese letzte Frage gab, begeistert: »Vermutlich aus dem gleichen Grund, aus dem ihr Frauen uns falsche Telefonnummern gebt!«) Die allgemeine Haltung dieser Frauen bringt die Männer augenblicklich in die Defensive. Und wenn die Männer dann zu einer Antwort ansetzen, kommen sie kaum zu Wort. Die Frauen stürzen sich förmlich in Wortgefechte und haben allem, was die Männer sagen, etwas entgegenzuhalten.

Diese gleichen Verhaltensweisen können wir bei Talk-Shows beobachten, die ihre Beliebtheit in erster Linie aus der Wut und Verbitterung beziehen, mit der Frauen die Männer bei einer Vielzahl von feministischen Fragestellungen attackieren. Die Schrillheit und Gehässigkeit, die da aus dem Mund dieser Frauen herauskommen, sind aus der Rolle des Beobachters eine schmerzliche Erfahrung. In Momenten wie diesen, in denen wir uns bitter darüber beklagen, daß die Männer nicht auf uns eingehen, habe ich den Eindruck, daß auch wir nicht allzu gut abschneiden.

Allmählich können wir erkennen, daß, weil wir so sehr die Verbindung mit unserem Unterstützer-Ich verloren haben, unsere Selbstgerechtigkeit an dessen Stelle tritt und eine Reihe von Schutzfunktionen übernimmt:

Sie gibt uns ein (wenn auch falsches) Gefühl der Überlegenheit in Situationen, in denen unser Selbstwertgefühl auf einem sehr niedrigen Niveau ist.
Sie hält uns davon ab, in den Spiegel zu schauen und uns selbst zu fragen: »Inwieweit könnte ich selbst zu den Dingen, die in meinem Leben nicht funktionieren, beigetragen haben?« – und zwar in Zeiten, in denen wir uns der Antwort auf diese Frage nicht stellen können.
Sie erlaubt es uns, anderen die Schuld zu geben, womit wir uns weiterhin als »Opfer« fühlen dürfen, so daß wir selbst nicht zu Zeiten handeln müssen, in denen wir zuviel Angst haben.
Sie unterstützt ein Selbstgespräch in Situationen, in denen ein Teil von uns überzeugt werden muß.

Dieser letzte Punkt bedarf einer Erklärung. Während wir uns einerseits zwar auf neuen Wegen in die Welt hinauswagen, sind wir keineswegs immer von der »Richtigkeit« unserer Handlungen und Vorgehensweisen überzeugt. Wir haben von dem Alten noch nicht losgelassen und fühlen uns mit dem Neuen noch nicht wohl. Um zu verhindern, daß wir immer wieder in die Behaglichkeit der alten Muster zurückverfallen, müssen wir all unsere Energie darauf konzentrieren, weiter nach vorne zu gehen. Unsere Position zu verteidigen, ist eine Möglichkeit, dies zu tun. Indem wir versuchen, jemand anderen von unserer Klugheit und unserer Weisheit zu überzeugen, überzeugen wir auch uns selbst. Bislang reagieren wir unangemessen schrill und streitsüchtig, wenn jemand versucht, unsere Entschlossenheit etwa dadurch zu schwächen, daß er uns entgegenhält, wir seien dabei, einen Fehler zu machen (Gott bewahre!).

Ein Beispiel: Wenn wir uns entschließen, die traditionelle Rolle der Mutter (die zu Hause ist, wenn das Kind aus der Schule kommt) zu verlassen und in die Welt hinauszugehen, versuchen wir, mit unseren Schuldgefühlen und der mit dieser neuen Rolle verbundenen Unsicherheit in der Form fertigzuwerden (sofern wir den Kontakt mit unserem Unterstützer-Ich verloren haben), daß wir uns verzweifelt an den Glauben klammern, die richtige Entscheidung getroffen zu haben. In Zeitungsartikeln und Büchern, bei Talk-Shows und psychologischen Beratungsstellen suchen wir nach Beweisen und Argumenten, die unseren Standpunkt unterstützen – und finden sie. Wir gehen zur Defensive über, wenn irgendwer uns rät, es sei für unsere Kinder besser, wieder alles so zu machen, wie es vorher war.

Das funktioniert aber auch umgekehrt. Wenn wir uns diesem Trend widersetzen und die traditionelle Mutterrolle übernehmen, investieren wir all unsere psychische Energie, um (vor allem uns selbst) zu beweisen, daß wir das tun, was für das Kind absolut das Beste ist; und wenn irgendeine andere Mutter nicht die gleiche Wahl trifft, dann ist sie eine schlechte Mutter. Wir werden aber auch in diesem Fall Beweise und Argumente finden, welche die Richtigkeit unseres Standpunktes belegen. Wiederum gilt, wir gehen in die Defensive, wenn jemand der Meinung ist, wir wären für unsere Kinder ein besseres Rollenmodell und erweckten in ihnen ein Gefühl der Unabhängigkeit, wenn wir in die Welt hinausgingen und unser eigenes Potential als Menschen ausfüllten.

Wenn wir ein inneres Vertrauen entwickeln, werden wir am Ende den Punkt erreichen, an dem es uns möglich ist, unsere Selbstgerechtigkeit fallenzulassen. Wir wissen, daß wir diesen Punkt endgültig erreicht haben, wenn jemand anderer Meinung als wir ist, und wir sagen können: »Ich danke dir für den Gedankenaustausch«. Aber wie Sie selbst schon festgestellt haben, dauert es lange, dieses innere Vertrauen aufzubauen! Wir können diesen Prozeß beschleunigen, wenn wir es lernen, mit dem Besten, was wir in uns haben – dem Unterstützer-Ich –, in Verbindung zu treten.[1]

Es geht im Grunde darum, zu lernen, uns selbst die beste Freundin zu sein, uns selbst aufzubauen, wenn wir unten sind, und uns selbst anerkennend auf die Schulter zu klopfen, wenn wir etwas richtig gemacht haben. Wir müssen folgenden Gedanken immer wieder vor uns selbst bekräftigen und leben:

> »Ich bin ein guter und schöner Mensch, der viel in diese Welt einzubringen hat.«

Sobald dieser Gedanke zur inneren Gewißheit wird, verschwindet unsere Selbstgerechtigkeit auf »wundersame« Weise. Das Bedürfnis, der Drang, ist verschwunden, irgend jemandem irgend etwas beweisen zu müssen, weil die meisten unserer vorherigen Argumente einzig dem Zweck dienten, uns selbst davon zu überzeugen, daß »wir gute und schöne Menschen sind, die viel in diese Welt einzubringen haben!«

Wenn es uns gelingt, zu diesem Ort der Schönheit und des Guten in unserem Innern vorzudringen, erübrigt sich darüber hinaus unsere destruktive Konkurrenzhaltung gegenüber Männern, so daß wir diese allmählich fallenlassen können. Aber auch für diese Konkurrenzhaltung gilt, daß sie zur natürlichen Weiterentwicklung bei unserer Suche nach Ganzheit gehört. Seit so vielen Jahren haben wir uns stets nur als die Zweitbesten betrachtet. Statt zu versuchen, mit den Männern gleichzuziehen, sind viele von uns bestrebt, den Beweis zu erbringen, daß wir die »Besten« werden können. Hierdurch wird sowohl zu Hause als auch am Arbeitsplatz ein Kampf in Gang gesetzt, der liebevolle Beziehungen unmöglich macht. Wir alle kennen jene zwischen den Geschlechtern Distanz erzeugenden Sprüche wie »Eine Frau ist der bessere Mann für diesen Job!«, die im Ergebnis nur bewirken, daß Männer sich noch mehr als vorher bedroht fühlen. Es ist an der Zeit, daß wir aufhören zu versuchen, besser als die Männer zu sein. Statt dessen sollten wir uns bemühen, als Frauen besser zu sein. Das ist die Losung, wie wir beginnen können, liebevollere Beziehungen zu entwickeln. Wie der Psychologe Toni Grant meint:

> »Manche Frauen, die höchst erfolgreich und hochintellektuell sind, leben in der Tat in befriedigenden und erfüllenden Beziehungen mit reifen, erwachsenen Männern. Diese Frauen zeichnen sich allerdings durch eine Besonderheit aus: Sie sind in Kontakt mit ihrer Weiblichkeit und können daher mit Männern einen nicht durch Konkurrenzdenken geprägten Umgang pflegen.«[2]

Wenn wir aufhören zu versuchen, mit Männern zu konkurrieren, und uns statt dessen darauf konzentrieren, unsere Grenzen, die unser Frausein bestimmten, zu erweitern, wird es uns möglich sein, mit Männern auf eine Art und Weise umzugehen, die durch ein Mehr an Macht und Stärke, ein Mehr an Kreativität, ein Mehr an Mitgefühl und ganz gewiß ein Mehr an Liebe geprägt ist.

Wie nun erweitern wir unsere Grenzen? Vor dem Hintergrund der Selbstgerechtigkeit wird eine wichtige Richtung gewiesen, die es zu erforschen gilt, nämlich den Bereich des verdrängten und geleugneten Ichs, welches ich schon an früherer Stelle angesprochen habe. Für unsere eigene psychische Gesundheit, für unsere Beziehungen und wahrscheinlich auch für das Überleben der Welt ist es wichtig, unseren »Schatten« aufzudecken. Es gibt Stimmen, die spekulieren, daß, wenn dies unterbleibt, die Welt sich selbst auslöschen wird, weil jede Seite versucht, der jeweils anderen zu beweisen, wie »schlecht« sie ist. Dabei erkennt sie nicht das »Schlechte«, das der eigenen Seite innewohnt. Mit Sicherheit haben ebenso die meisten von uns viele Beziehungen »ausgelöscht«, indem sie versuchten, den Partner »schlecht« zu machen.

Wie finden wir nun aber dieses schwer faßbare und schwer definierbare geleugnete Ich? Indem wir uns darauf konzentrieren und erkennen, was wir bei einem anderen Menschen beschimpfen. Wenn wir also lauthals die Männer wegen aller möglichen Dinge beschuldigen, können wir mit Sicherheit davon ausgehen, daß es geleugnete und verdrängte Teile in uns gibt, die gleichermaßen beschimpfenswert wären. Bezichtigen wir zum Beispiel Männer, raff- und habgierig wie sie sind, uns die Alimente vorzuenthalten, leugnen wir jenen Teil in uns, der ebenfalls raff- und habgierig ist; beschuldigen wir Männer einer mangelnden Intimität, leugnen wir jenen Teil in uns, der ebenso bestrebt ist, Intimität zu vermeiden; greifen wir Männer an, Frauen nur als Objekte zu sehen, leugnen wir jenen Teil in uns, der Männer ebenfalls als Objekte sieht. Gleichermaßen gilt: Wenn wir eine andere Frau dafür verurteilen, daß sie es zuläßt, von einem Mann versorgt zu werden, so leugnen wir jenen Teil in uns, der sich ebenfalls ein Versorgtwerden wünscht; werfen wir einer anderen Frau vor, eingebildet und hochmütig zu sein, leugnen wir unseren eigenen Hochmut . . . und so weiter.

Daraus folgt, daß, wenn wir Frieden mit uns selbst schließen wollen, wir nicht nur die Verbindung mit unserer besten Seite – unserem Unterstützer-Ich –, sondern auch mit unserer schlechtesten Seite – unserem geleugneten Ich – aufnehmen müssen. Das Ziel ist hierbei nicht die Selbstbestrafung, sondern vielmehr das Verständnis und die Einsicht, daß zum Menschsein eine Fülle von Polaritäten gehört. Ein guter Charakterzug existiert nicht ohne sein Pendant; ebensowenig existiert ein schlechter Charakterzug ohne sein Pendant. Wir müssen verstehen, daß Menschsein beides heißt:

Abhängig und Unabhängig
Habgierig und Freigebig
Kaltherzig und Warmherzig
Schwach und Stark
Unsicher und Sicher
Verängstigt und Zuversichtlich
Unehrlich und Ehrlich
Gehässig und Liebevoll

Ich weiß nicht, warum der Mensch so geschaffen wurde; vielleicht, um ihn Bescheidenheit zu lehren! Wie auch immer, so sind die Tatsachen. Und je eher wir das (ausnahmslos) akzeptieren können, um so eher können wir von unserer falschen und irrigen Einstellung ablassen, daß wir »besser sind«, und beginnen, liebevoller nicht nur mit anderen, sondern auch mit uns selbst umzugehen.

Wenn Menschen ihre negative Seite manifestieren, bedeutet dies folglich, daß sie schmerzhafte Erfahrungen in ihrem Leben gemacht haben. Irgendwann und irgendwo sind sie verletzt, erniedrigt und gedemütigt worden. Wie »erfolgreich« sie nach außen hin auch immer erscheinen mögen, sie haben es nie gelernt, sich in bezug auf ihre eigene Person gut zu fühlen. Sie haben es nie gelernt, daß sie etwas Besonderes sind, wichtig sind. Wenn wir diese Zusammenhänge verstehen, wird es leichter, mit jemandem, der sein destruktives Verhalten manifestiert, Mitgefühl zu haben. Und mit diesem Mitgefühl wird es uns möglich, unsere gefrorenen Herzen aufzutauen und Wege zu finden, andere aufzubauen, statt sie runterzumachen.

Umgekehrt sind aber auch diejenigen, die sehr wohl ihre schönere Seite zum Ausdruck bringen können, nicht »besser«. Sie haben einfach Erfahrungen in ihrem Leben gemacht, die bewirkten, daß sie sich gut in bezug auf ihre eigene Person fühlen. Das heißt nicht, daß sie in ihrem Leben über mehr Geld oder Ansehen verfügten. Denn einige der unsichersten und selbstgerechtesten Personen, die ich kenne, fallen sehr wohl in die Kategorie der »Reichen und Berühmten«. Nein, ich spreche von denen, gleich welchen Hintergrunds, die gelernt haben, daß sie etwas Besonderes sind. Infolgedessen agieren und reagieren sie in einer für andere Menschen liebevollen und unterstützenden Weise. Was nicht besagt, daß nicht auch jenes »Schlechte« in ihnen existiert; es besagt nur, daß das Leben sie ein wenig pfleglicher behandelt hat.

Wenn wir imstande sind, unser bisher verdrängtes und geleugnetes Ich wieder zu »beanspruchen«, erübrigt sich für uns ein Festhaltenmüssen an unserer Selbstgerechtigkeit. Dann müssen wir nicht länger irgend etwas vor uns selbst oder vor anderen verstecken. Seltsamerweise werden wir aber mitunter feststellen, daß es sich durchaus schwierig gestaltet, unsere selbstgerechten Eigenschaften aufzugeben, weil jene Selbstgerechtigkeit einfach auch ihre ergötzliche und köstliche Seite hat. Es tut so gut, sich überlegen zu fühlen. Genau wie Wut ein Gefühl der Macht vermittelt, ist dies bei Selbstgerechtigkeit der Fall. Aber aufgeben müssen wir sie ... vorausgesetzt, wir möchten Ruhe, Liebe, Freude und Fülle in unserem Leben und in unseren Beziehungen erfahren.

Wie fangen wir dies an? Der Psychologe Hal Stone und die Psychologin Sidra Winkelman meinen, ein guter Ausgangspunkt sei es, an jemanden zu denken, den man absolut nicht ausstehen kann.[3] Wer »bringt Ihr Blut in Wallung«, das heißt, wer bringt Sie in Rage? Diese Personen sind die unmittelbare Reflexion Ihres eigenen geleugneten Ichs. Sie schauen sich jene Person einfach an und fragen sich: »Welchen Teil meines geleugneten Ichs sehe ich in ihr?« Auf diese Weise werden Ihre Feinde zu Ihren Verbündeten, zu Ihren Mentoren, zu Ihren Lehrern.

Eine andere Möglichkeit, unser geleugnetes Ich zu entdecken, ist einfach, den festen Entschluß zu fassen, es finden zu wollen. Sie müssen nicht verstehen, wie dieser Prozeß funktioniert. Es genügt, daß Sie Signale an Ihr Unterbewußtsein senden, welche diesem bedeuten, daß Sie willens und bereit sind, ein paar Antworten zu finden und von alten Denkmustern abzulassen. Erinnern Sie sich an die Zielsetzung bei der Suche nach unserem geleugneten Ich, die nicht darin besteht, daß wir uns selbst bestrafen sollen. Eher gilt das Gegenteil: Wir sollen uns selbst als Teil der menschlichen Gattung akzeptieren können und nicht so hart daran arbeiten, perfekt zu sein oder eine ebensolche Perfektion von anderen zu erwarten. Aussagen, die hilfreich sind, unser geleugnetes Ich zu entdecken, sind beispielsweise folgende:

Ich habe meine Selbstgerechtigkeit satt, und ich bin jetzt entschlossen herauszufinden, was es in meinem Innern ist, das ich bisher vor mir selbst geleugnet habe.
Ich habe meine Wut satt, und ich bin jetzt entschlossen, herauszufinden, was es in meinem Innern ist, das ich bisher vor mir selbst geleugnet habe.
Ich habe meine unrealistischen Erwartungen satt, und ich bin jetzt fest entschlossen, herauszufinden, was es in meinem Innern ist, das ich bisher vor mir geleugnet habe.
Ich habe meine »Vorwurfsmanie und Streitsucht« satt, und ich bin jetzt fest entschlossen, herauszufinden, was es in meinem Innern ist, das ich bisher vor mir selbst geleugnet habe.

Ein weiteres Hilfsmittel, uns von unserer Selbstgerechtigkeit zu befreien, ist das »Zuhören und Lernen«. Auf die wahre Bedeutung dieses vertrauten Spruches stieß ich vor einigen Jahren. Ich war zu jener Zeit leidenschaftlich in der Anti-Atomkraft-Bewegung engagiert und war als Koproduzentin an der Erstellung einer Anti-MX-Raketen-Dokumentation für die BBC in London beteiligt.[4] Im Zuge meiner Recherchen interviewte ich einen für die Öffentlichkeitsarbeit Verantwortlichen eines Rüstungsbetriebes in Kalifornien, in dem die MX-Rakete gebaut wurde.

Meine entschiedene und engagierte Anti-Atomkraft-Einstellung hatte ich diesem Mann vorher nicht verdeutlicht. Während des Interviews erging er sich nun stolz über die Effektivität dieser erstaunlichen neuen Errungenschaft im Rahmen des Waffenarsenals. Ich saß da, mit einem aufgesetzten Lächeln, mit meinem Kopf vermeintliche Zustimmung nikkend, während ich selbstgerecht bei mir dachte:

»Dieser Mann ist ein Idiot. Dieser Mann ist gefährlich. Er ist definitiv ein ›Feind‹ für den Frieden. Es sind seinesgleichen, die uns alle in die Luft jagen, auslöschen werden. Er hat null Achtung vor der Menschheit! Noch weniger darum kümmern, was mit dieser Welt wird, könnte er sich wohl nicht. Alles, worum er sich kümmert, ist seine blöde Rakete.«

Während er sich voller Verzückung und Begeisterung weiterhin über die Vorzüge der MX-Rakete ausließ, schaute ich zufällig auf seinen Schreibtisch und sah ein mit Stolz aufgestelltes Foto der bildhübschen Ehefrau und Kinder dieses »Mörders«. Mein Blick schweifte weiter und wurde von der hinter ihm liegenden Wand angezogen, an der ein Stück »Kunst« mit den gekritzelten Worten »Ich liebe dich, Daddy« aufgehängt war. Und wie ein Blitz aus heiterem Himmel traf mich die *Wahrheit:*

»Dieser Mann ist kein Feind! Er kümmert sich sehr wohl um die Menschheit! Er fühlt! Er liebt! Er kennt Ängste! Er betet! Er hofft! Er möchte unbedingt in dieser Welt wichtig sein! Er möchte die Welt keineswegs in die Luft jagen, sie auslöschen! Er hat eine Frau, die er liebt! Er hat Kinder, von denen er möchte, daß sie gesund und glücklich aufwachsen! Er möchte für sie eine bessere Welt schaffen.«

Dann schaute ich diesem Mann in die Augen – ich meine, ich schaute *wirklich* –, und ich sah eine Seele, die sich in der Tat eine Welt wünschte, in der man sicher leben konnte . . . die tat, was ihres Erachtens erforderlich war, um dieses Ziel zu erreichen ... die wirklich ein fürsorgender Mensch war. Die Ideologie, die er vertrat, wurde unwichtig. Was ich nur sah, war ein Mann, der auf der Grundlage der Informationen, die ihm zu jener Zeit verfügbar waren, sein Bestes gab. Der Umstand, daß seine Informationen anders als meine waren, machte ihn nicht weniger gut oder schön.

Als mir bewußt wurde, mit wem ich da wirklich sprach – mit einer liebenden und liebevollen Seele –, entschärfte sich der ganze Ansatz meines Interviews. Die durch meine Denkmuster errichteten Barrieren begannen zu bröckeln, und ich fing an, ihm tatsächlich zuzuhören und dabei etwas Neues zu lernen. Ich fing an, mir »seine Schuhe anzuziehen« und zu begreifen, warum er aus seiner Sicht an Atomwaffen als ein Weg, die Welt zu retten, glauben konnte. Und auf der Grundlage dieses Verstehens konnte ich meine Position in einer effektiveren, nicht bedrohlichen Weise vertreten. Damit öffnete ich auch für ihn den Raum, mir wirklich zuhören zu können. Das Wunder bestand darin, daß ich den Raum mit der Absicht zu »töten«, ihn niederzumachen, betreten hatte, und als ich ihn verließ, einen weiteren liebenswerten Menschen gefunden hatte.

Zwar war ich mit seinen Vorstellungen, in der MX-Rakete einen Weg zur Schaffung einer besseren Welt zu sehen, zu keinem Zeitpunkt einverstanden, und ich engagierte mich weiterhin für eine atomwaffenfreie Welt, aber ich war zum ersten Mal wirklich in der Lage, seiner Sicht der Dinge zuzuhören und von seinen Vorstellungen zu lernen. Aus dieser erweiterten Perspektive konnte ich seine Meinung respektieren und das unbeschreibliche Gefühl von Freiheit und innerem Frieden entdecken, das ein Nicht-recht-behalten-Müssen erlaubt. Ich spürte förmlich, wie sich die Belastung in meinem Körper löste, als ich mich auf das, was da im Raum geschah, wirklich einlassen konnte.

Diese Erfahrung machte mir etwas bewußt, das ich verallgemeinernd auf den Rest der Menschheit übertragen konnte (da war etwas derart offensichtlich, daß es mir unbegreiflich war, es nicht schon früher erkannt zu haben):

Wenn *ich* wirklich an die Richtigkeit dessen, was ich sagte, glaubte, dann glaubten *sie* ebenso an die Richtigkeit dessen, was sie sagten!

Das muß man sich vorstellen! Jeder Mensch, mit dem ich argumentierte und mit dem ich mich stritt, fühlte sich genauso im Recht wie ich. Diese »tiefgreifende« Erkenntnis machte mir einen weiteren Gedanken bewußt, nämlich, daß an der Meinung und Denkweise dieses Menschen vielleicht, wenn auch nur vielleicht, etwas Wesentliches, eine möglicherweise neue Einsicht sein konnte. Ich sollte lieber neuen Ideen zuhören, statt meine Ohren zu verschließen. Eine gute Idee! Warum war mir dieser Gedanke nicht schon früher gekommen? Infolge dieser einfachen, aber mich völlig wandelnden Entscheidung, fing ich an, meine bis dato begrenzte Sicht zu erweitern und die Standpunkte anderer mit einzubeziehen.

Diese Erfahrung ließ eine neue Frage in meinem Kopf entstehen:

Was wäre, wenn es in Wirklichkeit gar keine »richtigen« Positionen gäbe? Was wäre, wenn es nur »unterschiedliche« Positionen gäbe?

Wie entspannt würde die Welt aus dieser Perspektive aussehen! Ich muß in diesem Zusammenhang an die Worte von Ram Dass[5], einem weiteren meiner Lehrer, denken, dem eine befreundete Aktivistin vorwarf, daß er sich nicht »leidenschaftlicher« für die Anti-Atom-Bewegung engagiere. Er erklärte seiner Freundin, er glaube, daß Atomwaffen falsch seien; wer aber wollte sagen, wie das »richtige Konzept« wirklich auszusehen hätte. Er meinte, er würde für seinen Glauben, von der Unzweckmäßigkeit der Atomwaffen überzeugt, eintreten; er sei aber nicht bereit, sich emotional in bezug auf den Ausgang der Diskussion zu engagieren. Schließlich, wer wollte sagen, wer recht und wer unrecht hatte? Niemand von uns, die wir alle in unserer so arg begrenzten Sicht gefangen sind, kann tatsächlich allwissend sein.

Eine tatsächlich starke Form des Daseins in dieser Welt – für das einzutreten, woran man glaubt, sich gleichzeitig aber vor Augen zu halten, daß man sich irren kann! Eine in der Tat kluge Position, aus der heraus Sie der Welt Ihre Botschaften präsentieren, Ihre Absichten und Zielsetzungen untermauern können. Und welche Erleichterung, zu wissen, daß Sie nicht permanent Ihre Positionen verteidigen müssen!

»Vielleicht habe ich recht, und vielleicht habe ich unrecht!« Ich suche immer nach einer passenden Einleitung, um folgende Geschichte erzählen zu können, die meine Tochter so nett an mich weitergab. (Auch sie gehört zum Kreis meiner Lehrer bzw. Lehrerinnen!) Ich denke, sie paßt sehr gut an dieser Stelle: Vor langer Zeit gab es einmal einen sehr klugen, weisen russischen Bauern. Wenn nun die anderen Bauern ihm sagten, wie glücklich er doch sein müßte, daß er ein Pferd habe, entgegnete er ihnen: »Ja, vielleicht ... vielleicht auch nicht.«

Die Zeit verging, und eines Tages war sein Pferd verschwunden. Nun kamen die anderen Bauern und sagten, wie unglücklich es doch sei, daß er sein Pferd verloren habe. Auch jetzt war seine Antwort: »Ja, vielleicht ... vielleicht auch nicht.«

Eines Tages kehrte das Pferd zum Hof zurück, in seinem Schlepptau ein weiteres Pferd, das es unterwegs getroffen hatte. Jetzt hatte der Bauer zwei Pferde. Nun kamen die anderen Bauern und sagten, wie glücklich er doch sein müßte, zwei Pferde zu haben. Und wiederum antwortete er: »Ja, vielleicht ... vielleicht auch nicht.«

Eines Tages machte sich sein Sohn daran, das neue, recht wilde Pferd zu zähmen. Dabei brach er sich ein Bein. Die anderen Bauern kamen und sagten, wie unglücklich es doch sei, daß sein Sohn sich ein Bein gebrochen habe. Und richtig – die Antwort des Bauern war: »Ja, vielleicht ... vielleicht auch nicht!«

Am darauffolgenden Tag kamen die Soldaten zum Hof, um

den Sohn des Bauern zum Militär einzuziehen. Aufgrund seines gebrochenen Beines wurde der Sohn jedoch vom Militärdienst befreit. Die anderen Bauern (die anscheinend nie etwas dazulernten) kamen wiederum, um unserem Helden zu sagen, wie gut es doch sei, daß sein Sohn nicht vom Hof fort müsse. Und neuerlich erwiderte der Bauer: »Ja, vielleicht ... vielleicht auch nicht!«

Und so weiter. Es wäre für uns alle hilfreich zu verstehen, daß oberflächlich betrachtet oder so, wie sich uns die Dinge präsentieren, niemand von uns weiß, was gut und was schlecht ist. Vielleicht müssen wir uns alle die Einstellung jenes Bauern zu eigen machen – »Ja, vielleicht ... vielleicht auch nicht.« In Wahrheit ist es doch so: Dinge, die uns nicht richtig erscheinen, können aber dennoch im großen Gesamtgefüge der Dinge »absolut richtig« sein – und umgekehrt. Ich meine, der Schlüssel liegt darin, seinem Herzen zu folgen und dann geduldig abzuwarten und zu schauen und zu hören ... zu schauen und zu hören ... zu schauen und zu hören.

Ram Dass sagte viele andere Dinge, die sich auf die Frage der Selbstgerechtigkeit beziehen, und eine Aussage war in Zusammenhang mit meiner Erfahrung bei dem MX-Interview von besonderer Bedeutung. Er ist der Ansicht, daß wir in dem Augenblick, in dem wir in diese Welt geboren werden, zu »jemandem werden, der übt und trainiert«. Dieser »Jemand« umfaßt viele Ebenen – unser äußeres Erscheinungsbild, unsere emotionale Verfassung, die Rollen, die wir wählen (als Lehrerin, Ehefrau, Mutter, Ärztin), unsere Glaubensansätze, unser Glücksempfinden und so weiter.

Die meisten von uns identifizieren sich gemeinhin nur mit diesen »niedrigeren« Aspekten unseres Ichs. Bei genauerer Betrachtung ist aber ebendieser Ansatz die Ursache zwischenmenschlichen Getrenntseins – der Nährboden unserer Differenzen. Ram Dass meint jedoch, daß da mehr ist: Die Ebene des Geistes oder der Seele (oder des Unterstützer-Ichs), auf der wir das Getrenntsein überwinden und eins werden. Wenn wir einen Weg finden, uns auf der Ebene des

Unterstützer-Ichs zu verbinden, können wir immer die Differenzen und Unterschiedlichkeiten auf den niedrigeren Ebenen unseres Ichs überwinden.

Die Frage ist: »Wie können wir Frauen nun diese Gedanken auf unsere Beziehungen mit Männern übertragen und sie einbeziehen?« Ein Ansatz ist, zu erkennen, daß sich unsere Selbstgerechtigkeit, unsere Wut, unsere Vorwürfe, unsere Erwartungen und alle übrigen männerspezifischen Konfliktbereiche sämtlich auf den niedrigeren Ebenen unseres Ichs abspielen. Wenn wir Wege finden, zu einer höheren Stufe unseres Ichs überzuwechseln, uns daran erinnern, auf die Ebene des Unterstützer-Ichs springen zu wollen, beginnen wir allmählich, Männer in einem anderen Licht zu sehen.

> Auf der Ebene des Unterstützer-Ichs *sind wir alle gut und schön.* Auf der Ebene des Unterstützer-Ichs *sind wir alle gleich!* Es ist diese Ebene, wo es uns möglich wird, unser Herz für jene Kämpfe und Freuden zu öffnen, die wir alle miteinander teilen, kraft der Tatsache, daß wir alle Menschen sind. Von diesem Standort aus ist es unmöglich, gegenüber der uns selbst oder einem anderen Wesen innewohnenden Schönheit blind zu bleiben. Sofern wir liebevolle Beziehungen erfahren möchten, müssen wir es lernen, über unser kleinkrämerisches Ego hinauszuwachsen und eine höhere Ebenen zu erklimmen.

Wenn wir in den niedrigeren Ebenen, der Ebene unserer Denkmuster, gefangen sind, sind wir blind gegenüber dem, was hinter jenen Wänden liegt, die wir selbst um uns herum errichtet haben. Gibt es solche hohen Wände etwa um einen Glaubenssatz wie *Männer sind gefühllos,* so können wir nichts, wie wir es auch drehen und wenden, außer dieser Meinung sehen:

Wand

Wand — Männer sind gefühllos — Wand

Wand

Wechseln wir nun aber auf die Ebene des Unterstützer-Ichs, können wir darüberstehen und über unsere eigene begrenzte Sicht hinausschauen. Auf diese Weise beginnen wir, die Wut, die unsere Scheuklappen in uns geschaffen hat, abzuschwächen und abzubauen:

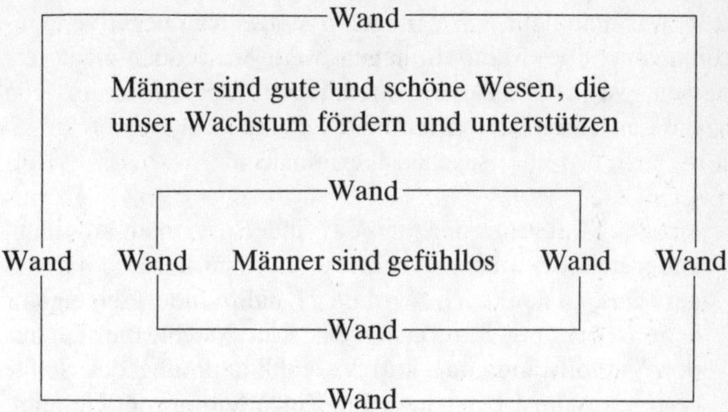

Gelingt es uns, die Ebene des Unterstützer-Ichs zu erreichen, so können wir Männer als Personen sehen, die unserem Leben förderlich sind, Auftrieb geben. Hiernach wird die Feststellung »Männer sind gefühllos« mit der Wirklichkeit kombiniert, daß Männer gute und schöne Wesen sind, die unser Wachstum fördern und unterstützen. Erstaunlich, wie wir unsere Sicht erweitert haben! Glaubenssysteme sind Teil der menschlichen Konditionierung. Das heißt, es ist keineswegs abnorm, mit gewissen Scheuklappen aufzuwachsen. Das Spiel des Lebens besteht darin, zu lernen, wie man diese Scheuklappen abnimmt.

Wenn wir unsere Scheuklappen abnehmen und andere Standpunkte in unsere Sichtweise einbeziehen, werden wir in der Tat »größer«. Robert Fuller wurde einst von einem Reporter gefragt: »Gibt es ein besseres Spiel als den Krieg?« Fuller erwiderte, daß es sowohl Krieg als auch Frieden, darüber hinaus aber noch ein weiteres Spiel gäbe, welches mehr Spaß mache. Es werde *Vervollkommnung* genannt:

»... uns selbst gegenseitig vervollkommnen, indem wir in uns jene befähigenden und Stärke verleihenden Wahrheiten, die andere Menschen verkörpern und darstellen, aufnehmen und uns einverleiben.«[6]

Im Grunde geht es darum, »in dem, was man haßt, das zu finden, was man liebt.« Wir mögen irgendwelche negativen Gefühle gegenüber Männern hegen, wenn wir jedoch nicht vergessen, was es ist, das wir auch lieben, können wir unseren »Haß« an einem untergeordneten Platz, dort, wo er hingehört, halten. Fuller sagt darüber hinaus:

»In der Minute, in der man das findet, was man an einem anderen liebt, wird man selbst größer, stärker und mächtiger. Das, so denke ich, wird im 21. Jahrhundert die eigentliche Bedeutung von Macht sein. Eine Macht, die sich aus der Vervollständigung und Vervollkommnung des Selbst ergibt, aus der Übernahme und Einverleibung der Geheimnisse einer anderen Person (oder Kultur) in das jeweils eigene Verhaltensrepertoire.«[7]

Eine sehr wichtige Aussage. Wir Frauen sind an einem Punkt angelangt, an dem wir unsere Schwerter fallenlassen und uns bewußt werden müssen, daß wir eine unserer größten Ressourcen, was unsere eigene Weiterentwicklung angeht, beiseite geschoben haben: Männer. Indem wir das getan haben, haben wir Männern eine ihrer größten Ressourcen vorenthalten: Frauen. Vieles von dem, was wir in dieser Welt lernen müssen, können wir, sobald wir von der Einstellung abrücken, über alles Bescheid zu wissen, von Männern lernen – und umgekehrt. Wir machen es wesentlich schwieriger, für uns eine Ganzheit zu erreichen, wenn wir fortfahren, unsere Beziehungen mit denjenigen abzubrechen, die über Geheimnisse verfügen, welche wir, um uns selbst zu vervollkommnen, in Erfahrung bringen müssen.

In diesem Sinne geht es dann auch bei der Aufgabe unserer Einstellung nicht um Zugeständnisse, Preisgaben oder ein

Sichüberlassen, sondern vielmehr darum, eine Ganzheit zu erreichen. Wie in Kapitel 1 beschrieben, waren Beziehungen in der Vergangenheit nach folgendem Verständnis »vollständig«:

$$\frac{1}{2} + \frac{1}{2} = 1$$

Wir können nun beginnen, uns gegenseitig beizubringen, wie wir wirklich ganzheitlich werden und die gesündere und stärkere Formel verwirklichen können:

$$\frac{1}{2} + \frac{1}{2} = 1 + 1 = 2$$

Zuvor gab es da eine Person ... und dann gab es zwei! Das Wunder aller Wunder! Wir sollten anfangen, uns gegenseitig als Mentoren zu sehen. Hierzu müssen wir in unser Vokabular Sätze aufnehmen wie: »Bitte bring mir das bei« und »Danke, daß du mir das gezeigt hast.« Wenn wir mit Liebe in unserem Herzen fragen, werden wir Antworten erhalten, welche unseren Körper, unseren Geist und unsere Seele bereichern, Antworten, die sowohl auf einer praktischen als auch transzendenten Ebene das Entstehen von Verbindungen wesentlich vereinfachen. Eine wahrhaft wertvolle Ressource, die wir uns da gegenseitig zu bieten haben!

Es dürfte klar sein, daß ein aus der Position der Selbstgerechtigkeit heraus gewonnener Kampf in Wirklichkeit ein Scheinsieg ist. Wir stehen am Ende nicht nur da und hassen unsere Männer, wir hassen auch uns selbst. Wie im Falle anderer vermeintlich negativer Verhaltensmuster kann auch die Selbstgerechtigkeit ein hervorragender Lehrer sein, wenn wir nur daran denken, stets dann zu unserem Spiegel zu greifen, wann immer diese Selbstgerechtigkeit ihr häßliches Haupt erhebt. Es wird immer einen Teil in uns geben, der unsicher und folglich selbstgerecht ist (ich möchte Sie nicht zu der Annahme verleiten, Sie könnten sich davon auf immer »kurieren«). Wenn wir aber wissen, welche Fragen wir uns selbst angesichts unserer Selbstgerechtigkeit stellen müssen, werden wir am Ende als Gewinnerinnen hervorgehen:

Was möchte ich nicht hören?
Warum fühle ich mich so unsicher?
Welcher Teil von mir ist mit sich selbst nicht zufrieden und im reinen?

Möglicherweise können wir nicht immer sofort mit Antworten aufwarten, aber wir können lernen, zu uns selbst zu sagen:

»Ich bin gut genug, ob du nun mit mir einer Meinung bist oder nicht . . . und das gleiche gilt für dich. Ich werde dir aufmerksam zuhören, weil ich vielleicht etwas von dir lernen kann. Danke, daß du mir die Möglichkeit eines anderen Weges gezeigt hast.«

Sofern wir das zu uns selbst sagen können, selbst wenn wir in jenem Augenblick nicht daran glauben, werden wir feststellen, wie wir uns entspannen und uns in der Situation wohler fühlen. Sie sollten sich dies einprägen und es im Bedarfsfall anwenden. Am Ende werden Sie sich selbst soweit konditioniert haben, daß Sie es glauben.

Es wird auch Situationen geben, in denen Sie mit dem selbstgerechten Verhalten anderer konfrontiert werden. Sie können diesen Personen einen großen Dienst erweisen, wenn Sie es lernen, zu jener Ebene in Ihrem Innern überzuwechseln, von der aus Sie deren Schmerzen sehen und ihnen folglich nonverbal mitteilen können:

»Du bist gut und schön.«
»Du genügst.«

In dieser von Liebe und Mitgefühl getragenen Atmosphäre brechen Barrieren leichter zusammen, als Sie es sich vorstellen können.

Für das Glück unserer Beziehungen ist es wesentlich, daß wir lernen, mit unserer Selbstgerechtigkeit umzugehen. Selbstgerechtigkeit mag bisweilen zwar köstlich schmecken, aber das Ergebnis unter dem Summenstrich ist gravierend: Sie verletzt Männer und macht sie uns zu Feinden statt zu Freunden; sie verhindert, daß wir Fortschritte machen, weiterkommen; sie verhindert, daß wir uns selbst mögen; und bei vielen von uns führt sie dazu, daß wir Partner wählen, bei denen ein selbstgerechtes Verhalten leicht ist – Alkoholiker, Drogenkonsumenten, »Babys«, Arbeitssüchtige und so weiter. (Und dann hocken wir da und fragen uns, warum es da draußen keine guten Männer gibt.)

> Sich all das vor Augen haltend, sollten Sie nicht vergessen, daß es nur einen Zeitpunkt gibt, an dem es völlig angebracht ist, das letzte Wort zu haben – dann, wenn dieses letzte Wort »ich liebe dich« ist!

Wir haben uns nun vier der größten Hindernisse für die Liebe angeschaut: Wut, unrealistische Erwartungshaltungen, Vorwürfe und Selbstgerechtigkeit. Aber es gibt noch mehr, das wir lernen müssen:

- Wie verwenden wir unseren Spiegel, wenn es um Fragen wie Intimität und Vertrauen geht, die uns auf der Seele brennen?
- Wie können wir uns selbst mehr lieben lernen?
- Wie können wir liebevollere Beziehungen haben?
- Wie sieht die Welt, betrachtet mit den Augen, dem Herzen und der Seele eines Mannes, aus?

Lesen Sie weiter!

»Mount-Palitana«-Affirmationen
Ich bin ein gutes und schönes Wesen, das in diese Welt viel einzubringen hat.
Du bist ein gutes und schönes Wesen, das in diese Welt viel einzubringen hat.
Ich liebe all das an mir, was ich bin.
Ich habe Achtung vor dem, was ich bin.
Ich habe Achtung vor dem, was du bist.

Wir können anderer Auffassung und beide im Recht sein.
Ich lerne mehr und mehr mit jedem Tag.
Ich respektiere deinen Standpunkt.
Ich höre zu, und ich lerne.
Ich betrachte dich mit Liebe in meinem Herzen ... ungeachtet dessen, was du sagst.
Ich sehe mich in dir.
Ich sehe dich in mir.
Ich sehe durch dich, was ich lernen muß.
Ich strecke die Waffen und lasse los.
Ich möchte mehr lieben können, als im Recht sein müssen.
Ich öffne mich, um zu hören, was du zu sagen hast.
Ich liebe dich.

Kapitel 6

Warum er verrückt wäre, sich zu öffnen!

Die vielleicht schwerwiegendsten Klagen, die Frauen in bezug auf Männer vorbringen, fallen in den Bereich der Intimität. »Warum können sie sich nicht öffnen?« ist ein solcher wohlvertrauter Klageruf. Als ich anfing, Workshops zum Thema »Intimität« zu veranstalten, war ich angenehm überrascht von der großen Zahl der männlichen Teilnehmer. Es war klar, daß sie um ihr großes Problem, sich öffnen zu können, wußten und bemüht waren zu lernen, wie sie ihr Verhalten ändern konnten.

Viele der Frauen waren hingegen aus einer ganz anderen Motivation heraus gekommen. Sie wollten nicht ihr eigenes Verhalten, sondern das ihrer Männer ändern! Sie waren überzeugt, daß sie kein Problem mit der Intimität hatten. Mit jeder weiteren Stunde wurde ihnen dann allerdings zunehmend bewußt, daß auch sie auf diesem Gebiet Hilfe benötigten.

Ehe ich jedoch weiter in Details gehe, möchte ich Ihnen zunächst meine Definition von Intimität geben:

> Intimität ist das Gefühl, welches sich bei uns einstellt, wenn wir unser Herz, unseren Geist und unsere Seele in voller gegenseitiger Annahme füreinander öffnen, um so wirklich hören zu können, was der andere sagt, und fühlen zu können, was der andere fühlt. In höchster Vollendung ist sie das Gefühl menschlichen Verbundenseins auf der Ebene der Seele.

Lesen Sie diese Definition sorgfältig, Satz für Satz, und kommen Sie immer wieder darauf zurück, während Sie dieses Kapitel lesen. Denn was die heutigen Kommunikationsgepflogenheiten zwischen den meisten Männern und Frauen angeht, so hat diese damit wenig Ähnlichkeit!

In seinem Buch *Two Hearts Are Better Than One*[1] prägt Bob Mandel den Begriff des *Schau-in-mich-Hinein,* um seine Sicht der Intimität zu verdeutlichen. Dieser Begriff paßt zu meiner Definition. Offen zu sein heißt, dem anderen erlauben, zu sehen, wer wir sind, und mit ihm unsere tiefgreifendsten seelischen und geistigen Empfindungen zu teilen.

Können wir Frauen vor dem Hintergrund dieser Definitionen auf Personen in unserem Leben verweisen, mit denen wir diese Art der Intimität haben? Bei den meisten von uns ist die Antwort: »Ja, mit unseren Freundinnen.« Die Ebene der Verbindung, auf der viele von uns sich finden, ist einfach großartig. Warum auch nicht? Schließlich haben wir hinsichtlich der Erfahrung, in dieser Gesellschaft eine Frau zu sein, den gleichen Weg zurückgelegt.

Ich kann irgendeine fremde Frau anschauen, und unabhängig von ihrem äußeren Erscheinungsbild weiß ich in den meisten Fällen, bewußt oder unbewußt, um ihre inneren Konflikte, ihre Unsicherheiten und vieles mehr. Auf irgendeiner tiefen Ebene verstehen wir alle, wo die jeweils andere herkommt, und zwar ungeachtet der Unterschiede, wie wir mit dem, was wir erlernt haben, umgehen.

Mit meinen engsten Freundinnen habe ich den Punkt erreicht, an dem wir uns nur noch selten gegenseitig verurteilen und kritisieren, obwohl wir keineswegs in allen Fragen immer einer Meinung sind. Wir akzeptieren die Tatsache, daß jede von uns ihre menschlichen Schwächen hat, und wir wissen, daß jede von uns ihr Bestes tut, auch wenn wir nicht ganz den Grad der Perfektion erreichen.

Wenn meine Freundinnen mir Vorschläge machen, wie ich irgend etwas in meinem Leben verbessern kann, höre ich ihnen aufmerksam zu. Selbst wenn ich mit ihrem Ratschlag nicht einverstanden bin, zeige ich ihnen dennoch, daß ich ihre Sorge und Fürsorge schätze, und das gilt auch umgekehrt. Bemerkenswert ist, daß diese Art der Kommunikation vor der

Frauenbewegung keineswegs üblich war. Aber heutzutage haben viele Frauen in ihren »Schwestern« Seelenverwandte gefunden.

Angesichts dieser tiefen Verbundenheit von Frauen ist darum auch der Ruf nichts Ungewöhnliches: »Wenn ich doch nur einen Mann fände, mit dem ich so wie mit meinen Freundinnen sprechen könnte!« Aber genau dieser Gedanke führt zu völlig falschen Schlüssen, von denen Frauen sich leiten lassen:

> Wenn wir uns mit unseren Freundinnen so eng verbunden fühlen können und nicht mit unseren Männern, dann ist es offensichtlich, daß mit den Männern irgend etwas nicht in Ordnung ist.

Möglicherweise möchten wir diese Schlußfolgerung gerne glauben – sie klingt schließlich logisch –, in Wahrheit hält sie einer näheren Betrachtung jedoch nicht stand. Denn – wie an früherer Stelle schon einmal beschrieben – jedesmal, wenn wir das andere Geschlecht wegen Dingen, die in unseren Beziehungen nicht in Ordnung sind, beschuldigen, verzichten wir auf unsere Macht und entziehen uns der Verantwortung, irgend etwas Konstruktives zur Verbesserung der Situation zu tun.

Auch hier besteht der Weg der Macht wiederum darin, daß wir den Spiegel statt des Vergrößerungsglases zur Hand nehmen und uns fragen, ob wir vielleicht in irgendeiner Form dazu beitragen, daß die Situation schlimmer ist, als sie sein müßte. Ja, Männer haben Schwierigkeiten, sich zu öffnen, aber gibt es irgendwelche Barrieren im Hinblick auf Intimität, die wir eigenverantwortlich errichtet haben? Ich bat die Workshop-Teilnehmerinnen, sich mit offenem Herzen einmal wirklich mit dieser Frage auseinanderzusetzen und zu prüfen, ob sie in ihrem eigenen oder im Verhalten anderer Frauen irgend etwas entdecken könnten, daß einer intimen Beziehung mit ihren Männern hinderlich sei. Sie warteten schließlich mit der nachfolgenden Liste auf, deren Länge uns alle erstaunte.

Wie wir Barrieren für eine Intimität errichten

1. Unsere Erwartungshaltungen sind unrealistisch.
2. Wir sind in Wirklichkeit Männern gegenüber nicht so offen, wie wir es unseren Freundinnen gegenüber sind.
3. Wir möchten nicht immer die Wahrheit hören . . . und die Männer wissen das!
4. Die meisten von uns ziehen verschlossene Männer vor und treffen entsprechend ihre Wahl.
5. Wir kritisieren und verurteilen, was sie sagen . . . und nicht sagen.
6. Wir möchten an ihrer Stelle gleich immer alles festlegen, statt sie einfach frei erzählen zu lassen, was in ihrem Kopf und in ihrer Seele vor sich geht.
7. Wir fordern häufig Intimität aus ungesunden Gründen heraus.
8. Wir haben zuviel Angst, unsere Identität zu verlieren, um wirklich einen Mann an uns heranzulassen.
9. Wir konkurrieren mit ihnen und müssen das letzte Wort haben.
10. Wir »sehen« ihr Bemühen um Verbundenheit nicht, wenn es uns nicht in unseren Kram paßt.
11. Wir sind im Hinblick auf viele Fragen verwirrt und senden häufig gemischte, widersprüchliche Signale aus.
12. Wir reden zuviel!
13. Wir gehen oft mit dem, was sie uns erzählen, nicht vertrauensvoll um.
14. Wir sind oftmals wahrhaftig, aber nicht immer ehrlich, was unsere Motivation für unsere Wahrhaftigkeit angeht.

Ich war beeindruckt, welche Einsichten diese Liste für die Frauen in der Gruppe brachte. Vielleicht können Sie diese Liste aufgrund Ihrer eigenen Erfahrungen noch um einige weitere Punkte ergänzen.

In jedem Fall wird es hilfreich sein, jede dieser Aussagen näher zu erläutern, um verständlich zu machen, inwiefern diese Verhaltensweisen jede Intimität bereits im Keim ersticken.

Auch wenn Sie sich nicht mit allen hier genannten Gedanken identifizieren, so greifen Sie doch einige wahre für sich heraus, und beginnen Sie, Ihr Verhalten zu ändern.

Obwohl wir dazu neigen, uns der Übernahme von Verantwortung standhaft zu widersetzen, führt dennoch kein Weg daran vorbei, daß unsere Macht darin besteht, mehr darüber zu lernen, wer wir sind, und das zu ändern, was nicht funktioniert. Auch hiermit soll nicht gesagt sein, daß Männer nicht ebenfalls an diesem Bereich einer Beziehung arbeiten müßten oder daß Frauen die Schuld zu geben wäre. Es ist keine Frage von Schuld. Es geht nur darum, uns selbst zu hinterfragen, wohl wissend, daß wir sehr viel dazu beitragen können, die Kommunikation mit den Angehörigen des anderen Geschlechts zu verbessern, besonders mit denjenigen, die uns am meisten bedeuten. Denken Sie daran, ein Lächeln auf Ihrem Gesicht zu wahren, es hilft, heiterer zu werden!

Hindernisse, die wir der Intimität in den Weg stellen

1. Unsere Erwartungen sind unrealistisch.

Allgemein gesprochen sieht die Wahrheit so aus, daß Männer aus diesem Grund nicht wissen, wie sie sich Frauen gegenüber öffnen sollen. Es ist keineswegs so, daß sie es nicht möchten; es wurde ihnen einfach nicht beigebracht, auf die gleiche Art und Weise wie Frauen offen zu sein. Es gibt eine Reihe von Untersuchungen, welche diesen Unterschied zwischen Männern und Frauen belegen.

In *Intimate Strangers* berichtet Lillian Rubin beispielsweise von einer Studie über 200 Männer und Frauen.[2] Zwei Drittel der im Rahmen dieser Studie befragten Männer konnten keinen »besten Freund« nennen. Von denjenigen, die dies konnten, war dieser »beste Freund« in der Mehrzahl der Fälle eine Frau. (Überrascht Sie das?) Aber auch in den seltenen Fällen, wo Männer Männer als ihre besten Freunde benannten, war ihre Freundschaft nicht durch den Austausch von Intimitäten geprägt. Was sie miteinander teilten, waren Aktivitäten, aber sie konnten nicht über ihre Gefühle sprechen.

Hingegen konnten drei Viertel der in dieser Studie erfaßten Frauen spontan eine beste Freundin nennen, und hierbei handelte es sich stets um eine Freundin und nicht um einen Freund. Selbst verheiratete Frauen nannten, nach einem besten Freund oder einer besten Freundin befragt, eine Frau. Ihre Freundschaften erstreckten sich nicht nur auf gemeinsame Aktivitäten, sondern auch auf eine Offenlegung ihres Selbst, auf gegenseitige Fürsorge und emotionale Unterstützung. Aus diesen Informationen läßt sich der Schluß ableiten, daß – vor dem Hintergrund einer Freundschaft oder eines Miteinander-Teilens – Frauen für Männer wichtiger sind als Männer für Frauen.

Es gibt noch weitere Studien, welche die These erhärten, daß Männer mit ihren Gefühlen nicht gleichermaßen offen wie Frauen sind.[3] Männer werden dazu erzogen, stark und verschwiegen zu sein, und die meisten spielen diese ihnen anerzogene Rolle sehr gut. Hierdurch sind sie weder schlecht noch falsch, es besagt einfach nur, daß sie gut lernen.

Wenn Männer nicht dazu erzogen werden, intim mit anderen zu kommunizieren, warum erwarten wir es dann von ihnen? Männer öffnen sich nicht, weil ihnen beigebracht wurde, daß man in der Gesellschaft, in der sie aufgewachsen sind, seine Gefühle für sich behalten muß. Diesbezüglich hat sich im Laufe der Jahre kaum etwas geändert. Männer werden so bleiben, bis sie sich in der Sicherheit wähnen, all das rauslassen zu können. Was unsere heutige Gesellschaft und ebenso die Haltungen von Männern wie Frauen angeht, ist diese Sicherheit, um sich öffnen zu können, für einen Mann ganz gewiß noch nicht gegeben. Offenheit wird nach wie vor von zu vielen mit Schwäche, Homosexualität, Abhängigkeit und anderen als »unmännlich« betrachteten Charaktereigenschaften gleichgesetzt.

Folglich ist es unsere Erwartungshaltung, die unangemessen und die Ursache für einen Großteil unseres Unglücklichseins ist. Einer meiner Lehrer sagte einmal zu mir: »Susan, wenn du eine Hühnersuppe haben möchtest, fang mit einem Huhn an, nicht mit einem Stück Kalbfleisch.« Wenn Sie eine wirklich tiefgehende verbale Kommunikation anstreben, wenden Sie sich an eine enge Freundin, an eine Selbsthilfegruppe oder auch an einen platonischen Freund, der freier mit Ihnen sprechen kann als Ihr Partner (warum das so ist, darauf werde ich später noch eingehen). Die Botschaft an dieser Stelle lautet, daß Sie aufhören zu erwarten, diese bei Ihrem Partner zu finden.

Sollte dem so sein, dann ist das großartig, denn ich will keineswegs behaupten, daß es keine Männer gibt, die offen sind; mir geht es nur darum, daß Sie dies nicht zu einem Punkt Ihrer Erwartungen machen.

Was Sie möglicherweise auch nicht verstehen, ist, daß die meisten Männer nicht emotional verschlossen sein möchten. Glauben Sie mir! Sowohl meine beruflichen als auch persönlichen Erfahrungen haben mir gezeigt, daß Männer nur allzugern mit uns wie auch mit Mitgliedern ihres eigenen Geschlechts kommunizieren möchten. Bei vielen wird eine tiefe Einsamkeit und Frustration deutlich, weil sie sich unbehaglich fühlen, offen mit jemandem zu sprechen. Wenn sie Probleme haben, gibt es häufig niemanden, dem sie sich mitteilen können.

So frustrierend ihre Ruhe und ihr Schweigen manchmal für uns sein mögen, es muß einen Platz in unserem Herzen geben, der uns über unseren eigenen Wunsch, eine enge Bindung über ein Sichmitteilen zu suchen, hinauswachsen und uns ihre Frustration erkennen läßt, statt fortwährend als die wenig liebevolle Kritikerin dazustehen, die nur jemanden vor sich sieht, der »zerbrochen« ist und wieder zusammengesetzt werden muß. Bedingt durch unsere eigenen Unsicherheiten nehmen wir die Unfähigkeit der Männer, mit uns zu kommunizieren, so persönlich, wobei sie im Grunde, mit wenigen Ausnahmen, mit überhaupt niemandem besonders kommunizieren können! Wir kreiden ihnen diese Eigenschaft als Mangel an, wenn es doch in Wahrheit so ist, daß dieser Mangel ursächlich in unserer Gesellschaft begründet und in der Art und Weise liegt, wie kleine Jungen erzogen werden.

Ich bin mit einem Mann verheiratet, der relativ schweigsam

und introvertiert ist. Anfänglich hatte ich ein Problem mit seiner schweigsamen Art. Sobald ich jedoch meine Erwartungshaltung fallengelassen hatte, er müsse auf die gleiche Art und Weise wie meine Freundinnen mit mir kommunizieren, wandelte sich unsere Beziehung. Ich weiß, daß seine mangelnde Offenheit nichts Persönliches ist. Er wuchs in einem englischen Internat auf und wurde so erzogen, daß man, um zu überleben, seine Gefühle versteckt. Ich lernte es darüber hinaus, mich auf die vielen anderen Dinge zu konzentrieren, mit denen er mir das Gefühl, geliebt und unterstützt zu werden, gibt. Und das ist es doch, worum es eigentlich geht, oder?

Ich kenne so viele Frauen, die den »Seelenvertrautheitsquotienten« ihrer Männer am Grad der verbalen Intimität messen. Nach ihrem Verständnis ist »Mr. Richtig« jener besondere Jemand, der eine magische Tiefe geistiger Kommunikation in Form intensiver Gespräche über seine tiefsten Gefühle offenbart. Dieses idyllisch anmutende Bild von Seelenvertrautheit können manche Frauen leider nur sehr schwer aufgeben, was bedingt, daß sie sich oft allein und einsam fühlen. Ich weiß nicht, ob es diese Art von Seelenvertrautheit gibt oder nicht; ich bezweifle es ernsthaft. Ich bin in jedem Fall froh, daß ich nicht darauf gewartet habe. Statt dessen beherzigte ich den Rat von jemandem, der mir sagte, daß die Wahrscheinlichkeit, unseren wahren Seelengefährten zu finden, in der Tat sehr gering sei, daß wir uns aber darüber freuen sollten, zu wissen, daß wir mit jemand anderem zusammen sind! Amen! Ich weiß nicht, wessen Seelengefährte mein Mann Mark ist, aber ich bin dankbar dafür und fühle mich gesegnet, daß wir uns gefunden haben.

2. Wir sind Männern gegenüber nicht wirklich so offen, wie wir es unseren Freundinnen gegenüber sind.

Als ich mit meinen Kursteilnehmerinnen zusammen über die Gespräche nachdachte, die wir gemeinhin mit unseren Freundinnen führten, wurde uns bewußt, daß sich diese Gespräche von ihrer Natur und ihrem Gehalt her gewaltig von denjenigen mit den Männern in unserem Leben unterschieden.

Wir stellten fest, daß es im Grunde zwei Arten unserer »weiblichen« Gespräche gab. Entweder jammerten oder klagten wir über das Leben im allgemeinen, wobei den Mängeln unserer Männer eine besondere Beachtung zuteil wurde, oder wir benutzten – auf einer gesünderen Ebene – unsere Freundinnen als Resonanzboden, um uns zu helfen, uns durch die Probleme hindurchzuarbeiten, die wir in unserem Leben mit Männern, mit unserer Arbeit oder was auch immer hatten. Wir hörten auf ihre Bemerkungen und Ratschläge und dankten ihnen für ihre Hilfe. »Ich fühle mich so viel besser, nachdem ich mit dir gesprochen habe«, ist eine gängige Äußerung zwischen Frauen.

Unsere Gespräche mit Männern hingegen verliefen recht unterschiedlich. Der Inhalt dieser Gespräche muß wohl allein schon deswegen ein anderer sein, weil es sich bei dem, worüber wir mit Frauen sprechen, um Männer dreht. (Sie sollten nur hören, was wir über sie zu sagen haben!) Aber nicht nur der Inhalt unserer Gespräche ist anders, auch unsere Reaktion auf das, was sie uns sagen, ist anders. Wir stellten fest, daß, wenn wir von Männern die gleiche Art von Rückkopplung wie von unseren Freundinnen erfuhren, wir ihnen im allgemeinen nicht für ihre Hilfe dankten. Wir fühlten uns nicht besser. Statt dessen empfanden wir das Bedürfnis, unsere Position zu verteidigen und zu beweisen, daß wir recht hatten. Ihre Bemerkungen oder Ratschläge wurden meist als persönlicher Angriff aufgefaßt, und im Zuge einer Vergeltungsmaßnahme holten wir dann aus, um ihnen die Armseligkeit ihres Daseins vor Augen zu führen.

So beklagte sich zum Beispiel eine meiner Kursteilnehmerinnen weinend und aufgebracht ihrem zweiten Mann gegenüber über ihre Beziehung zu ihrer Tochter. Als ihr Mann versuchte, ihr zu sagen, in welchen Bereichen sie die Situation verbessern könnte, fuhr sie ihn an: »Wer bist du denn, daß du dazu etwas sagen kannst! Du hast doch seit zwei Jahren nicht mit deiner Tochter gesprochen!« Sie gestand, hätte eine Freundin ihr den gleichen Rat gegeben, ungeachtet dessen, wie es um die Beziehung zwischen ihrer Freundin und ihrer

Tochter bestellt war, so hätte sie dem, was ihre Freundin sagte, wenigstens zugehört und ihr dafür gedankt, daß sie sich Gedanken machte, auch wenn sie mit den Vorschlägen selbst nicht einverstanden gewesen wäre. Es ist kein Wunder, daß Männer oft schweigsam bleiben, statt hilfreiche Vorschläge anzubieten.

Ein weiterer Grund, warum wir uns unseren Männern gegenüber nicht genauso wie Frauen gegenüber öffnen, ist, daß wir von unseren männlichen Beziehungen abhängiger sind und somit in einem denkbar günstigsten Licht erscheinen möchten. Mit unseren Freundinnen können wir eher über unsere Schwächen, unsere Unsicherheiten und unsere Mängel lachen. Wir vertrauen darauf, von unseren Freundinnen bedingungslos akzeptiert zu werden.

Daraus läßt sich schlußfolgern, je weniger abhängig wir sind und je sicherer wir uns in bezug auf unsere eigene Person fühlen, desto ehrlicher und aufrichtiger können wir in einer männlich-weiblichen Beziehung sein. Solange wir diese innere Sicherheit und Selbstliebe jedoch nicht gewonnen haben, haben wir zuviel Angst, den Männern gegenüber, die uns so sehr am Herzen liegen, die Wahrheit über uns selbst zu offenbaren.

In Wahrheit haben wir nämlich kein wirklich intimes Verhältnis mit den Männern in unserem Leben. Wir öffnen uns ihnen gegenüber nicht gleichermaßen, wie wir es Frauen gegenüber tun. So klagte einer der Männer in einem Workshop: »Ich war jahrelang verheiratet und hatte nie zum Teufel die leiseste Ahnung, was meine Frau überhaupt dachte!« Aber jede Wette, daß ihre Freundinnen sehr wohl wußten, was sie dachte! Aber die meisten von uns können diese Ehrlichkeit mit den Männern, die wir lieben, noch nicht teilen.

3. Wir wollen nicht immer die Wahrheit wissen . . . und die Männer wissen das!

Einer meiner Kursteilnehmer meinte, der Grund, warum er mit platonischen Freundinnen intimer kommunizieren könne, sei, daß er bei ihnen keine Angst vor Repressalien haben müsse. Die Wahrheit ist, daß Frauen von ihren Männern nichts Negatives hören möchten – ganz besonders nicht, wenn es dabei um Bereiche geht, in denen sie am unsichersten sind.

Eine meiner Kursteilnehmerinnen brachte das Ganze treffend auf den Punkt:

> Mein Mann besitzt sein eigenes Geschäft, und wann immer er die Probleme, die er damit hatte, mit mir teilte, versuchte ich ihm stets klarzumachen, wieso all diese Probleme seine eigene Schuld waren. Schließlich sagte er zu mir: »Ich sehe, daß du mit den Problemen, die ich beruflich habe, nichts zu tun haben willst. Also werde ich dir zukünftig davon nichts mehr erzählen.« Ich war beleidigt, daß er mir nichts mehr davon erzählen wollte. Und dann wurde mir eines Tages bewußt, daß ich damit wirklich nicht umgehen kann. Ich möchte nichts davon hören. Ich möchte nichts davon wissen. Ich möchte einfach nur von ihm hören, daß alles großartig ist und daß das Geld reinkommt. Ich bin mir dessen jetzt bewußt, aber ich schäme mich dieser Wahrheit.

Ich versicherte ihr, daß da nichts sei, dessen sie sich schämen müsse. Viele Frauen, die finanziell abhängig sind, empfinden genauso. Ich machte ihr den Vorschlag, daß eine gesunde Antwort ihm gegenüber etwa so aussehen könnte:

> Ich bekomme wirklich Angst, wenn du mir das erzählst, weil ich mich von deiner Fähigkeit, das Geld zu verdienen, so abhängig fühle. Wenn ich also für deine Probleme nicht so empfänglich bin, versuche bitte zu verstehen, daß ich es dennoch gerne sein möchte. Ich arbeite daran, mich sicherer zu fühlen.

Ich habe einen Freund, der Rechtsanwalt ist. Das tiefe, dunkle Geheimnis, das er vor seiner Frau verborgen hielt, war, daß er gerne Schriftsteller sein wollte. Sie war finanziell von ihm abhängig, und er wußte, daß sein Wunsch, Schriftsteller zu sein und möglicherweise seine bisherige Arbeit aufzugeben, sie in Angst und Schrecken versetzen würde. Er kaufte sich einen Computer mit Textverarbeitungssystem, den er im Keller seines Hauses aufstellte, und arbeitete dort bis tief in die Nacht hinein an seiner heimlichen Leidenschaft. Seiner Frau sagte er, daß er dort an den Fällen arbeitete, die er einfach als Arbeit aus dem Büro mit nach Hause gebracht hätte.

Er rief mich an, als er das Bedürfnis hatte, über seine Leidenschaft zum Schreiben zu sprechen. Ich fragte ihn, warum er Angst habe, es seiner Frau zu sagen. Er meinte, er fühle sich nicht stark genug, um mit einer mangelnden Ermutigung ihrerseits und den Demütigungen, die sich daraus ergäben, fertig zu werden. Ich entgegnete ihm: »Spür die Angst, und tu es dennoch!« Es ist besser, ein ehrlicheres Verhältnis zu haben, selbst wenn diese Ehrlichkeit Vorhaltungen bedeutet.

Er sagte es ihr schließlich, und tatsächlich kamen die Demütigungen mit Bemerkungen wie: »Mit Schreiben könntest du nie deinen Lebensunterhalt verdienen!« und »Wer hat dir überhaupt gesagt, daß du schreiben könntest!« All diese Bemerkungen spiegelten natürlich ihre eigene Unsicherheit wider. Ihre eigene Angst hielt sie – und hält sie noch – davon ab, ihr Herz gegenüber der Tatsache zu öffnen, daß er aufgrund der Verpflichtung, die er ihr gegenüber empfindet, nicht das tut, was er wirklich gerne in seinem Leben tun würde. Sie merkt und erkennt nicht einmal, daß sie dank seiner Bereitschaft, sie finanziell zu unterstützen, frei ist, ihren Neigungen nach Belieben nachzugehen. Traurig für beide.

Als ich meinen Beruf vor wenigen Jahren wechselte, war mein Mann nur allzugern bereit, mich finanziell zu unterstützen. Während jener Zeit stellte ich fest, wie mich meine alten Unsicherheiten in Zusammenhang mit Geld wieder beschlichen. In dem Maße, wie ich in meinem neuen Beruf zunehmend finanziell erfolgreicher wurde, konnte er frei und offen all seine beruflichen Sorgen und Probleme mit mir besprechen, und ich war voll aufnahmefähig dafür. Offensichtlich ist es auf vielen Ebenen so, daß:

Sicherheit und Intimität Hand in Hand gehen.

Zur Veranschaulichung möchte ich eine Szene ausmalen, in der ein Mann von der Arbeit nach Hause kommt und seiner Frau offenbart, daß er sich ernsthaft Sorgen macht, weil er sich bei der Kalkulation bei einem seiner Projekte völlig verschätzt hat. Dieser Fehler könnte ihn eine Menge Geld kosten. Welche der nachfolgenden Antworten spräche wohl für eine größere Nähe und Intimität?

Unsichere Frau: »Nun, warum hast du es nicht gründlicher untersucht? Du hättest es besser wissen müssen! Du bist lange genug im Geschäft. Wie konntest du einen so dummen Fehler machen? Wir können uns das wirklich nicht leisten! Wie konntest du so unbedacht handeln?«

Sichere Frau: »Komm, mach dir nicht soviel Gedanken darüber. Du wirst einen Weg finden, es wieder hinzubiegen. Und selbst, wenn du einen Fehler gemacht hast, was soll's! Jeder macht Fehler. Wir werden das schon schaffen. Wir haben es immer geschafft, und wir werden es immer schaffen. Ich glaube ganz fest daran, was auch immer geschieht, wir werden einen Weg finden, damit fertig zu werden. Kein Grund zur Sorge. Komm, komm her, und gib mir einen Kuß. Ich liebe dich.«

Die gleiche Situation. Zwei unterschiedliche Antworten. Die erste Frau ist dem Selbstwertgefühl ihres Mannes – wenn auch unabsichtlich – eine Feindin, die zweite eine Freundin. Wenn Sie ein Mann wären, welche Frau würden Sie wählen, um Ihre Gefühle zu offenbaren?

Es gibt andere Situationen, in denen wir das, was unsere Männer empfinden, nicht wirklich hören möchten. Wir lachten alle, als eine der Frauen gestand, sie würde von ihrem Mann nicht hören wollen, daß er Angst habe und nicht wisse, was er tun solle, wenn ein Einbrecher in ihr Haus einzudringen versuchte. Sie möchte, daß er mutig zur Tat schreitet, ihr sagt, sie soll bleiben, wo sie ist, und ruhig losgeht, das Ganze auf sich allein gestellt mit dem Einbrecher auszufechten. Ebenso räumten einige, aber nicht alle Frauen ein, daß sie es in Wirklichkeit nicht wissen möchten, wenn Männer sich in der Beziehung gefangen oder zu anderen Frauen hingezogen fühlten. Und so weiter.

Ungeachtet dessen, was einige von uns glauben mögen, Männer sind nicht verrückt oder blöde. Sie wissen sehr wohl, wann sie etwas wagen können und wann nicht. Die meiste Zeit können sie es nicht.

4. Viele Frauen bevorzugen verschlossene Männer und wählen entsprechend.

Um das Ganze noch zu komplizieren, war ich nicht wenig überrascht, von einigen meiner Kursteilnehmerinnen, vor allem den jüngeren, zu erfahren, daß sie keineswegs auf offene Männer abfuhren. So jung diese Frauen auch waren, sie empfanden diese Männer als Schwächlinge und Weichlinge, sogar als weibisch. Diese Frauen waren nach wie vor Opfer jener »starken, schweigsamen« Stereotype. Als Ergebnis dieser Einstellung wählten sie stets Männer, die verschlossen waren, um sich dann aber in der Folge über die Situation zu beschweren.

Interessanterweise waren die älteren Frauen, die zuviele negative Erfahrungen mit jenem starken, schweigsamen Typus durchlebt hatten, bereit, mit weicheren, offeneren und liebevolleren Männern zusammenzusein. In ihren Augen ist ein wirklich starker Mann einer, der seine Verwundbarkeiten zeigen kann, ohne deshalb verängstigt zu werden.

Klar war jedoch, daß Männlichkeit von vielen der Frauen nach wie vor mit Stärke, nicht mit Verwundbarkeit gleichgesetzt wurde. Diese Frauen meinten, sie wollten sich nicht als Mutter ihrem Mann gegenüber fühlen, und das sei das Gefühl, das ihnen vermittelt werde, wenn sich die Männer ihnen gegenüber öffneten. Bemerkenswert ist, daß diese Frauen sich nicht als Mutter fühlten, wenn ihre Freundinnen sich ihnen gegenüber öffneten. Das betrachteten sie als Teilen, als Mitteilen. Was wir daraus ableiteten, war, daß viele von uns noch immer nach einer Vaterfigur oder einem Märchenprinzen Ausschau halten, beides Symbole unbezwingbarer Stärke.

Solange wir vereint als die kritische und auch maßgebende meinungsbildende Masse dastehen, die nicht warmherzigen, weichen und offenen Männern den Vorzug gibt, die sich wohl dabei fühlen, all das, was und wer sie sind, zu offenbaren, solange werden Männer weiterhin »männlich« und verschlossen sein. Sie wären verrückt, es nicht zu sein!

Es ist eindeutig an uns, unseren Geschmack dahingehend zu ändern, daß Männer, die offen zu uns sein möchten, sich sicher fühlen können . . . oder uns zu entscheiden, glücklich mit Männern zu sein, die verschlossen sind.

5. Wir verurteilen, was sie sagen . . . und nicht sagen.
Im Bereich der verbalen Intimität habe ich festgestellt, daß sie so oder so, was sie auch tun, verdammt werden. Wenn sie sprechen, werden viele aufgrund dessen, was sie sagen und wie sie es sagen, verurteilt. Sprechen sie nicht, werden sie dafür verurteilt, verschlossen und feindselig zu sein.

Ich erinnere mich an eine Zeit, als ich mich mit meinen Freundinnen fortwährend herablassend darüber erging, daß Männer untereinander nur über ihren Beruf, über Sport, Autos und so weiter sprechen. Wir fühlten uns so überlegen und höherwertig. Ich pflegte über die Versuche befreundeter Männer, mit ihren Kindern oder ihren Eltern zu sprechen, zu spotten. »Wirklich bemitleidenswert. Seit Monaten hat er seinen Vater nicht gesehen, und alles, worüber sie sprechen können, ist über Fußballtabellen!«

Als ich dann aber gelernt hatte, mein Herz zu öffnen, wurde mir bewußt, daß angesichts dessen, wer und wie sie waren, ihre Kommunikation absolut in Ordnung war. Das war ihre Art, sich einander mitzuteilen, sich verbunden und nahe zu fühlen. Wer war ich, daß ich verurteilen durfte? Aber ich verurteilte, und ich tat es . . . viele, viele Jahre. Und wenn ich heute so vielen Frauen zuhöre, zeigen sie die gleiche überkritische und nörglerische Haltung, wie ich einst.

Dankenswerterweise gab es in meinem Leben viele Lehrer, die mich die Irrtümer und Fehler in meinen Sichtweisen erkennen ließen, die mich lehrten, mit dem Verurteilen aufzuhören und mit dem Lieben zu beginnen. Als Ergebnis dessen verbesserte sich meine Intimität mit Mark radikal. Die Wahrheit ist:

> Wenn wir mit dem Verurteilen aufhören, gewinnen Männer das Vertrauen, daß wir auf ihrer Seite stehen. Wenn sie dieses Vertrauen haben, können sie beginnen, sich zu öffnen.

Niemand wird sich Ihnen gegenüber öffnen, wenn er nicht das Gefühl hat, Sie unterstützen ihn als Person, so wie er ist. Er wäre andernfalls ein Masochist. Männer möchten nicht immerzu hören, daß sie im Hinblick auf Kommunikation oder irgend etwas anderes in dieser Richtung minderwertig sind. Genau wie wir möchten sie wissen, daß sie so, wie sie sind, in Ordnung sind.

Je mehr wir das Gute und Schöne an unseren Männern erkennen und unterstützen, genau wie wir es bei unseren Freundinnen tun, um so mehr werden sie sich ein intimes Verhältnis mit uns wünschen.

Genauso wichtig ist in diesem Zusammenhang: *In dem Maße, wie wir das Gute und Schöne an ihnen unterstützen, werden unsere einst kritischen Augen beginnen, nur noch das Gute und Schöne zu sehen!* Und damit ist der Kreislauf der Fülle und des Reichtums in der Beziehung in Gang gesetzt. Es ist etwas dran, daß, wenn man sich darauf konzentriert, was im Leben wunderbar ist, hierdurch das Leben wunderbar wird. Das gleiche gilt für unsere Sicht der Männer. Hierin liegt ein Teil der Antwort auf die häufig gestellte Frage: »Wo sind all die guten Männer?« Das Gute und Schöne ist im Auge des Betrachters!

6. Wir möchten an ihrer Stelle gleich immer alles festlegen, statt sie einfach frei erzählen zu lassen, was in ihrem Kopf und in ihrer Seele vor sich geht.

Es mag zwar natürlich sein, unseren Partnern helfen zu wollen, wenn sie sich uns gegenüber in bezug auf irgendwelche Probleme öffnen, die sie in ihrem Leben haben, im allgemeinen ist es aber nicht klug, es zu tun. Mein Beruf ist darauf ausgerichtet, Menschen helfen zu wollen, wenn sie sich mir gegenüber öffnen, also ist es für mich ganz natürlich, auch jedes Problem, welches mein Mann hat, lösen zu wollen. Ich habe gelernt, das nicht mehr zu tun.

Als erstes weiß ich für gewöhnlich nicht genug, um die jeweilige Situation angemessen abschätzen zu können, besonders wenn es um Fragen geht, die mit seinem Beruf zu tun haben. Ferner ist mein Rat manchmal an persönliche Überlegungen, Erwägungen oder Unsicherheiten gebunden; folglich bin ich meinem Mann gegenüber nicht gleichermaßen objektiv wie Teilnehmern in meinen Workshops oder Freunden gegenüber. Und schließlich, wenn ich ihm einen Rat gebe, neige ich dazu, verstimmt und verärgert zu reagieren, wenn er ihn nicht befolgt!

Wie reagieren wir also, wenn sich unsere Männer uns gegenüber öffnen? Wir hören zu. Wir zeigen Mitgefühl durch Äußerungen wie: »Ich verstehe, warum du dich darüber ärgern würdest.« Bitten sie um unseren Rat, können wir ihrer Individualität Rechnung tragen und einfach sagen: »Ich kann nicht für dich sprechen, aber wenn ich an deiner Stelle wäre, würde ich . . . dieses oder jenes versuchen. Aber, jeder von uns ist anders, somit mußt du wirklich das tun, was du als richtig erachtest.« Wir ermutigen sie mit Bemerkungen wie: »Ich bin fest davon überzeugt, daß alles gut wird. Mach dir keine Sorgen! Was auch immer geschieht, du schaffst es schon!« Damit lassen wir los und erkennen gleichzeitig an, daß, wenn sie unseren wie auch immer gearteten Rat nicht befolgen, es nicht persönlich gemeint ist. Jeder muß seinem eigenen Instinkt folgen. Sollten sich die Dinge dann nicht so, wie eigentlich gewünscht, entwickeln, können wir sie mit dem Gedanken beschwichtigen, daß das Leben ein beständiges Lernen ist und daß es gut ist, solange sie irgend etwas für das nächste Mal daraus gelernt haben.

Das ist einer jener typischen Bereiche, in denen die Männer »mitschuldig« sind. Ihr Zwang, der ihnen zugewiesenen Rolle gerecht zu werden und sich, wenn sie unsere Probleme nicht lösen können, äußerst unzulänglich zu fühlen, ist sogar noch größer als der unsere, alles für sie festlegen, fixieren zu wollen. Aber auch hier gilt wiederum, daß alle Betroffenen am meisten profitieren, wenn wir zuerst und zuvorderst unser eigenes Verhalten ändern . . . nicht das ihre.

7. Wir fordern häufig Intimität aus ungesunden Gründen heraus.

Viele von uns haben eine tiefsitzende Angst, ohne Mann zu sein. Allein im Leben, erfahren wir ein unterschiedliches Ausmaß an Leere, Verlust und Verzweiflung. Wenn wir von diesem schmerzhaften Gefühl befallen werden, suchen wir verzweifelt nach einem anderen Menschen, der all diese Lücken in uns füllt und die Schmerzen verschwinden läßt. Wir stellen jedoch fest, daß diese Art von »Halt« niemals hält; er maskiert nur den Schmerz.

Ich ordne diese schmerzhaften Gefühle dem zu, was Dr. Roberto Assagioli, der Vater der Psychosynthese, als »göttliches Heimweh« bezeichnet, ein Zustand, der dann entsteht, wenn wir, oft unbewußt, den Kontakt mit unserer eigenen Mitte, mit unserem Sein verloren haben. Wir sind wahrhaft verloren. Wir sind weit von unserer eigenen inneren Heimstatt abgedriftet.

Dieses göttliche Heimweh hat gewaltige Auswirkungen auf unsere intimitätsbezogenen Erwartungshaltungen. Aufgrund unseres Bindungsbedürfnisses kann eine durch Schweigen bedingte Stille in der Gegenwart eines anderen Menschen für uns qualvolle und unerträgliche Ausmaße annehmen. Sind unsere Männer nun still, weil sie mit Lesen, ihren eigenen Gedanken oder was auch immer beschäftigt sind, wird unser Gefühl der Isolation aktiviert und auf den Plan gerufen. Manchmal können wir uns in der Gegenwart eines anderen Menschen einsamer fühlen, als wenn wir tatsächlich allein sind!

Was daraus folgt, ist Verletztheit, Enttäuschung und Wut, mitunter Zorn, daß die andere Person nicht unsere Lücken ausfüllt. Und die Verurteilung beginnt. Wir sind überzeugt, daß ein anderer Mann unsere Bedürfnisse besser erfüllen würde. Wir versuchen, die Männer zu wechseln, aber das Muster bleibt das gleiche. So gelangen wir am Ende zu der Überzeugung, daß Männer im allgemeinen entsetzliche Mängel aufweisen, wenn es um die Erfüllung unserer Bedürfnisse geht. Das ist dann die Geburtsstunde der Stereotype.

Viele der Teilnehmerinnen in meinen Workshops identifizierten sich mit diesem Gefühl. Eine berichtete, daß ihre Art, mit dieser Leere umzugehen, die gewesen sei, einen Streit über irgend etwas vom Zaun zu brechen. Alles war besser als diese Stille! Auch wenn es hierdurch keine Intimität gab – nur Frustration und Wut –, so gab es doch wenigstens eine Verbindung. Eine andere Teilnehmerin erzählte, ihr Freund würde nicht einmal auf ihre Versuche, einen Streit anzuzetteln, reagieren. Je selbstbeherrschter er blieb, desto boshafter wurden ihre verbalen Attacken – jedes Mittel war recht, um ihm nur eine Reaktion zu entlocken. Sie meinte, es sei ein Wunder, daß er sie nicht umgebracht hätte!

Sie fragen sich vielleicht, warum Männer ein Schweigen scheinbar besser ertragen können als wir. Bei einigen ist dies nicht so. Aber viele Männer wurden dazu erzogen, so viele ihrer Gefühle zu verbergen, daß sie sich – verallgemeinernd gesprochen – wohler fühlen, wenn sie nicht aus sich herausgehen müssen. Unser permanentes Mitteilungsbedürfnis kann für sie in der Tat ein unsicheres Terrain bedeuten, da dies nicht gerade ein Bereich ist, in dem sie sich allzu erprobt und tüchtig fühlen.

Glücklicherweise haben viele von uns Frauen gelernt – oder sind dabei zu lernen –, wie wir den Kontakt mit jenem Ort in unserem Innern aufnehmen können, und für uns kann das Alleinsein eine Freude sein. Kein Bedürfnis nach dem Radio, dem Fernseher, dem Telefon. Wir haben gelernt, daß Stille etwas Wundervolles sein kann, ob wir nun allein oder mit jemandem zusammen sind.

Es bedarf einer aufrichtigen Entschlossenheit, um zu lernen, wie man jene essentielle Verbindung zu unserem inneren Selbst herstellt. Aber auch wenn uns dies gelungen ist, ist weiterhin Wachsamkeit geboten. Denn es gibt so viele Kräfte, die uns von unserer Mitte wegzuziehen scheinen. Wir lassen uns von Äußerlichkeiten gefangennehmen – unseren Besitztümern, den gesellschaftlichen Erwartungshaltungen, unserem Status- und Machtstreben und unseren Beziehungen, um nur einige wenige zu nennen. Wir müssen lernen, bewußt wahrzunehmen, wann wir uns von unserem inneren Gefühl des Friedens und der Kraft und Macht entfernen. Wir können nicht jemand anderen anschauen und erwarten, daß er unsere stillen Schreie hört. Sobald wir in der Lage sind, auf unseren eigenen Hilferuf zu antworten, müssen wir uns nie wieder einsam fühlen.

8. Wir haben zuviel Angst, unsere Identität zu verlieren, um wirklich einen Mann an uns heranzulassen.

In den letzten Jahren hat sich eine neue Kategorie von Frauen herauskristallisiert – die »Frau ohne Bedürfnis«. In unserem verzweifelten Kampf, unser Abhängigkeitsstreben abzuschütteln, haben viele von uns ihre Unabhängigkeit in ein Extrem ausgedehnt. Nachdem wir so hart daran gearbeitet haben, auf unseren eigenen Füßen zu stehen, sind wir überängstlich, in alte Muster zurückzufallen. Das Ergebnis davon ist, daß wir jenen Teil in uns selbst verschließen, der normale menschliche Bedürfnisse hegt.

Wir stellen fest, wann immer wir uns mit einem Mann einlassen, daß alte Abhängigkeitsmuster in uns auftauchen. Wiederum sitzen wir wartend am Telefon, tritt unsere berufliche Karriere in den Hintergrund, suchen wir seine Zustimmung und Anerkennung und so weiter. Panik ergreift uns, und wir verschließen unser Herz gegenüber der Person, die wir gerade erst begonnen haben zu lieben. Dies ist oftmals der Zeitpunkt, an dem wir das Ende der Beziehung bereits vorzeichnen, indem wir entweder selbst die Flucht ergreifen oder so feindselig werden, daß er den Entschluß faßt, seinerseits die Beziehung zu beenden.

Was für diese Frau »ohne Bedürfnis« alles nur noch schlimmer macht, ist, daß unter jenem unabhängigen Äußeren sich ihr Bedürfnis nach Liebe und Fürsorge durchzusetzen beginnt und sie nunmehr härter und härter arbeiten muß, um ihre unabhängige Haltung zu wahren. Bewußt oder unbewußt muß sie stets auf der Hut sein, ihre neugefundene Stärke zu schützen.

Eine Frau meines Workshops erinnerte sich an ein Vorkommnis, welches typisch für eine solche Frau ist:

> Ich erinnere mich, daß ich eines Abends über etwas, das in Zusammenhang mit meinem Sohn vorgefallen war, weinte. Mein Freund, der nicht die leiseste Ahnung hatte, um was es ging, kam zu mir herüber, um mich zu trösten. Er sagte: »Leg deine Arme um mich. Laß mich dich festhalten. Erzähl mir, was los ist.« Ich saß da, zusammengekauert, meine Arme fest vor der Brust verschränkt. Ein Bulldozer hätte meine Arme nicht auseinanderziehen können. Ich konnte ihn einfach nicht an mich heranlassen. Inzwischen ist mir bewußt, daß ich unter all meiner vorgetäuschten Unabhängigkeit den inständigen Wunsch hatte, meine Arme zu öffnen und seine Liebe hineinzulassen. Aber ich hatte eine solche Angst davor, irgend jemanden zu brauchen, daß ich das Gefühl hatte, ich würde buchstäblich sterben, wenn ich meine Arme öffnete. Es war, als ob mein Leben auf dem Spiel stünde. Erst viele Jahre später gewann ich ein so starkes Maß an Selbstvertrauen, daß ich jemanden vertrauensvoll an mich heranlassen konnte, ohne damit zuzulassen, daß er mich von mir selbst wegnahm.

Eine Frau machte sich ihre unabhängige Haltung als Ergebnis der ihr vorgelebten Beziehung zwischen ihren Eltern zu eigen:

> Ich war noch nie ein sehr abhängiger Mensch. Meine Mutter ist jedoch abhängig. Meine Eltern haben eine recht passable Beziehung, zumindest oberflächlich betrachtet. Aber ich hasse es, was ich in dieser Beziehung sehe. Ich sehe meine Mutter als sehr dominiert von meinem Vater, und ich möchte niemals eine Beziehung wie diese haben. Als Ergebnis dessen bin ich jemand mit einem sehr ausgeprägten Selbstbehauptungstrieb. Und wenn davon die Rede ist, irgend jemanden an sich heranzulassen, merke ich, wie alle möglichen Ängste mich beschleichen. Ich würde sehr gerne intim mit jemandem sein, es ist für mich aber zu erschreckend und beängstigend.

Wenn wir uns die Haltung einer extrem unabhängigen Frau zu eigen machen, schieben wir Männer von uns weg. Weder unseren Freundinnen noch uns selbst gestehen wir ein, welche Bedürfnisse in unserem Innern sind. Liebe und Fürsorge zu akzeptieren ist zu beängstigend, da es uns an den Schmerz der Hilflosigkeit erinnert ... den Schmerz des Kind-Ichs. Vielleicht ist unsere Isolation ein notwendiger Schritt, um dorthin zu kommen, wo wir hin möchten. Mitunter müssen wir neue Verhaltensweisen übertreiben, bis sie uns zu unserer zweiten Natur geworden sind. Erst dann können wir uns ein wenig entspannen und die Abwehrmechanismen fallenlassen. In diesem Sinne kann unsere extreme Unabhängigkeit als Teil eines gesunden Vorwärtskommens betrachtet werden.

Sicher ist jedoch, solange wir nicht auf einem festen Selbstvertrauen fußen, werden unsere Herzen verschlossen bleiben. Und wenn wir unsere Herzen gegenüber Männern verschließen, weil wir entschlossen sind, ihnen und dem Rest der Welt zu zeigen, wie stark wir sind, dann ist Intimität unmöglich. Wenn wir uns normale menschliche Bedürfnisse nicht zugestehen können, so können wir auch nicht intim sein.

9. Wir konkurrieren mit ihnen und müssen das letzte Wort haben.

Als ehemalige Meisterin in Sachen Selbstgerechtigkeit weiß

ich sehr wohl um dieses Hindernis für eine intime Beziehung. Es ist keine Frage, daß unser Bedürfnis, recht zu haben, unserer Fähigkeit, dem, was die andere Person sagt, zuhören zu können, im Wege steht. Wir sind so sehr darauf erpicht, die Richtigkeit unseres Standpunktes zu beweisen, daß die einfachste Diskussion zu einer wahren Schlacht eskalieren kann oder, abhängig von dem Mann, diesen vollends zum Verstummen bringen kann.

Wie bereits an früherer Stelle dargelegt, stehen diejenigen von uns, die sich nach wie vor sehr unsicher in bezug auf ihre eigene Person fühlen, unter einem manischen Zwang, ihren Standpunkt rechtfertigen und behaupten zu müssen. Je minderwertiger wir uns fühlen, desto selbstgerechter werden wir. Es bedarf einer Menge Arbeit an unserem Selbstwertgefühl, ehe wir uns stark genug fühlen, von unseren Abwehrmechanismen abzulassen. Mit einer Wand läßt sich eine intime Beziehung nur sehr schwer erreichen!

10. Wir »sehen« ihr Bemühen um Verbundenheit nicht, wenn es uns nicht in unseren Kram paßt.

Die meisten Männer suchen wirklich eine Verbundenheit mit uns, auch wenn das auf einer verbalen Ebene oft schwierig ist. Sie versuchen Intimität und Nähe auf vielen anderen Wegen zu erreichen, obwohl wir dies vielleicht nicht unbedingt erkennen. Ich bat die Männer in meinen Kursen, zu erzählen, wie sie Intimität gegenüber Frauen zum Ausdruck bringen. Einige ihrer Antworten:

- Sexualität
- Geschenke
- Berührungen
- Zuhören
- Zeit mit ihnen verbringen
- Über die Ereignisse des Tages sprechen
- Sich um sie kümmern
- Telefonanrufe

Wir verkennen häufig, daß all das Versuche sind, eine Nähe herzustellen. Ja, manchmal stoßen wir diese Versuche der Männer sogar zurück, vor allem im Bereich der Sexualität. So klagte zum Beispiel eine der Kursteilnehmerinnen, daß jedesmal, wenn sie mit ihrem Freund einen Streit austrage, ihn dies sexuell errege und er sie lieben möchte. Gewöhnlich ist ihre Antwort: »Rühr mich nicht an, du Tier! Wie kannst du mich lieben wollen, wenn wir mitten in einem Streit sind!« Ich wies sie darauf hin, daß dies einfach sein Versuch sei, mit ihr intim zu sein. Die Verärgerung, die Wortgefechte mit sich bringen, ist für Männer oftmals sehr schmerzhaft und verwirrend. Weil sie häufig Probleme haben, über Worte Nähe herzustellen, suchen sie manchmal im Sex Zuflucht, den sie mit Nähe assoziieren. Ein Mann in der Gruppe lächelte und meinte, seine Frau würde bewußt Streitigkeiten anfangen, weil sie genau wüßte, daß an deren Ende Sex stünde. So, wie Männer mitunter Sex als Kommunikationsmittel benutzen, benutzen Frauen mitunter Streitigkeiten als Kommunikationsmittel. Was auch immer der Verbindung dient!

Sie erkennen, daß Männer in vielfältiger Weise Nähe suchen, aber wir haben uns mitunter einer Form verschrieben. Wir konzentrieren uns nicht genug auf das, was Männer für uns tun, sondern statt dessen darauf, was sie nicht tun. Infolgedessen dominieren in unseren Gefühlen die Mängel in der Beziehung statt daß die Fülle dominiert, die oft in ihnen vorhanden ist.

11. Wir sind im Hinblick auf viele Fragen verwirrt und senden häufig gemischte, widersprüchliche Signale aus.

Wir befinden uns in einer Phase des Übergangs. Wir sind dabei, eine ungesunde Art des Umgangs mit uns selbst und mit anderen aufzugeben und nach einem befriedigenderen Weg zu suchen. Übergang bedeutet aber automatisch Verwirrung. Wie schon in Kapitel 1 gesagt, glaube ich, daß diese Verwirrung einfach ein Teil des Prozesses ist, um Klarheit zu gewinnen; im Zustand der Verwirrung sind wir aber mitnichten imstande, klare und unmißverständliche Signale auszusenden

– weder uns selbst noch anderen gegenüber. Wir belügen uns in Wahrheit sehr oft selbst. In dem Bemühen, stark zu werden, leugnen wir das menschliche Bedürfnis nach Anlehnung, Bindung und Fürsorge; und in dem Bemühen, jemanden zu finden, der sich um uns kümmert, leugnen wir im Umkehrschluß unsere innere Stärke. Beides bedingt, daß wir verwirrt und irritiert darüber, wer wir wirklich sind, zurückbleiben.

Aber noch verwirrter sind die Männer, die uns glücklich machen möchten. Das ist die Zeit des »So-oder-so-was-sie-machen-ist-falsch«-Syndroms. »Glaubst du nicht, ich kann mich um mich selbst kümmern!?!« Gleichzeitig, bewußt oder unbewußt, werden wir feindselig, wenn wir das Gefühl haben, daß man sich nicht um uns kümmert. Unser Verhalten kann zum Verrücktwerden sein!

Solange wir nicht sicherer geworden sind, wer wir sind und was wir im Leben wirklich möchten, werden unsere Signale weiterhin gemischter Natur sein und es für Männer sehr schwierig machen, sich uns auf einer intimen Ebene zu nähern. Das ist weder gut noch schlecht, es ist einfach so. Es bedeutet nicht, daß wir alles rundherum geschafft haben müssen, ehe eine intime Beziehung möglich ist; es bedeutet aber sehr wohl, daß wir an den Punkt kommen müssen, an dem wir die Verantwortung für unser eigenes Leben übernehmen und erkennen können, daß, wenn wir verwirrt sind, dies etwas mit uns und nicht mit ihnen zu tun hat. An diesem Punkt angelangt, wenn wir frei von Verurteilungen sind, können wir zumindest beginnen, unsere tiefe Verwirrung und unsere Sorgen mit den Männern, die wir lieben, zu teilen, statt ihnen die Schuld für alles anzulasten, was in unserem Leben nicht in Ordnung ist.

Die Herausforderung einer Selbsterforschung können wir mit einigen Tagebuchaufgaben in Angriff nehmen. Beginnen Sie damit, beispielsweise folgende Aussagen in einem Notizbuch zu ergänzen:

Ich verberge vor mir selbst die Tatsache, daß ...
Ich verberge vor dir die Tatsache, daß ...

> Wovor ich am meisten im Leben Angst habe, ist ...
> Was mich am glücklichsten im Leben macht, ist ...
> Was mich am meisten im Leben verwirrt, ist ...

Nehmen Sie sich für jede Aussage mindestens eine halbe Stunde Zeit, und schreiben Sie auf, was immer Ihnen in den Sinn kommt, auch wenn es sich noch so albern anhören mag. Wenn Sie weiterschreiben, werden Sie bald das Rationale in Ihrem Geist überwunden haben, welches das blockiert, was in Ihrem Innern vor sich geht. Arbeiten Sie regelmäßig mit Ihrem Tagebuch, so daß Sie allmählich jene bisher sorgsam gehüteten Geheimnisse aufdecken können.*

Wir müssen mit uns selbst Geduld haben, bis diese Art von Ehrlichkeit durchscheinen kann. Erst dann wird es uns möglich sein, direkter nach unseren Bedürfnissen zu fragen, die wir befriedigt sehen möchten. Intimität erfordert, daß wir den Kern dessen, wer wir sind, hervorbringen. Ohne die blasseste Vorstellung, was in unserem Innern vor sich geht, ist Intimität äußerst schwierig.

12. Wir reden zuviel.

Oh, ja! Frauen können wundervoll wortgewandte Wesen sein. So wundervoll, daß es für die weniger Wortgewandten unter uns schwierig ist, auch nur zu Wort zu kommen! Eine Kursteilnehmerin erzählte folgendes von ihrer Erfahrung mit ihrem, wie sie es nannte, »großen Mundwerk«:

> Zu Beginn meines Verhältnisses mit Joe dachte ich, daß unsere Gespräche herrlich seien, bis mir eines Tages bewußt wurde, daß ich die ganze Zeit Monologe hielt! Ich nahm mir vor, fortan nicht mehr so viel zu reden (was mir nicht leichtfiel) und zu sehen, ob ich ihm dadurch den Platz ließe, daß er etwas darüber sagen könnte, was in ihm vor sich ging. Am Anfang bereitete ihm meine ruhigere Art Unbe-

* Tagebuchschreiben kann sehr befriedigend und offenbarend sein. Vielleicht haben Sie sogar Lust, an Workshops teilzunehmen, die sich speziell mit Tagebuchschreiben befassen.

hagen, und er fragte fortwährend, ob irgend etwas nicht in Ordnung sei. Ich versicherte ihm, daß dem nicht so sei, und sagte ihm, daß ich gemerkt hatte, daß ich den Großteil des Redens übernahm und ihm überhaupt keinen Platz gelassen hatte, sich mir gegenüber zu öffnen. Er erwiderte, er würde mir sehr gerne zuhören. Ich sagte ihm, auch ich würde ihm sehr gerne zuhören. Es dauerte eine Weile, aber schon bald begann er, sich zu öffnen. Und je besser ich mit Stille umzugehen lerne, desto mehr öffnet er sich seltsamerweise. Inzwischen ist der gegenseitige Austausch wesentlich paritätischer.

Einige von uns Frauen haben das unwiderstehliche Bedürfnis, die Lücke zu füllen, wenn ein Moment der Stille eintritt. Wir müssen es lernen, uns einen Reißverschluß an unseren Mund zu machen, um den weniger wortgewandten Männern überhaupt eine Chance zum Sprechen zu geben. Das soll nicht heißen, daß nicht auch der umgekehrte Fall eintreten kann. Von Männern ist ebenso bekannt, daß sie die Gespräche an sich reißen, aber in Wahrheit fühlen wir uns dabei wohler, als wenn sie schweigen – genau wie wir uns weniger isoliert fühlen, wenn es irgendein Geräusch im Zimmer gibt.

13. Wir gehen oft mit dem, was sie uns erzählen, nicht vertrauensvoll um.

Wie gesagt, sind wir unseren Freundinnen gegenüber wesentlich offener als Männer gegenüber ihren Freunden. Das bedingt aber auch, daß wir mit ihren »Geheimnissen« offener sind. »Du meinst, du hast Jeannie erzählt, was ich dir gesagt habe!« Und in der Tat haben wir Jeannie das erzählt, was er uns gesagt hat! Bei dem, was wir unseren Freundinnen erzählen, bleibt wenig ausgespart. Und die Männer spüren das. Sie sind somit vorsichtig mit dem, was sie uns erzählen. Männer fühlen sich einfach nicht wohl damit, anderen das mitzuteilen, was in ihnen vor sich geht, manchmal nicht einmal ihren engsten Freunden.

Das erfuhr ich sehr deutlich, als ich mit Josh zusammen

war, einem verbal sehr offenen, aber emotional verschlossenen Mann. Eines Samstagnachmittags, als Josh zum Markt gegangen war, rief Al, einer seiner besten Freunde, an. Al und Josh waren seit zwanzig Jahren befreundet, und sie sprachen fast täglich miteinander. So war es für mich etwas ganz Natürliches, Al die Wahrheit zu sagen, als er fragte: »Und, wie geht's mit eurer Beziehung?« Die Wahrheit war, daß es mit der Beziehung nicht sonderlich gut ging. Als Josh dann später nach Hause kam, richtete ich ihm aus, er möge doch Al zurückrufen. Er erkundigte sich, über was wir gesprochen hätten, und ich wiederholte den Inhalt unseres recht kurzen Gespräches. Zu meiner Überraschung brauste er auf: »Wie kommst du dazu, ihm irgend etwas davon zu erzählen, was zwischen uns vor sich geht! Das geht ihn überhaupt nichts an!« Mir wurde hiernach bewußt, so eng Josh und Al auch befreundet waren, sie sprachen nie wirklich darüber, was jeweils in ihrem Leben ablief.

Bei meinen Freundinnen und mir war das zweifellos anders. Wir wußten alle ganz genau, was in unseren Beziehungen und auch ansonsten weitestgehend in unserem Leben jeweils passierte. In jenem Augenblick verspürte ich eine große Traurigkeit für Josh, als mir klarwurde, wie allein er sich fühlen mußte, so durchs Leben zu gehen, ohne jemanden zu haben, dem er sich offenbaren konnte. Für mich war es demgegenüber wohltuend und eine große Hilfe, daß meine Freundinnen und ich so vieles aus unserem Leben gegenseitig miteinander teilten.

Der springende Punkt ist jedoch, daß, wenn Männer fürchten, daß das, was sie uns erzählen, aus der Beziehung hinaus weitergetragen wird, es wohl eine schlüssige Reaktion ihrerseits ist, vorsichtiger mit den Dingen zu sein, die sie uns gegenüber offenbaren. Wenn wir also möchten, daß sie sich uns gegenüber öffnen, kommen wir nicht umhin, ihr Bedürfnis nach einer geschlossenen Privatsphäre mehr zu respektieren.

Darüber hinaus haben sich Männer sowohl auf beruflicher als auch auf privater Ebene mir gegenüber darüber beschwert, daß das, was sie sagen, oft später, in hitzigen Momenten, gegen sie verwendet wird. Es ist, als ob wir Munition sammelten, die wir dann abfeuern, wenn sich Streitigkeiten ergeben. Männer staunen häufig über unser unbeschreibliches Gedächtnis. Wenn sie sich nicht einmal daran erinnern können, bestimmte Dinge gesagt zu haben, so wissen wir noch ganz genau das Datum, die Uhrzeit und was jeder von uns getragen hat! Auch das wiederum signalisiert unseren Männern, daß sie abwägen müssen bei dem, was sie uns erzählen. Um Intimitäten nicht von vorneherein im Keim zu ersticken, müssen Männer darauf vertrauen können, daß Dinge, die sie uns sagen, nicht später als Bumerang zurückkommen. Wir müssen lernen, mit unseren Bemerkungen jeweils beim Thema zu bleiben, statt alte »Beweise« aus der Vergangenheit hervorzukramen.

14. Wir sind oftmals wahrhaftig, aber nicht immer ehrlich, was unsere Motivation für unsere Wahrhaftigkeit angeht.
Eine Kursteilnehmerin wartete mit ihrer eigenen Definition von Intimität auf: Offenheit, ohne den Versuch zu kontrollieren. Für eine wahre Intimität ist es notwendig, daß unser einziges Motiv darin besteht, das Wesen dessen, wer wir wirklich sind, mit jemand anderem zu teilen. Dies ist aber in Wirklichkeit selten der Fall. In Zusammenhang mit unseren Männern habe ich festgestellt, daß wir dann meistens mit unserer »Ehrlichkeit« ankommen, wenn irgend etwas uns belastet. »Ich sage dir einfach nur, wie ich mich fühle!« Sehr oft geht es bei unserer Ehrlichkeit in Wahrheit um Manipulation und Kontrolle, oder sie hält dazu her, jemanden zu verletzen oder zu maßregeln. Eine Frau, die alles versuchte, um ihre Ehe zu retten, sagte, sie habe gedacht, sie sei die beste Freundin ihres Mannes, bis sie anfing, sich das, was sie tat, einmal tatsächlich anzuschauen. Unter dem Deckmantel der Ehrlichkeit war sie häufig brutal verletzend. Sie erzählte uns:

> Das, was ich zu ihm sagte, entsprach zwar der Wahrheit, meine wahren Absichten waren aber nicht, mich ihm wirk-

lich mitzuteilen, sondern sein Ego zu demolieren. Wenn ich darüber nachdenke, warum hätte er mir jemals irgend etwas erzählen sollen? Ich kann in Gesprächen für ihn eine derart vernichtende Person sein, da ich ihm jeweils all die Dinge sagen möchte, die in meinen Augen schrecklich an ihm sind. Wer hat schon das Bedürfnis, das zu hören? Ich hätte ihn gehaßt, wenn er das gleiche mit mir gemacht hätte. Nur ein Masochist hätte sich eine intime Beziehung mit mir gewünscht. Jemand, der süchtig nach Strafe ist!

Ich wies sie darauf hin, daß ihre Erkenntnis der erste Schritt zur Änderung war. Aber ich warnte sie auch, nicht zu hart mit sich selbst ins Gericht zu gehen. Es ist schon wahr, daß wir manchmal darüber entsetzt sein können, was wir da sehen, wenn wir jenen ersten Blick in den Spiegel werfen. Aber auch hier wiederum sei daran erinnert, daß wir nicht vergessen sollten, daß wir uns alle nach besten Kräften bemühen. Wenn wir uns auf eine Weise verhalten, die mangelnde Integrität offenbart, so geschieht dies aufgrund unserer eigenen Unsicherheiten und Ängste. Daraus folgt, daß unser nächster Schritt darin bestehen sollte, an einer Verbesserung unseres Selbstwertgefühls zu arbeiten.

In der Zwischenzeit gilt, daß wir wachsam bleiben und uns bewußt erleben müssen. Und wenn wir zum Angriff übergehen, müssen wir in der Lage sein, zu verstehen, was da vor sich geht. In solchen Situationen wäre es hilfreich zu sagen: »Aus irgendeinem Grund fühle ich mich jetzt im Augenblick sehr bedürftig. Das ist die Ursache, warum ich dich angreife.« Diese Bewußtheit öffnet die Tür zur Intimität. Dieses Öffnen ermöglicht es Ihrem Partner wenigstens zu sagen: »Was ist es, das du in diesem Augenblick brauchst?« Greifen wir einfach nur an, dann endet das Ganze in einem einzigen riesigen Streit, der das völlig maskiert, was wirklich abläuft.

Ich könnte noch weitere Beispiele anführen, denke aber, daß Sie sich inzwischen ein Bild machen konnten und wissen, worum es geht. Wenn wir uns intimere Beziehungen mit den Männern in unserem Leben wünschen, müssen wir lernen, wie wir ihnen wahre Freundinnen sein können – genau wie wir dies auch den mit uns befreundeten Frauen sind. Bei jedem Gespräch mit einem Mann, der in Ihrem Leben eine Rolle spielt, sollten Sie sich folgende Fragen stellen:

Wenn ich jetzt mit meiner besten Freundin spräche, was würde ich sagen?
Wenn ich jetzt mit meiner besten Freundin spräche, wie würde ich reagieren?
Wenn ich jetzt mit meiner besten Freundin spräche, wie würde ich zuhören?
Wenn ich jetzt mit meiner besten Freundin spräche, wie würde ich mich durchsetzen wollen?
Wenn ich jetzt mit meiner besten Freundin spräche, wie liebevoll würde ich mich verhalten?

Dann verhalten Sie sich genauso bei dem Mann in Ihrem Leben. Lassen Sie es zu, daß jemand Ihnen sagt, wer er ist, und seien Sie da, um ihn zu unterstützen, als ob er Ihre »beste Freundin« wäre. Es geht darum, Ihr Herz zu öffnen und zu erkennen, daß da jemand ist, der sich bemüht, sein Bestes zu geben. Wenn wir uns daran machen, unser Verhalten zu ändern, indem wir uns auf die vierzehn zuvor genannten Punkte konzentrieren, werden wir langsam, Schritt für Schritt, jene Muster verändern, die Ursache für die Trennung sind. Und wer weiß? Vielleicht verbirgt sich ein Seelengefährte hinter der Maske!

Affirmationen zur Förderung der Intimität

- Ich öffne mich für das Beste in meinem Innern.
- Ich bin ein liebender und ein akzeptierender Mensch.
- Ich höre zu, und ich höre.
- Ich öffne mein Herz, um aufzunehmen.
- Ich gewinne mit jedem Tag mehr Vertrauen.
- Ich schaffe die Grundlage für eine herrliche Beziehung.
- Ich liebe dich so, wie du bist.
- Ich sehe das Gute und Schöne in dir.

– Ich unterstütze, wer du bist.
– Alles, was ich brauche, habe ich in meinem Innern.
– Ich bin deine beste Freundin.
– Ich bin meine beste Freundin.
– Ich bin auf deiner Seite.
– Ich gewähre deiner Liebe Einlaß.
– Ich akzeptiere, daß wir uns beide bemühen, unser Bestes zu geben.
– Ich sende dir liebevolle Gedanken.
– Ich entscheide mich, glücklich statt »im Recht« zu sein.

Kapitel 7

Aber du hast doch versprochen

Als der wundervollste Mann, den ich je gekannt hatte, mich wegen etwas aus seiner Vergangenheit belog, war ich wie am Boden zerstört. Das, was da in seiner Vergangenheit gewesen war, belastete mich nicht; aber sein diesbezügliches Lügen tat es. Obwohl die Beziehung noch nicht lange dauerte, war ich sicher, endlich einen Mann gefunden zu haben, dem ich von ganzem Herzen vertrauen konnte . . . um dann herauszufinden, daß er ein verlogener Schuft war! Ich konnte es nicht ertragen!

Seine verzweifelten Worte: »Ich hatte Angst, ich würde dich verlieren, wenn du es erfahren würdest!« schienen meine Verachtung für ihn nur noch wachsen zu lassen. Selbstgerecht bezichtigte ich ihn, ein erbärmlicher Feigling zu sein. Meine Verletzung und meine Enttäuschung waren so stark, daß ich die Beziehung beinahe auf der Stelle beendet hätte. Aber die Erfahrung hatte mich glücklicherweise gelehrt, eine derart überstürzte Entscheidung nicht in einem so erregten Zustand zu treffen.

Das Bewußtsein, daß ich ihm nicht mehr voll vertrauen konnte, brachte mich während der nächsten Tage an den Rand der Verzweiflung. Meine Wut war mitunter unkontrollierbar. Ebenso meine Traurigkeit. Denn, wenn er mich einmal enttäuscht hatte, dann konnte es auch wieder passieren. Wie konnte ich jemanden lieben, dem ich nicht vertrauen konnte? Wurde uns nicht beigebracht, daß Vertrauen zu den wichtigsten Dingen in einer Beziehung gehört?

Eine weitere beunruhigende Frage bohrte in den Tiefen meiner Verzweiflung. Er war wirklich ein unglaublich wundervoller Mensch. Ich wußte, daß ihm alles sehr naheging. Ich wußte, daß unsere Beziehung ihm wichtig war. Ich wußte, daß er in seinem tiefsten Innern wirklich das Beste für mich wollte. Ich fragte mich, angesichts all dieser Dinge, wenn ich ihm nicht vertrauen konnte, wem konnte ich dann vertrauen? Der Moment der Erleuchtung kam für mich, als eine innere Stimme antwortete: »Wahrscheinlich niemandem!«

Ich wollte das nicht hören. Die daraus erwachsenden Konsequenzen waren zu beängstigend. Denn, würde volles Vertrauen eine meiner Bedingungen für eine Beziehung sein – und das war es –, würde ich wahrscheinlich für den Rest meines Lebens allein bleiben. Nicht, daß ich gedacht hätte, ich könnte, auf mich allein gestellt, nicht überleben. Ich wußte, das konnte ich. Ich hatte ja viele Jahre lang erfolgreich und sehr glücklich überlebt. Aber ich war inzwischen an einem Punkt in meinem Leben angekommen, an dem ich mir eine liebevolle Beziehung mit einem Mann wünschte und möglicherweise wieder heiraten wollte. Nun war ich also zu einigen ernsthaften Überlegungen in bezug auf meine Haltung, was die Frage des Vertrauens anging, aufgefordert. Wenn ich meine Denkweise änderte, würde es mir vielleicht erspart bleiben, den Mann wechseln zu müssen!

Als erstes fragte ich mich: »Warum fühlen sich so viele von uns in einem solchen Maße betrogen, wenn ihre Männer nicht die Wahrheit sagen? Warum dieses so unglaublich tiefe Verletztsein?« Mir kam der Gedanke, daß wir die Frage des Vertrauens im Zusammenhang mit unseren Männern vielleicht etwas überbetonen. Von ihnen erwarten wir eine hundertprozentige Wahrhaftigkeit. Vielleicht bedeutet eine mit hundert Prozent verbundene Erwartungshaltung gegenüber irgendeinem anderen Menschen bereits automatisch Probleme. Vielleicht ist die verbissene Art und Weise, wie wir uns an diese Vorstellung von Vertrauen klammern, bereits selbst- und beziehungszerstörerisch.

Dann fragte ich mich: »Erwarte ich von jedem Menschen in meinem Leben, daß ich ihm hundertprozentig vertrauen kann?« Meine Gedanken schweiften unmittelbar in jene Zeit zurück, als meine Kinder noch klein waren. Sie logen ständig, offen und unverblümt. Ohne Spitzfindigkeit und Raffinesse. »Wir haben den Aschenbecher nicht kaputt gemacht, das war die Schildkröte!« Ich hatte sogar überlegt, ob ich ihre Lügen für die Nachwelt aufschreibe, weil sie teilweise einfach clever waren.

Aber trotz all ihrer Lügen habe ich niemals aufgehört, sie zu lieben. Als verantwortungsbewußte Mutter machte ich ihnen natürlich die Hölle heiß. Innerlich mußte ich jedoch stets lachen, Kinder sind schließlich Kinder. Sie versuchen alles, um sich zu schützen. Und am Ende zog ich die Parallele – ob Sie sie mögen oder nicht –, auch Erwachsene sind schließlich Kinder. Sie sehen zwar alle erwachsen aus, aber ihr Ego ist gelegentlich auf dem Sandkastenniveau steckengeblieben. Aus Angst, etwas zu verlieren, das ihnen sehr am Herzen liegt, flüchten sie sich manchmal aus Gründen des Selbstschutzes in ein oder zwei Lügen.

Nachdem ich soweit gekommen war, schaute ich in meinen Spiegel und fragte: »Spieglein, Spieglein an der Wand, wer ist die Ehrlichste im ganzen Land?« Der Spiegel antwortete, das sei wahrscheinlich irgendeine kleine alte Dame tief im Herzen von Kansas, aber mit Sicherheit nicht ich! Der Spiegel war mir auf die Spur gekommen. Ja, ich hatte hie und da schon einmal gelogen, um meine Haut zu retten. Und hatte ich Mark alles aus meiner Vergangenheit erzählt? Das hatte ich in der Tat . . . nun, von jenen wenigen Dingen abgesehen, von denen ich nicht wollte, daß er sie wußte. Und obwohl ich mich redlich bemühte, ich konnte einfach keine einleuchtende Erklärung für mein Lügen finden. Ich mußte am Ende zugeben, daß ich nichts anderes tat, als das gleiche Spiel zu spielen, das er gespielt hatte – Selbstschutz.

Der Spiegel offenbarte mir noch etwas anderes. Wenn die Wahrheit ans Licht käme, würde sich trotz allem unter meinem selbstgerechten Zorn ein Gefühl der Erleichterung durchsetzen. Wohl etwas, das mit Freiheit zu tun hat. Ich hatte mich so sehr bemüht, mich in diese Beziehung mit einem unnatürlichen Maß an Perfektion einzubringen. Ich fühlte mich allmählich beklemmt, eingepfercht und unterdrückt – als ob das Damoklesschwert einer lebenslangen Strafe über mir schwebte. Es ist sehr einengend, perfekt sein zu wollen. Daß ich seine Lüge aufgedeckt hatte, befreite mich aus meinem mir selbst auferlegten Gefängnis, und ich durfte wieder ein Mensch sein. Ich meine dies nicht in einem »Jetzt-kann-ich-auch-lügen«-Sinne, sondern nur im Sinne von »Nun komm, wir machen alle Fehler«. Der Versuch, selbstauferlegten unerreichbaren Maßstäben gerecht werden zu wollen, kann ein starkes Gefühl des Gefangenseins erzeugen!

Vielleicht geht ein Anspruch auf volles Vertrauen über die Grenzen des Angemessenen, Vernünftigen hinaus. Warum konnte ich nicht das gleiche Verständnis aufbringen, das ich für meine Kinder und mich hatte, als der Mann in meinem Leben mich anlog? Ich glaube, es hängt wohl mit der grundlegenden Unsicherheit zusammen, welche viele Frauen empfinden.

Wir versuchen, über unsere Partner Ganzheit zu finden; das bedeutet, daß wir nicht nur Angst vor dem Verlassenwerden haben, sondern auch davor, ihn – im Sinne des aktiven Handelns – zu verlassen. Aus unserer Angst vor dem Verlassenwerden erwächst unser Besitz- und Kontrollstreben. Aus unserer Angst vor dem eigenständigen Verlassen erwächst unser Streben nach dem »perfekten« Mann, so daß es uns erspart bleibt, ihn verlassen zu müssen. Kein Wunder, daß wir wütend und zornig werden, wenn wir belogen wurden: Wir empfinden einen Kontrollverlust, und es wird uns bewußt, daß er nicht perfekt ist.

Ein etwas befremdliches Ergebnis dieser Art der Unsicherheit ist, daß sie dazu führt, daß wir verzweifelt nach einer Garantie suchen; und das geschieht oft in Situationen, in denen eine Garantie absolut unmöglich ist. Die Hochzeitszeremonie ist ein perfektes Beispiel. Da gibt es Leute, die zum zweiten oder dritten oder x-ten Mal andächtig die Worte über die Lippen bringen: »Bis daß der Tod uns scheidet.« Sind sie seriös? Haben ihre eigenen Erfahrungen sie nicht gelehrt, daß das Leben auf diese Weise nicht mitspielt? Wäre es nicht ehrlicher für sie zu sagen, daß sie sich lieben, achten und – was auch immer – werden, bis es nicht mehr geht, wie lange das auch immer sein mag? Aber wer möchte es schon auf sich nehmen, ihre Hochzeitszeremonie mit der Wahrheit zu ruinieren? Wir alle möchten diese Garantie haben.

Selbst mit diesem Bewußtsein bringt mein Sicherheitsstreben mich doch immer wieder dazu, Mark so dumme Fragen zu stellen wie: »Wirst du mich immer lieben?« Einfühlsam gegenüber meinen Bedürfnissen, wie er ist, antwortet er pflichtschuldigst mit einem zärtlichen: »Natürlich werde ich.« Musik in meinen Ohren, obwohl ich unterschwellig weiß, daß es ehrlicher für ihn wäre zu sagen: »In diesem Moment glaube ich, daß ich dich immer lieben werde.« Er müßte nicht einmal den sich logischerweise ergebenden Nachsatz hinzufügen: »Kannst du vorhersagen, was die Zukunft bringt?« Das ist ehrlich. Darauf kann ich vertrauen ... aber möchte ich das tatsächlich hören? Absolut nicht! Ich möchte die Garantie, auch wenn es sich dabei um eine »Lüge« handelt.

Wenn Unsicherheit die Wurzel unserer unrealistischen Erwartungshaltungen ist, liegt die Antwort zu dem Problem des Vertrauens auf der Hand. Wir müssen zu dem Ort tief in unserem Innern vordringen, an dem wir begreifen, daß es in Wahrheit niemanden gibt, dem wir vollends vertrauen können ... ausgenommen uns selbst. Ausgenommen uns selbst aber nicht in dem Sinne, daß wir nie mehr lügen werden, sondern auf uns vertrauen können, daß wir mit allem fertig werden, ganz gleich, was uns ein anderer Mensch zufügen mag. Auf der Grundlinie steht folgendes:

> Das einzige, worauf wir sicher vertrauen können, ist unsere Fähigkeit, mit allem fertig zu werden, was auch immer eine andere Person zu uns sagt oder uns antut!

Schreiben Sie sich diesen Gedanken in Großbuchstaben in Ihr Gedächtnis. Denn in dieser Art des Denkens liegt unser innerer Frieden. Wir müssen nun nicht länger die Taten und Gedanken unserer Männer kontrollieren. Wir müssen uns nun nicht länger verletzt oder betrogen fühlen, wenn sie ihre Meinung ändern. Was auch immer in Zusammenhang mit den Menschen in unserem Leben geschieht, wir sind in der Lage, damit fertig zu werden.

Jenseits unseres Seelenfriedens hat diese Art des Denkens noch weitere unbestreitbare Vorteile. Zunächst einmal können wir erleichtert aufatmen, da wir wissen, daß wir uns nicht für den Rest unseres Lebens hinter Klostermauern zurückziehen müssen. Unsere neue Haltung mag uns zwar ein wenig von der Romantik nehmen, die wir so gerne mit unserem Leben assoziieren, sie sollte uns aber keineswegs desillusionieren. Im Gegenteil, wir können uns klüger wähnen und das Gefühl haben, sowohl unser Leben als auch unsere Beziehungen besser unter Kontrolle zu haben. Die bloße Entlarvung der »Märchenland-Erwartungshaltung« von einem absoluten Vertrauen bahnt den Weg für eine gesündere und verständnisvollere Beziehung. Wenn wir uns wirklich selbst vertrauen, verschwindet die Angst . . . und was bleibt, ist die Liebe.

Was mich angeht, so möchte ich vermutlich immer gerne von Mark hören, daß er mich für immer liebt. Aber für mein Herz wird es etwas leichter sein, zu wissen, daß ich ihn nicht darauf festnageln muß. Wir sind eine Spezies unvollkommener Individuen, und er ist zwar ein wundervoller Mensch, aber er ist, schließlich auch, ein Mensch.

Um im Reich der Märchen zu bleiben: Mein Prinz hat einige Charakterzüge des Frosches zurückgewonnen; aber Frösche sind wahrlich liebenswerte Wesen, man muß sie nur kennen. Da mein Spiegel mir inzwischen meine eigenen froschähnlichen Neigungen offenbart hat, ist mir bewußt, daß ich in Wirklichkeit gar nicht zu einem Märchenprinzen passen würde. Sie sehen, es kommt alles, wie es kommen soll; nicht unbedingt so, wie wir es uns vorgestellt haben, aber genau so, wie es soll.

An diesem Punkt haben Sie vielleicht das Gefühl, daß ich etwas zu leichtfertig und oberflächlich die Frage des Vertrauens behandelt habe. Nehmen wir es also einmal für einen Augenblick »ernst«. Ich weiß, es gibt Vertrauensfragen, die mit sehr tiefen emotionalen Ängsten verbunden sein können – die Frage des Verlassenwerdens vom Partner oder Untreue. Das sind Bereiche, welche verheerende Auswirkungen haben und tiefe Schmerzen verursachen können. Lassen sich hier die gleichen Prinzipien anwenden? Können wir es lernen, an diese Situationen in einer Weise heranzugehen, daß wir nicht völlig ausgelöscht werden? Das können wir tatsächlich.

Maxine fühlte sich rundherum betrogen und am Boden zerstört, als ihr Mann sie nach 23 Ehejahren wegen einer anderen Frau verließ. Ihre Reaktion auf diese Situation war wohl vorhersehbar und verständlich: »Dieser Schuft! Ich habe ihm die besten Jahre meines Lebens gegeben. Ich habe ihm vertraut, und was hat er jetzt mit mir gemacht! Solange ich lebe, ich werde nie mehr einem anderen Mann trauen.« Sämtliche »Freundinnen« standen ihr zur Seite und unterstützten sie in ihrem Zorn. »Dieses Tier! Du armes Ding. Wie konnte er dir so etwas antun!« (Achten Sie auf die »Opfermentalität«.)

Was hätten sie ihr statt dessen sagen können, das ihren Schmerz und die von ihr empfundene Demütigung gelindert und ihr geholfen hätte? Sie hätten sagen können, statt sich betrogen zu fühlen, sollte sie auch bedenken, daß ihr Mann einen Großteil seines Lebens mit ihr verbracht und geteilt hat; 23 Jahre sind eine lange Zeit. Sehr viele Menschen erfahren nie diese Art der Loyalität und Kontinuität in ihren Beziehungen. Jetzt sei einfach für beide der Zeitpunkt für einen Neuanfang, für einen neuen Lebensabschnitt gekommen. Ebenso hätten ihre Freundinnen sie darauf hinweisen können, daß er ihr in diesen 23 Jahren eine Menge Freude bereitet hat (oder warum wäre sie ansonsten geblieben!).

Nachdem ihr Schmerz ein wenig nachgelassen hatte, hätten sie ihr sagen können, daß es sehr heilsam wäre, an einem Loslassen von ihrer Wut zu arbeiten, so daß sie ihm am Ende für die Dinge dankbar sein könne, die er in die Ehe eingebracht hat.

Sie hätten ihr sagen können, daß sie ein herrliches Leben vor sich hat, und auch wenn es jetzt noch nicht so aussieht, daß am Ende des Tunnels Licht ist. Sie hätten auf die vielen

Geschichten jener Frauen hinweisen können, die in ähnlichen Situationen waren und die in ihrer Persönlichkeit außerordentlich gewachsen sind, nachdem sie nach so vielen Jahren auf sich allein gestellt waren. Ihr Selbstwertgefühl blühte auf, als sie ihre eigene Kraft und Stärke freisetzten. Die meisten waren dankbar für die Chance, die ihnen so gegeben wurde, eine neue Liebe in ihrem Leben entdecken zu können – die zu sich selbst.

Sie hätten sie auf ihre unrealistische Erwartungshaltung in bezug auf das »Für immer« aufmerksam machen können, und daß, wenn er seinerzeit »für immer« sagte, er das auch so gemeint hatte. Aber Menschen ändern mitunter ihre Meinung. Uns wurde seit jeher beigebracht, daß nichts ewigen Bestand hat. Warum erwarten wir also, daß unsere Beziehungen eine Ausnahme machen? Selbst bei einer überglücklichen Beziehung muß ein Partner früher als der andere sterben. Wir müssen immer darauf vorbereitet sein, auch allein bestehen zu können. Wir können nicht auf das »Für immer« vertrauen. Es gibt nur das Jetzt.

Nach vielen Jahren der Verbitterung sagte schließlich jemand Maxine all diese Dinge, und sie hörte dankbar zu. Erst danach war sie in der Lage, mit ihrem Schmerz und ihrer Demütigung umzugehen und ihre Wut auf ihren Ex-Ehemann freizusetzen. Und ihr neues Leben begann.

Ich möchte den Schmerz und die Qual, die diese Art der Erfahrung für einen Menschen bedeuten kann, nicht verniedlichen. Eine Trauerphase ist ein wichtiger Bestandteil des Prozesses, und Abschiednehmen ist nie leicht. Wir müssen aber durch diesen Schmerz hindurch und nach vorne statt nach rückwärts schauen, wohl wissend, daß die Zeit unsere Wunden heilt. »Auch das wird vorbeigehen.« Wenn wir rückwärts schauend unseren Schmerz durchleben, sind wir im Treibsand der Hoffnungslosigkeit und der Sehnsüchte gefangen. Wir wünschen uns das, was war, nicht das, was sein könnte. Aber wir können nicht zurück, so sehr wir uns auch darum bemühen. Es ist besser, eine Kehrtwende zu vollziehen und vorwärts zu gehen.

Eine liebe Freundin von mir, Bobbie Probstein, schrieb ein sehr bewegendes Buch über ihre Odyssee von marternden Schmerzen bis zu einem inneren Frieden, nachdem Larry, ihr Mann, sie nach 28 Ehejahren wegen einer anderen Frau verlassen hatte. Sie gab ihrem Buch den treffenden Titel: »Return to Center: The Flowering of Self-Trust«[1] (Zurück zur Mitte: das Erblühen des Selbstvertrauens). Zu dieser Mitte müssen wir alle zurückkehren, um unsere Herzen öffnen zu können. Das Buch beschreibt den wundersamen und manchmal schmerzhaften spirituellen Weg, den Bobbie gegangen ist, und die Weisheit, die sie durch eine Reihe sehr kluger Lehrer während ihres Kampfes, von ihrer Wut und ihrer »Opferrolle« ablassen zu können, gewonnen hat.

Irgendwann fragte sie einen ihrer Lehrer: »Wie schaffe ich es, von meinem Phantasiegebilde abzulassen, daß wir wieder zusammenkommen, und den Mann, den ich liebe und dem ich vertraut habe, aufzugeben?« Seine Antwort:

> Das schaffen Sie, indem Sie von Ihrem Bedürfnis nach einer Zukunft, deren Konturen Sie kennen, loslassen, und Sie schaffen es, indem Sie die Vergangenheit und was sie war oder nicht war, loslassen. Sie werden wieder ein Kind – zart und liebevoll und verwundbar und kreativ und wagemutig, und Sie schaffen das, indem Sie von allem loslassen, was nicht real ist.[2]

Das Nichtreale sind bei uns allen unsere Phantasien darüber, was andere Menschen in unserem Leben sein sollen.

Bobbies Geschichte nahm eine interessante Wende. Etwa zur gleichen Zeit, als sie ihre »Für-immer-und-ewig«-Phantasien fallenließ und sich auf die nun vor ihr liegenden unbekannten Abenteuer des Lebens freute, fragte Larry, ob er zu ihr zurückkommen könne. Sie wußte die Antwort nicht sofort, sagte aber am Ende ja. Sie gingen jedoch nicht »zurück«. Sie fingen neu an. Ihre heutige Beziehung ist ganz anders, als sie vorher war. Larry kam zurück, als Bobbie auf ihrem Weg der »Rückkehr zur Mitte« war. Auch er hat sich verändert durch das, was er über sich selbst und die Welt um ihn herum gelernt hat. Was ihre Zukunft angeht, wüßte ich nicht, wie ich es treffender als Bobbie sagen könnte:

> Wie kamen wir an diesen wundersamen Punkt in unserem Leben? Daß wir hier sind, ist genug. Vielleicht reinigte der Schmerz, statt uns zu verbittern, da wir jeden Tag in Dankbarkeit erleben, daß wir einander haben, selten der Vergangenheit nachhängen und für eine Zukunft planen, in der wir weiterhin unsere Liebe und das, was wir uns gegenseitig geben können, in einem immer größer werdenden Kreis miteinander teilen. Ich wage nicht zu fragen, ob das immer so bleibt: Allein der Anspruch, daß dem so sei, würde schon die kostbare Zerbrechlichkeit unserer Beziehung zerstören, genau wie eine Blase platzt, wenn man mit dem Finger an ihr rührt. Wir befinden uns auf einer Gratwanderung zwischen neuen Entdeckungen und alten Abgründen, in die wir fallen können, und wir gehen diesen Weg Hand in Hand.[3]

Ich frage mich oft, ob ich mich ähnlich wieder mit meinem Mann zusammenfinden könnte, nachdem er sich auf eine andere Frau eingelassen hätte. Ich muß ehrlicherweise sagen, ich weiß die Antwort nicht. Ich würde mir wünschen, ich würde die gleiche Fähigkeit zum Vergeben wie Bobbie aufbringen können. Was für mich jedoch nicht in Frage gestellt ist und was mir meinen inneren Frieden bewahrt, ist das absolute Vertrauen, daß mein Leben weitergeht, ganz gleich, was mit meiner Ehe passiert. Ich liebe Mark mehr, als ich je irgendeinen anderen Mann geliebt habe, aber dennoch weiß ich, daß ich ganz bin, auch ohne ihn. Die Freiheit, welche diese Art der Gewißheit vermittelt, ist unbeschreiblich! Damit soll nicht gesagt sein, daß ich nicht über den Verlust trauern würde, wenn die Beziehung zu Ende ginge. Es soll nur heißen, daß ich weiß, ich würde das andere Ufer erreichen und auch weiterhin ein herrliches Leben leben.

Diese Gewißheit hat sich seltsamerweise als Ergebnis meiner ersten Ehe eingestellt, nachdem ich, mit deren Ende konfrontiert, die herrlichen Perspektiven entdeckte, die sich auf der Kehrseite des Schmerzes für mich auftaten. In meiner ersten Ehe fühlte ich mich sehr unsicher, und die Scheidung legte den Grundstein zu der Fähigkeit, daß ich mich in meiner heutigen Ehe wesentlich sicherer fühlen kann . . . ein weiteres Paradoxon, welches verdeutlicht, daß alles seinen Sinn hat, auch wenn wir diesen Sinn in einer konkreten Situation nicht erkennen und nachempfinden können.

Untreue ist, auch wenn unser Partner nicht die Absicht hat, die Ehe zu verlassen, eine Herausforderung für unsere Fähigkeit, ein offenes Herz bewahren zu können. Auch hier können wir zwischen verschiedenen Reaktionsmöglichkeiten wählen, und unsere prinzipiellen Einstellungen entscheiden darüber, welche Wahl wir treffen. Sehen wir in unseren Partnern menschliche Wesen, die sich eben nicht immer an unser Drehbuch und unsere Regie halten, so können wir ein offenes Herz bewahren. Gehen unsere Erwartungen demgegenüber auf Klischees aus der Märchenwelt zurück, können unsere Herzen leicht zerbrechen und nur schwierig wieder »zu reparieren« sein.

Damit will ich nicht sagen, daß wir an Beziehungen festhalten sollen, die uns nicht dienlich sind, die unserem Wohlbefinden zuwiderlaufen. Wenn wir aber begreifen, daß wir alle nur Menschen sind, die ihr Bestes geben, auch unsere Partner, können wir die jeweilige Beziehung mit einem weitaus offeneren Herzen verlassen und damit die Schmerzen während des Heilungsprozesses verringern. Die Sicherheit in unserem Leben gewinnen wir letztlich aus jenem inneren Wissen – aus jenem inneren Vertrauen –, daß, welche Wahl wir auch treffen, unser Leben am Ende wiederum einen positiven Verlauf nehmen wird.

Schließlich könnte ich auch noch jene erwähnen, die »wissentlich« Partner wählen, die untreu sein werden. Ihr Wunsch, dies zu verdrängen, ist dermaßen stark, daß sie alle Signale ignorieren. Eine meiner Kursteilnehmerinnen heiratete jemanden, den sie nur wenige Wochen vor ihrer Hochzeit mit einer anderen Frau im Bett gefunden hatte. Während er um Vergebung flehte und behauptete, dies sei einfach nur ein letzter Ausrutscher vor seiner Ehe gewesen, glaubte niemand ihm, außer ihr.

Jetzt, drei Jahre später, kam sie zu mir und beschwerte sich bitterlich darüber, daß ihr Mann eine Affäre habe. Ich fragte sie, warum sie so überrascht sei, schließlich hatte sie ihn schon vor ihrer Heirat bei einem Seitensprung erwischt. Darüber hinaus war er, als sie ihn kennenlernte und ein Verhältnis mit ihm begann, noch verheiratet gewesen. Sie hatte sich selbst etwas vorgemacht und sich der Illusion hingegeben, mit ihr würde das alles anders sein, aber auf einer tieferen Ebene hätte sie wissen müssen, auf was sie sich einließ und was auf sie zukommen würde. Den Entschluß, ihn zu heiraten, hatte sie gefaßt, wohl wissend, daß er Probleme hatte, einer Frau treu zu sein. Er war nicht etwa ein schlechter Mensch, absolut nicht. Er hatte nur einfach eine Menge Probleme mit seinem Selbstwertgefühl, mit denen er sich hätte auseinandersetzen müssen. Und diese hatte er bis heute offensichtlich noch immer nicht gelöst.

Damit soll nicht gesagt sein, daß sie ihn nicht hätte heiraten dürfen; niemand sollte sich ein derartiges Urteil anmaßen. Diese Heirat war möglicherweise exakt das, was beide auf ihrem Weg zur Selbsterkenntnis benötigten. Manchmal müssen wir trübe Gewässer durchwaten, um zur anderen Seite zu gelangen. Manchmal müssen wir die gleichen Muster immer wieder wiederholen, bis wir klarsehen. Statt sich nun über ihn zu beschweren, fragte ich sie, ob sie die Verantwortung für die Situation übernehmen könne. Sie solle sich einmal selbst fragen, warum sie sich eigentlich entschieden hatte, ihn zu heiraten.

Als sie dann ihr Inneres erforschte, entdeckte sie eine ganze Reihe von »Frosch«-Eigenschaften an sich selbst. Sie erkannte allmählich die vielen Lügen, die sie sich selbst ... und schließlich auch ihm erzählt hatte. In Wahrheit hatte sie gewußt, auf was sie sich einließ, aber sie hatte ihn trotzdem aus einer Vielzahl von »Überlebensgründen« heraus geheiratet.

Sie hatte ihn geheiratet, weil er ihr eine finanzielle Sicherheit bot und sie es satt hatte, von ihrem eigenen mageren Gehalt zu leben. Sie hatte ihn geheiratet, weil sie keine Lust hatte, noch einmal ganz von vorne mit einem anderen Mann anzufangen. Sie heiratete ihn, weil ihre biologische Uhr allmählich ablief und sie gerne eine Familie gründen wollte. Sie heiratete ihn, weil die ganze Hochzeitsgesellschaft schon eingeladen war und die Schmach zu groß gewesen wäre, alles wieder abzublasen. Sie heiratete ihn, weil sie Angst hatte, keinen anderen Mann mehr zu finden. Damit soll nicht gesagt sein, daß sie ihn nicht liebte, aber Liebe war in diesem Fall nicht der entscheidende Faktor bei ihrem Entschluß, ihn zu heiraten.

Als sie sich all diese Wahrheiten über sich selbst eingestand, schwand allmählich ihre Wut über ihn. Sie war unglücklich über ihr eigenes Verhalten, zu dem sie sich hatte hinreißen lassen, aber auch das schwand, als sie anfing, sich mit ihrer »dunklen Seite« auseinanderzusetzen. Sie liebt ihn noch immer, faßte aber den Entschluß, die Ehe zu verlassen, da ihr inzwischen klargeworden war, daß sie mit seinem Bedürfnis nach anderen Frauen nicht zurechtkam. Wichtig war, daß sie die Ehe mit einem offenen Herz verließ und sie gute Freunde blieben. Indem sie all ihre zum Menschsein gehörenden eigenen Schwächen bejahte, konnte sie mit der Situation umgehen.

Ich glaube, daß bestimmte Grundlagen von Vertrauen vorhanden sein müssen, so daß eine Beziehung gedeihen kann. Diese Grundlagen finden wir mitnichten in dem Spektrum der »Er-darf-nie-lügen«-Kategorien – sondern:

Ich vertraue darauf, daß du dich um mein Wohlbefinden sorgst und bemühst.
Ich vertraue darauf, daß du mich nicht verletzen möchtest.
Ich vertraue darauf, daß du meine Gefühle respektierst.
Und das äußerste Vertrauen . . .
Ich vertraue darauf, daß ich damit fertig werde, was auch immer in unserer Beziehung geschieht.

Einhergehend mit diesem Vertrauen bedarf es der Einsicht und des Verständnisses:

Ich verstehe, daß du ein Mensch und damit nicht immer perfekt bist.
Ich verstehe, daß deine eigenen Bedürfnisse mitunter deinem Bestreben, meinem Wohlbefinden Rechnung zu tragen, zuwiderlaufen.
Ich verstehe, daß du wirklich versuchst, dein Bestes zu geben.

Mit dieser Art von Vertrauen und Verständnis können unsere Herzen offen bleiben und wir ein wenig gelassener und unbeschwerter durchs Leben gehen.

Angenommen, wir sind mit jemandem zusammen, der diese grundlegenden Voraussetzungen für unser Vertrauen erfüllt (und wenn nicht, warum sind wir dann mit ihm zusammen?), wie können wir es schaffen, uns aus der destruktiven Falle des Mißtrauens herauszuziehen? Was können wir tun, um entspannter und gelassener zu werden und davon loszulassen?

Es gibt Zeiten, in denen meine Eifersucht (unstrittig ein Zeichen von Mißtrauen) in mir obsiegt – ein für mich unmißverständliches Signal von mangelndem Selbstvertrauen. Das sind gleichzeitig die Zeiten, in denen ich mich zu den abscheulichsten und widerlichsten Verhaltensweisen hinreißen lasse! Es ist schwer, mein inneres »Lästermaul« zum Schweigen zu bringen, wenn ich den Kontakt mit meiner Mitte verloren habe. Was mir geholfen hat, diese Mitte wiederzufinden und mir über meine Bedürftigkeit während jener schmerzhaften Zeiten der Unsicherheit hinwegzuhelfen, war, die Beziehung, in der ich lebte, einmal in die richtige Perspektive zu meinem restlichen Leben zu rücken.

Wenn ich mich in bezug auf meine Beziehung am unsichersten fühle, mache ich sie zu dem einzigen und alles umfassenden Punkt in meinem Leben. Das sieht wie folgt aus:

Das ganze Leben

Beziehung

Würde diese Beziehung enden, verschwinden, so sähe mein Leben folgendermaßen aus:

Das ganze Leben

Leer. Schwarz. Trostlos. Düster. Angesichts dieser Gefühle ist es kein Wunder, daß ich mich davor fürchte, meine Beziehung zu verlieren. Ich lasse dann zu, daß so negative Gefühle wie Eifersucht und Mißtrauen in mir aufsteigen. Ich kann mein Leben aber auch aus einer anderen Sicht betrachten, eine Sicht, welche jene verzweifelten Gefühle in mir verschwinden läßt. (Ein Schlüsselfaktor bei diesen Gefühlen der Verzweiflung ist, daß Sie sich »festgebissen« haben, das heißt, Sie können nicht aufhören, auf einem Punkt herumzureiten.)

Wann immer ich merke, daß ich von diesen Gefühlen beherrscht bin, halte ich mir die Fülle und den Reichtum dessen, was ich mir in meinem Leben geschaffen habe, vor Augen. Ich habe eine liebevolle Familie und Freunde, einen Beruf, der mich ernährt, die Zeit des Alleinseins, die ich so über alles schätze, und so weiter und so fort. Dann kann ich mein Leben wie folgt betrachten:

Das Netzwerk meines ganzen Lebens

Beziehung	Zeit des Allein-seins	Familie
Freunde	Geistiges Wachstum	Soziales Einbringungsvermögen
Freizeit	Persönliches Wachstum	Beruf

Welch ein Unterschied! Jetzt erkenne ich ein volles, reiches Leben. Meine Beziehung ist nur ein Teil meines Lebens. Würde meine Beziehung enden, verschwinden, sähe mein Leben so aus:

Mein ganzes Leben

	Zeit des Allein-seins	Familie
Freunde	Geistiges Wachstum	Soziales Einbringungsvermögen
Freizeit	Persönliches Wachstum	Beruf

Ja, es gibt eine Lücke, einen Raum, der leer ist, in meinem Leben, aber ich würde mich nicht ausgelöscht fühlen. Nachdem meine erste Ehe beendet war, betrachtete ich mein Leben nicht als voll und reich. Jetzt tue ich es. Ich habe es so geschaffen. Indem ich mir dies vor Augen halte, kann ich meine eigene Mitte finden und mich daran erinnern, daß ich mein eigenes Universum geschaffen habe und nicht von jemand anderem abhängig bin. Dann kann ich zu mir sagen:

> Mark ist ein sehr wichtiger Teil meines Lebens, aber er ist nicht alles in meinem Leben, er ist nicht mein ganzes Leben. Ich vertraue darauf, daß er mein Bestes will. Ebenso vertraue ich darauf, daß ich, wenn ich diese Beziehung aus

irgendeinem Grund verlieren sollte, auch weiterhin ein schönes Leben haben werde.

Wenn ich das einige Male wiederholt habe, merke ich, wie ich mich entspanne und loslassen kann, und mir wird bewußt, ganz gleich, was mit meiner Beziehung geschieht, ich werde damit fertig! Ebenso erinnere ich mich daran, daß meine Beziehung zwar einer der wichtigsten Bereiche meines Lebens ist, daß aber auch die anderen Bereiche mir Sinn und Erfüllung geben, und ich erneuere vor mir selbst die Verpflichtung und Entschlossenheit, mich auch in allen anderen Bereichen meines Lebens voll zu engagieren.

Sie werden gemerkt haben, daß ich auch ein Kästchen »soziales Einbringungsvermögen« genannt habe. Das ist jener Bereich in Ihrem Leben, in dem Sie sich fragen: »Was kann ich für die Welt tun?« Das Engagement, anderen zu helfen, läßt uns eine unermeßliche Freude der Verbundenheit erfahren. Machen Sie ein solches Kästchen zu einem Muß im Netzwerk Ihres Lebens. Wenn Sie eine Leere in Ihrem Leben empfinden, dann haben Sie keinen Kontakt mit der Tatsache, daß Sie etwas Besonderes sind. Sie müssen nur einfach aus sich herausgehen und Ihre Fühler ausstrecken, um dieses Gefühls habhaft zu werden.

Des weiteren hilft mir folgende Vorgehensweise sehr, wenn ich mich unsicher fühle:

> Schließen Sie Ihre Augen, und richten Sie sich vor Ihrem geistigen Auge einfach in Ihrer vollen Größe auf, und durchtrennen Sie die imaginäre Nabelschnur, die Sie in so destruktiver Weise mit den Männern in Ihrem Leben verbindet. Sehen Sie sich selbst als stark und ganzheitlich. Kommen Sie wirklich in Kontakt mit jenem Gefühl, daß Sie diese Schnur durchschneiden und stolz und liebenswert aufrecht dastehen.

Unsere Unsicherheit ist, so glaube ich, nichts weiter als unsere Urangst, die Kindheit tatsächlich hinter uns zu lassen und auf eigenen Füßen zu stehen. Wir wünschen uns alle die Sicherheit, zu jemand anderem zu gehören, der uns rettet und beschützt. Durchschneiden wir jedoch jenes Band und sehen, wie wir auf eigenen Füßen dastehen, kommen wir in Kontakt mit unserer eigenen Kraft und Stärke. Unsere Angst wird weitestgehend ausgeräumt, und wir können wiederum Liebe und Vertrauen gewinnen.

Eine drastischere Variante, uns jene Schnur zu verdeutlichen, ist, wenn wir sie uns um unseren Hals vorstellen. Durchschneiden wir sie nicht, strangulieren wir uns am Ende zu Tode, besonders, was unsere Gefühle und unseren Geist angeht. Atmen Sie einmal tief durch, und fühlen Sie, wie das Leben in Sie hineinströmt, wenn Sie nicht diesen selbstauferlegten Strang um Ihren Hals haben, der Sie vom Leben abschneidet!

Schließen Sie Ihre Augen, und versuchen Sie es jetzt einmal mit dieser Übung. Durchschneiden Sie das Band, das Sie womit auch immer verbindet, und atmen Sie erleichtert auf.

Es ist wichtig zu erkennen, daß auch die andere Person gut und fest auf ihren eigenen Füßen steht. Denn oft werden wir von Schuldgefühlen befallen, wenn wir dieses Band durchschneiden, als ob unsere Partner ohne uns nicht alleine zurechtkämen. Ich weiß, das Bewußtsein, daß sie, denen wir eine so gewaltige Bedeutung zumessen, auch ohne uns überleben können, versetzt unserem Ego einen Schlag. Die Wahrheit, ob wir sie nun hören möchten oder nicht, ist, daß unsere Partner mit Sicherheit auch alleine zurechtkommen. Sollten sie sich dafür entscheiden, sich elend zu fühlen, wenn Sie auf Ihren eigenen Füßen stehen, so ist es wichtig, daß Sie sich vergegenwärtigen, daß dies ihre Entscheidung ist, die sie getroffen haben. Sie werden am Ende aus dieser Erfahrung lernen. Wir sind unseren Partnern gegenüber verantwortlich, aber wir sind nicht für sie verantwortlich. Es wäre erniedrigend und herabwürdigend für sie zu denken, daß sie nicht alleine zurechtkämen.

Ist die Situation umgekehrt, und unsere Partner begegnen uns mit Mißtrauen, ist es an uns, ihnen zu zeigen, wie sie sich in ihrer vollen Größe aufrichten und auf eigenen Füßen stehen können. Viele Psychologen gehen, entgegen der herkömmlichen Annahme, davon aus, daß Männer abhängiger von Frauen sind als umgekehrt. Oftmals ist die Weigerung eines Mannes, eine allzu große Nähe aufkommen zu lassen, seine Art, sich vor einer übermäßigen Abhängigkeit einer Frau gegenüber zu schützen. Wenn dieses Abhängigkeitsstreben die Oberhand gewinnt, sind Männer genauso wenig wie Frauen imstande, dieses Band zu durchtrennen.

Sofern Sie mit jemandem zusammen sind, für den dies zutrifft, haben Sie vielleicht das Gefühl, zu ersticken und erdrückt zu werden. In einem solchen Fall kann es für das Wachstum beider Parteien erforderlich sein, eine solche Beziehung zu verlassen und jemanden zu finden, der emotional und geistig auf seinen eigenen Füßen stehen kann. Nur zwei ganzheitliche Menschen können wachsen und sich gegenseitig mit offenem und vertrauendem Herzen lieben. Das bedeutet nicht, daß wir in schwierigen Zeiten in unserem Leben nicht gegenseitig beieinander Hilfe suchen – das ist das Schöne, wenn man einen Partner hat. Wovon hier vielmehr die Rede ist, das ist jenes grundlegende Fundament von Ganzheit und Selbstvertrauen, welches für eine liebevolle Beziehung so unabdingbar ist.

Während Sie dies lesen, denken Sie vielleicht: »Das ist ja alles schön und gut, aber Sie können Ihren Mann nicht so lieben wie ich meinen. Ich würde zerbrechen, wenn ich ihn jemals verlieren sollte!« Denken Sie daran, daß Sie Liebe nicht mit Bedürfnissen verwechseln. Liebe in ihrer höchsten Vollendung bedeutet die Fähigkeit, von Ihrem Partner loszulassen und zuzulassen, daß er lernt und wächst, wie auch immer sein Selbst ihn lenkt . . . genau wie dies umgekehrt, bei Ihnen, der Fall sein muß. Auf diesen Bereich werde ich später noch ausführlicher eingehen.

Sie haben bereits die Erfahrung gemacht, daß Loslassen nicht so einfach ist. Wie gesagt, nichts von dem, worüber ich in diesem Buch spreche, ist »einfach«. Wenn es darum geht, eine Frau zu werden, die sich selbst im Hinblick auf den Mann in ihrem Leben voll vertraut, haben wir es mit einem lebenslangen Prozeß zu tun. Gelegentlich werden wir dabei auf der Strecke bleiben und uns verloren vorkommen. Das ist absolut sicher! Wenn ich solche Gefühle habe und mir verloren vorkomme, rufe ich mir in Erinnerung, daß mein Selbstvertrauen just in diesem Moment einen Tiefstand erreicht hat. Dann helfe ich mir mit den Übungen, wie sie in diesem Buch beschrieben sind, um den Kontakt mit meinem Unterstützer-Ich wiederherzustellen. Und ich blühe wiederum in dem Gefühl der Ganzheit – und des Vertrauens – auf.

Affirmationen zur Förderung des Selbstvertrauens

- Ich vertraue der Person, die ich bin.
- Ich weiß alles, was ich wissen muß.
- Ich werde mit allem fertig, was auch immer in meinem Leben geschieht.
- Ich lasse dich frei.
- Ich lasse mich selbst frei.
- Ich bin stark, und ich bin ein ganzheitlicher Mensch.
- Ich durchschneide das Band.
- Mein Leben ist voller Fülle und Reichtum.
- Mein Leben hat eine Bedeutung und einen Sinn.
- Ich bin etwas Besonderes.
- Es gibt immer noch mehr.
- Ich habe mein Leben unter Kontrolle.
- Wir versuchen alle, unser Bestes zu geben.
- Mein Selbstvertrauen wächst mit jedem Tag.
- Ich lerne aus all meinen Erfahrungen.
- Ich schaffe mir ein herrliches Leben.
- Es gibt nur das Jetzt.
- Ich lasse von der Vergangenheit los.
- Ich bewege mich in meinem Leben vorwärts.
- Ich vertraue auf die Zukunft.

Kapitel 8

Der Mann hinter der Maske

»Ich höre immerzu »gleichberechtigt«, aber ich weiß überhaupt nicht, was das heißt. Ich möchte nicht, daß eine Frau gleichberechtigt und mir ebenbürtig ist. Ich möchte ein gewisses Maß an Kontrolle haben. Ich will meine Männlichkeit haben. Ich verstehe die Maßstäbe und Regeln nicht mehr. Ich weiß nur, daß ich mich unbehaglich fühle und mit diesen Maßstäben und Regeln kämpfe. Sie beansprucht einen Anteil bei Entscheidungen und Handlungen, und ich bin bereit, ihr den Teil zuzugestehen, den ich, wie auch immer, für sie als richtig erachte. Es ist in Ordnung, solange ich nicht ständig damit in Panik gebracht werde, daß sie besser als ich sei oder daß sie die Kontrolle darüber hat, wer ich bin. Das Ganze muß da ein Ende haben, wenn die Änderung so radikal ist, daß ich meine Eigenarten aufgeben muß. Ich will sie nicht aufgeben. Ich werde sie niemals aufgeben!«

»Ich empfinde meine Frau wirklich als gleichberechtigt und mir ebenbürtig. Wichtig für mich ist meine Entwicklung und wer dazu beiträgt – und umgekehrt. Ich möchte, daß eine Frau mir sagt, daß das absoluter Mist ist, wenn ich mit etwas völlig schiefliege. Solange ich auf dieser Erde lebe, werde ich mich mit all diesen Konflikten und Unsicherheiten in meinem Innern ... und der Suche ... herumschlagen. Ich bin mit einer wundervollen Frau zusammen, die genau die gleichen Kämpfe mit sich austrägt, genau wie dies bei jedem Menschen der Fall ist. Ich bin glücklich, daß wir diesen Weg gemeinsam gehen und gemeinsam darüber sprechen. Und für mich ist das genau der Punkt, um den es geht.«

Zwei Männer, von denen jeder uns einen tiefen Einblick in

seine jeweiligen Gefühle gibt. Aus beiden Äußerungen hören wir Angst, die Verwirrung, das Suchen, das Kämpfen, die Hoffnung und die Liebe heraus. Auch Männer durchleben schwierige Zeiten, aber die meisten von uns haben keinen wirklichen Einblick in ihre Gefühle. Wir neigen zu der Annahme, daß Männer es leicht haben, aber sie sind gleichermaßen wie wir den Wirren der Übergangsphase, in der wir leben, ausgesetzt. Um uns zu helfen, unser Herz zu öffnen, hielt ich es für erforderlich, ein Kapitel aufzunehmen, in dem Männer für sich selbst sprechen können.

Für die vielen »Stimmen«, die hier zu Wort kommen, bin ich einer Männerselbsthilfegruppe in Los Angeles meinen Dank schuldig, die mich als erste Frau zur Teilnahme an ihren Sitzungen eingeladen hatte. Um das Thema meines Buches wissend, waren sie bereit, sich mir gegenüber zu öffnen, um so zu einem besseren Verständnis der Probleme, mit denen Männer heutzutage zu kämpfen haben, beizutragen.

Ehe ich die Männer nun weiter für sich selbst sprechen lasse, möchte ich eingangs noch erwähnen, daß diese Gruppe nur eine von vielen ist, die derzeit überall im Land entstehen. Sie sind ein Spiegelbild jener Selbsthilfegruppen, die viele Frauen jahrelang aufgesucht haben. Diese Gruppen haben das Ziel, eine Plattform für Gespräche, Gedankenaustausch, Entwicklung, Selbsterkenntnisse, Freundschaften, Rückkoppelung und Unterstützung zu bieten. Obgleich es zu gelegentlichen Temperamentsausbrüchen kommt, ist die Atmosphäre von Liebe und Verständnis geprägt. Die einzelnen Sitzungen werden normalerweise abwechselnd, jeweils von einem anderen Gruppenmitglied geleitet. Diese Gruppe hier traf sich seit fast zwei Jahren regelmäßig.

Als ich den Raum, in dem die Gruppensitzung stattfand, betrat, fühlte ich mich etwas nervös. Ich hatte schon an vielen Sitzungen von Frauengruppen oder gemischten Gruppen teilgenommen (oder sie geleitet), aber noch nie an einer reinen Männergruppe. Ich hatte mir vorgenommen, die Rolle »einer Fliege an der Wand« zu spielen und einfach zuzuhören. Ich muß gestehen, in einer so herausfordernden Situation meinen

Mund drei Stunden lang zu halten, war wahrscheinlich eines der schwierigsten Dinge, die ich jemals in meinem Leben bewältigt habe!

Das Alter der 15 Männer, die sich um den massiven Marmortisch herum versammelt hatten, reichte von Mitte Zwanzig bis Fünfzig. Sie waren alle heterosexuell – einige waren verheiratet, andere lebten ohne Trauschein mit Frauen zusammen, und einige lebten allein. Sie sprachen über viele Dinge – ihre Ängste, ihr Ansehen zu verlieren, ihre Gesundheit, ihre Sexualität, ihre Karrieren sowie ihre Beziehungen zu ihren Eltern, ihren Kindern und – natürlich – ihren Frauen. Ich war von allem sehr bewegt. Schon aus Platzgründen kann nicht all das wiedergegeben werden, was sie zu sagen hatten, so daß ich mich bei meiner Auswahl auf jene Äußerungen beschränken mußte, welche dem Anliegen dieses Buches im besonderen Rechnung tragen. Achten Sie auf die Bandbreite der Gefühle, die in diesen Auszügen zum Ausdruck kommen – von kraftlos bis kraftvoll:

»Vor sechs Jahren wurde ich verrückt, und ich wurde geschieden. Sie trat mir auf die Füße. Ich hasse es, wenn Frauen mit ihrer Stärke ankommen. Sie stellt sich mir entgegen. Rüttelt an meinem Käfig. Ich mag das nicht.«

»Ich kann die Vorstellung nicht verdauen, mit einer Frau zusammen zu sein, die gleichberechtigt und mir ebenbürtig ist. Das ist für mich einfach unvorstellbar. In dem Maße, wie meine Frau stärker wird, habe ich das Gefühl, als ob ich schrumpfe, verschwinde, mein Terrain wird kleiner und kleiner. Ich weiß nicht mehr, wer ich bin oder wer ich sein soll. Wenn ich eine neuerliche Grenzverletzung, einen Übergriff auf mein Territorium empfinde, frage ich mich: »Warum fühle ich mich so schwach?« Ich weiß, daß Schwäche der Grund für mein Kontrollstreben ist. Ich habe das Gefühl, als ob eine Frau, ein Kind, ein Heim, als ob all das in Reichweite meiner Arme bleiben muß. (Er streckt seine Arme aus.) Das ist mein Territorium. Ich scheine außerstande, das anders sehen zu können. Wenn meine Frau von

Gleichberechtigung und Ebenbürtigkeit spricht, empfinde ich es wie einen Angriff.«

»Ich glaube, daß ich eine starke Frau einer schwachen vorziehe. Eine starke Frau, die sagt, wie es ist. Ich kann mir aber nicht helfen, ich weiß, daß tief in meinem Innern eine solche Wut rumort. Die Tatsache, daß ich sie brauche, läßt mich wütend sein – tief, tief, tief in meinem Innern –, daß ich diese Frauen brauche (schlägt mit seiner Faust auf den Tisch) und daß sie eine solche Macht haben. Ich versuche, nett und reizend und geduldig und ganz entsprechend dem zwanzigsten Jahrhundert zu sein, aber, verdammt, ich mag es nicht!«

»Unter dieser Wut verbergen sich Verletzungen und Schmerzen. Ich versuche, auf Dinge zu verzichten und mich auszuliefern. Die Kontrolle gibt mir etwas, aber ich verliere auch so viel. Ich habe alle meine anderen Beziehungen, die ich vor dieser hatte, verloren. Nach einer Weile war ich es leid, ich hatte es satt. Ich war vor die Wahl gestellt, auf Dinge zu verzichten und Terrain preiszugeben. Aber während ich dies tue, wird es für mich beängstigender und beängstigender und beängstigender. Aber dennoch fühle ich mich besser. Da passiert irgend etwas. Ich kann jetzt sagen: »Du hast deine eigenen Dinge, die du tun willst? Ist in Ordnung.« Jetzt ist es nicht mehr so wichtig für sie wie früher, jede Minute mit mir zu verbringen. Ich stelle mich darauf ein, und es ist ein gutes Gefühl. Liebe bedeutet wirklich Macht . . . mehr Macht als Kontrolle. Früher habe ich das nicht verstanden. Es ist beängstigend, aber ich fühle mich besser. Je mehr ich mich um Kontrolle bemühe, desto mehr Kontrolle verliere ich.«

»Es ist komisch, es zu sagen, aber es ist die Wahrheit, und ich bekomme eine höllische Angst, wenn ich es sage. Ein Teil von mir mag es, wenn man von ihm abhängig ist; dies gibt mir eine Rolle, die ich spielen kann, eine Identität. Aber gleichzeitig mag ich es nicht, wenn eine Frau ihr ganzes Glück in mir sucht. Mann, es macht mir wirklich angst, es zu sagen. Das liegt wohl daran, daß ich dabei bin, mich von einer sehr alten und vertrauten Platte zu verabschieden. Ich wünsche mir eine Frau, die mich wirklich liebt und die ihr Lebensglück nicht in Männern sucht.«

»Je stärker eine Frau, um so besser. Ich habe nicht den Wunsch, jemanden beschützen oder versorgen zu müssen. Schon die bloße Vorstellung macht mir angst. Ich weiß nicht einmal, ob ich dazu in der Lage wäre, besonders finanziell.«

»In der Vergangenheit genoß ich die Beziehungen mit Frauen, die von mir abhängig waren. Eine Zeitlang ist das großartig, aber dann kommt der Punkt, an dem man sich wirklich allein fühlt, weil sie mit dir die Kraft und Stärke, die du im Grunde gerne hättest, nicht teilen können. Um der Einsamkeit zu entgehen, muß man mit jemandem zusammensein, mit dem man diese Kraft teilen kann. Ich kann inzwischen schon sehr früh in einer Beziehung erkennen, ob eine Frau sich macht- und kraftlos fühlt . . . und ich beende sie auf der Stelle.«

»Es ist komisch, wenn ich meine eigene Entwicklung betrachte, ich dachte immer, das natürliche Los des Mannes sei das des Beschützers und Versorgers. Wenn heute eine Frau sagt, daß sie versorgt sein möchte, macht mir das angst. Das ist in meinen Augen für niemanden eine erwachsene und reife Rolle. Wer versorgt schon noch irgend jemanden? Erwachsene sollten in der Lage sein, sich selbst zu versorgen. Das ist keine Rolle, die ich nochmals in meinem Leben übernehmen möchte.«

»Was ich an meiner neuen Beziehung mag, ist, daß sie offensichtlich von Gleichberechtigung geprägt ist. Ich liebe starke Frauen, und je stärker eine Frau ist, desto mehr Rückkoppelung und Wertschätzung kann sie mir geben . . . und umgekehrt. Ich habe nicht das Bedürfnis, immerzu jemanden zu beschützen, weil es mir allmählich das Gefühl gibt, daß ich eine Last zu tragen habe, und weißt du, was dann passiert? Das Ganze wird für mich uninteressanter. Es wird wirklich langweilig.«

»Ich habe in meiner Beziehung festgestellt, daß Kontrolle

überhaupt nichts ist. Sie ist sinnlos und ohne Bedeutung. Gleich Null. Es bedeutet überhaupt nichts, sie zu haben. Sie bewegt nichts.«

»Irgendwie und irgendwo wissen wir alle, daß unser Glück nicht von jemand anderem kommt und daß die volle Annahme unseres Ichs nicht von jemand anderem kommt; so frage ich mich also, wozu ist eine Beziehung überhaupt gut? Ich habe mir für mich die Antwort zurechtgelegt, daß ich versuche, mein Selbst zu entdecken – jene Person in meinem Innern, die lachen, weinen und lieben könnte und die nicht aufgrund irgendwelcher Dinge im Unterbewußtsein plötzlich um sich schlägt. Ich möchte aus dem Bewußtsein heraus leben. Ich wünsche mir eine Partnerin, die für sich den gleichen Wunsch hat, die ihr Leben auch als eine Entdeckungsreise zum heiligsten Teil ihres Selbst versteht. Für mich ist es wichtig, daß wir beide dieses Gefühl haben und uns somit gegenseitig als Partner helfen können, dieses Ziel zu erreichen. Ich wünsche mir, daß wir beide all das entdecken, was wir sind.«

Erstaunliche Gedanken, oder? Die 15 Männer der Gruppe offenbarten ein weites Gefühlsspektrum über die Frauen und die Frauenbewegung. Sollte sich die eine oder andere von Ihnen von irgendeiner dieser Äußerungen angefeindet oder abgestoßen fühlen, reagieren Sie nicht so. Wenn Sie selbst dabeigewesen wären, hätten Sie die Qualen und die Schmerzen ihres Ringens mit sich selbst und ihren aufrichtigen Wunsch, das, was in ihrem Innern vor sich geht, verstehen zu wollen, gesehen.

Bemerkenswert und nicht überraschend ist die Tatsache, daß es denjenigen, die zugaben, sich als Männer kraft- und machtloser zu fühlen, auch am schwersten fiel, Frauen als gleichberechtigt und ebenbürtig zu sehen. Für diese Männer war ihre Männlichkeit damit verknüpft, daß sie die dominierende Rolle oder die des Versorgers spielen konnten . . . das ist dann natürlich die Kehrseite, wenn Frauen nach wie vor erwarten, »versorgt zu werden«. Andere, die sich sicherer fühlten, hatten angefangen, eine gleichberechtigte Beziehung mit Frauen zu genießen. Ihnen war bewußt geworden, daß das Betreten von Neuland zwar mit Ängsten verbunden war, sie aber aus dem Umstand, eine Partnerin in ihrem Leben zu haben, sehr viel gewinnen konnten. Diese Männer hatten den Revisionsprozeß bereits hinter sich, und sie hatten den Wandel von den ehemals akzeptierten und »normalen« Beziehungen hin zu einem neuen Verständnis vollzogen. Manche waren auf jenem Pfad der Selbsterforschung sogar noch weitergegangen und konnten ihre Beziehungen aus einem spirituellen und transzendenten Blickwinkel sehen.

Während sich einige Männer in ihren Beziehungen mit Frauen glücklich fühlten, waren andere desillusioniert, die gleiche Art der Desillusionierung, die ich bei so vielen Frauen erlebt habe. Wer wollte sich über die Wirrnisse und Verwirrung in einem Zeitalter des Übergangs wundern? Aber dennoch, die Schmerzen, welche diese Männer empfanden, waren so spürbar, daß sie mich zu Tränen rührten.

Aber hören wir weiter zu:

»Für mich ist die Welt ein einziges Durcheinander. Ich weiß, daß das eine Projektion der Tatsache ist, daß ich mich als ein einziges Durcheinander begreife.«

»Ich weiß nicht, was diese Worte bedeuten – Gleichberechtigung, Weiblichkeit, starke Frau, Ego, Kontrolle, Macht. Das ist doch alles Mist – in Wirklichkeit sind wir in unserem Innern doch alle verletzt und leiden unter diesen Schmerzen.«

»Letzthin machte ich ein paar dürftige Annäherungsversuche bei einer Frau, mit der ich ein paarmal verabredet war, und wurde als Verführer bezeichnet. Plötzlich war da dieses Gefühl der Ruchlosigkeit, was für Scheißkerle Männer doch wären. Wo macht man von da aus weiter?«

»Ich gehe so vielen Aktivitäten nach, aber ich lasse mich mit niemandem auf irgend etwas sehr Tiefgehendes ein. Ich gehe alleine nach Hause. Ich bin ständig auf Achse und ununterbrochen mit irgendwelchen Leuten zusammen ...

aber ich gehe nicht wirklich eine Beziehung mit jemandem ein. Dieses ganze gesellige Beisammensein mit anderen verhindert, daß ich mich diesem tiefgreifenden Gefühl der Einsamkeit, das ich empfinde, tatsächlich stellen muß. Vielleicht ist die Antwort die, nach Hause zu gehen und allein zu sein und zu grübeln und zu erforschen, wer und was ich wirklich bin. Ich glaube aber, daß ich zuviel Angst davor habe, das zu tun. Ich glaube, ich habe zuviel Angst vor den Schmerzen.«

»Was Beziehungen angeht, habe ich ein Gefühl der Hoffnungslosigkeit. Um mich herum gibt es so viele Beziehungen, die nicht funktionieren. So viele Verletzungen überall. Ich denke viel darüber nach, was ich in meinen Beziehungen mache, nämlich, daß ich meine eigenen Bedürfnisse erfülle; und das ist der Grund, warum keine gehalten hat. Die meisten Frauen, die ich bisher wählte, waren nicht bereit, sich auf eine Ebene der Verwundbarkeit einzulassen. Warum wähle ich immer wieder solche Frauen? Das Problem ist vielleicht, daß ich selbst diese Bedürfnisse habe und nicht weiß, wie ich sie erfüllen soll, und alles auf die Frauen abschiebe.

Irgendwie erwarte ich von ihnen, daß sie meine Bedürfnisse erfüllen, und ich wähle Frauen, die dazu nicht imstande sind. Ich habe noch keine Lösung gefunden. Ich möchte geliebt und bewundert werden, wie jeder ansonsten auch. Ich möchte lachen und spielen und intim sein. Natürlich möchte ich das. Ich weiß, es gibt da draußen Frauen, mit denen die Rechnung aufginge. Die Frage für mich ist aber, was tue ich, das verhindert, daß ich mit so einer Frau zusammen bin?«

»Ich war an diesem Wochenende mit zwei Freundinnen zusammen, die in einen heftigen Streit miteinander gerieten. Ich sagte sehr wenig. Mir ist bewußt, daß ich nicht Mann genug bin, um Frauen meine Meinung zu sagen, kein Blatt vor den Mund zu nehmen. Ich lasse mich immer auf eine minderwertigere Rolle ein. Ich schaffe es nicht, eine Frau um irgend etwas zu bitten. Das Risiko einzugehen, daß sie meine Bitte abschlägt, ist mir zu groß. Ich würde mich zu sehr als Verlierer fühlen.«

»Ich habe Angst, mich auf eine Beziehung einzulassen. Ich habe sehr ausgeprägte Bedürfnisse, ein starkes Anlehnungsbedürfnis. Wie stark, das war mir nicht einmal bewußt. Aber diese Bedürftigkeit kommt mir gleichzeitig wie ein Ersticken vor, und wenn jemand auf mich zukommt, macht sich in mir dieses mulmige Gefühl breit, daß ich Opfer bin und sie die Herrschaft über mich übernehmen. Ich möchte ein Kind sein und die Rollen tauschen und mich durchhängen lassen und mich so geben, wie ich bin, und sentimental sein und nicht verurteilt und kritisiert werden, und ich möchte, daß man mir sagt: »Ich liebe dich, und ich mag dich, wie du bist. Du bist ein guter Mensch. Du hast ein gutes Herz.« Wir alle möchten lachen und spielen und als Menschen voll akzeptiert werden. Kann ich mir das selbst geben? Kann ich das einem anderen Menschen geben? Zum Teufel, das ist es, was ich möchte! Ich möchte voll und ganz akzeptiert werden. Was kann ich tun, um das zu finden? Was können wir tun, um uns selbst zu akzeptieren?«

»Ich kenne so viele Frauen, die behaupten, sie wollten Liebe und Kommunikation. Das ist es aber nicht, was ich erkennen kann. Was ich sehe, ist, daß sie Ablehnung wollen, daß sie benutzt werden wollen, daß sie die Herausforderung wollen. Es scheint für sie zu den entferntesten Dingen überhaupt zu gehören, wahren Sinn und wahre Kommunikation zu erfahren. Diese Dinge haben für sie kaum etwas mit der Realität zu tun. Sie scheinen dem ganzen Drama und der Illusion, den seelischen Mißständen den Vorzug zu geben. Ich habe immer diejenigen bewundert, welche die Verbindung auf einer anderen Ebene schaffen, aber selbst habe ich das selten erfahren.«

»Ich habe seit jeher bei Frauen Bestätigung und Anerkennung gesucht, so ist es wirklich interessant, daß ich mir bei meiner Ex-Frau ausgerechnet eine überkritische Frau ausgesucht habe. Da war ich nun und wollte Anerkennung und

Bestätigung, und alles, was ich bekam, waren Vorträge. Ich war in meinem Verhalten sehr provozierend und habe vieles selbst verdorben. Ich hätte mich anders verhalten können, um diese Anerkennung zu bekommen ... so stimmte mein Verhalten mit meinem Ziel, Anerkennung zu finden, nicht überein. ... Eine Kopie des Verhaltens meines Vaters. Ich sah, was er tat, um Intimitäten vorzubeugen. Ein Teil von mir hat das Gefühl, daß, wenn ich mich nicht so sehr auf Intimitäten einlasse, die Verletzung nicht so groß sein wird. Bei allen neuen Beziehungen schiebe ich einem wirklich intimen Verhältnis gleich einen Riegel vor. Ich ziehe mich mit Entschuldigungen aus der Affäre, blocke ab. So wird das Ganze ein unbefriedigender Teufelskreis. Wie komme ich da raus? Wenn ich ehrlicher sein könnte, verwundbarer, mitteilsamer, offener, mehr weinen könnte, es lernen könnte, meine Traurigkeit auszudrücken, und einer Frau sagen könnte, wie sehr ich mich nach einem intimen Kontakt sehne und wie hart das alles ist. Im Augenblick würde ich lieber allein sein, als verletzt zu werden, und das alles hat etwas mit Aufgeben zu tun ... weil ich mir vorstellen könnte, daß ich dann zwanzig Jahre allein bin.«

Ihnen wird aufgefallen sein, daß, ungeachtet des Standpunktes der Männer, nur wenige dem weiblichen Geschlecht die Schuld gaben. In weiten Teilen ging es bei diesem Gedankenaustausch darum, in sich selbst hineinzuschauen, um die Antworten auf ihre Probleme zu finden.

Gegen Ende der Sitzung fragte ich die Männer, ob es irgendeine spezielle Botschaft gäbe, von der sie möchten, daß die Frauen sie hörten. Ich hoffe, daß ich die Tiefe der Emotionen, die in dem Raum freigesetzt wurden, vermitteln kann. Die Männer sprachen langsam, ruhig und tief bewegt.

»Wenn ich auf eine Frau zugehe, die ich näher kennenlernen möchte, sollte sie wissen, daß ich meine Angst vor Ablehnung und Zurückweisung mit in diese Begegnung bringe. Wenn sie mir dann auf Anhieb ein Zeichen gibt, daß sie nicht interessiert ist, ziehe ich mich zurück und lecke meine Wunden. Ich bitte sie nur, genauer hinzuschauen.«

»Ich wünsche mir von einer Frau, daß sie in der Lage ist, meine Traurigkeit mit mir zu teilen. Zu den besten Nächten, die ich mit meiner Freundin verbrachte, gehörten die, in denen ich nur einfach im Bett liegen und weinen konnte. Und sie lag nur einfach neben mir und hielt mich fest. Sie fragte nicht, warum ich weinte. Sie ließ es einfach zu. Ich durfte einfach so sein. Ich weinte oft, wenn ich an meinen Freund dachte, der gestorben war, und mit dem mich eine Freundschaft von zehn Jahren verbunden hatte. Er war mein bester Kumpel. Sie wußte um die Schmerzen, die ich empfand. Wenn ich mit ihr zusammen war, war es wirklich in Ordnung, wenn die Tränen und die Schmerzen aufstiegen. Ich habe das noch nie bei einem Mann erlebt. Ich fühle mich nicht wohl, wenn ein Mann mich festhält und ich weine. Das ist für mich irgendwie nicht in Ordnung. In Ordnung ist das nur bei einer Frau.«

»Ich liebe es auch, in den Armen einer Frau zu weinen. Ich denke, daß hängt wohl irgendwie mit meinem Bedürfnis zusammen, von meiner Mutter versorgt und gepflegt zu werden. Das suchen wir wohl auch weiterhin. Aber es ist eine Illusion, da sie das nicht für uns sein können . . . niemand kann es. In Wirklichkeit erwarte ich es nicht einmal mehr. Ein Zeichen von Entwicklung.«

»Was wir suchen, ist das Gleichgewicht. Die Frauen haben sich auf die Suche nach der Kontrolle gemacht. Sie übernehmen die Kontrolle, und sie sitzen da in der Kontrollposition und sind unglücklich damit. Ich habe den Eindruck, daß wir es lernen müssen, beweglicher zu sein und miteinander zu tanzen, statt miteinander einen Boxkampf zu veranstalten.«

»Das Wichtigste, was ich Frauen sagen möchte, ist, daß sie Frauen sein sollen. Sie sollten herausfinden, was das in einem umfassenden Sinne bedeutet, und nicht die Stärke der Weide wegwerfen, um sich einzig auf die Stärke der Eiche zu verlassen. Frauen haben ihre eigene ihnen innewohnende Kraft und Stärke. Seit Jahrtausenden beherrschen die Frauen in Wirklichkeit diesen Planeten. Sie kontrollierten alles, aber sie taten es feinfühlig und weich, durch Geben und Formen und Bewegen . . . nicht mit dem Gefühl, die Konfrontation suchen zu müssen. Ich möchte den Frauen sagen, daß sie die Stärke haben. Sie haben die Macht. Aber sie müssen sie haben, indem sie aus ihrem eigenen inneren Selbst kommt – aus ihrer Weiblichkeit.«

»Ich möchte den Frauen sagen, daß ich bei vielen Gelegenheiten wie ein Sexualobjekt behandelt worden bin und mich dabei genauso schlecht fühle wie sie. Ich bekomme Kopfschmerzen. Ich werde krank. Ich bediene mich der gleichen Palette der Vermeidungsstrategien. Ich möchte nicht schauspielern. Wir sind alle Menschen. Wir müssen ein Gleichgewicht finden.«

»Das tiefgreifendste und wichtigste, jenseits von Spaß und Spielereien, in einer Beziehung ist ein Gefühl der Ehrlichkeit und Wahrhaftigkeit darüber, was jeder von uns in bezug auf irgend etwas empfindet. Diese Festigkeit, diese Basis, diesen Felsen zu haben . . . daß, wenn ich etwas tue, was dir mißfällt, du es mir sagst. Ich möchte nicht ständig an dir herumrätseln. Und ich möchte für mich die Freiheit und dein Einverständnis, dir meine Wahrheit ebenso zu offenbaren.«

»Ich möchte eine Quelle der Freude sein. Ich möchte nicht die einzige Quelle sein, aber ich möchte wissen, daß ich dir Freude bereiten kann.«

»Frauen sollen wissen, daß wir sie mehr mögen als sie sich selbst. Und wir brauchen sie mehr als sie begreifen. Ich glaube, wir alle suchen so sehnsüchtig nach dem Geheimnis, wie sich eine perfekte Beziehung gestalten läßt. Wir sind ungeübt. Die Spezies ist ungeübt. Aber am Ende werden wir es schaffen und erwachsen werden.«

Und ich weiß, daß er recht hat. Wir werden es schaffen, wenn wir nur daran festhalten, weiterhin »diesen Weg gemeinsam zu gehen und das Gespräch gemeinsam zu führen«.

Nachdem der letzte seinen Beitrag gegeben hatte, bemerkte ich, daß die Verwirklichung dieses Traums nicht unmöglich sei, da einige von uns Schönheit und Freude in ihren Beziehungen gefunden hätten. Einer der Männer antwortete: »Ja, aber ist das nicht die Ausnahme von der Regel?« Ich entgegnete ihm: »Zuerst ist es eine, dann sind es zwei, dann 100, dann 1 000, dann 1 000 000 und so weiter und so fort.« Der Prozeß ist in Gang gebracht, und mit Sicherheit sehen viele von uns, daß es am Ende des Tunnels ein Licht gibt.

Obwohl dies nur die Meinungen von 15 Männern waren, so denke ich doch, daß sie stellvertretend die Gefühle eines Großteils der männlichen Bevölkerung wiedergegeben haben. Diesen gleichen Gefühlen bin ich in vielen meiner Workshops und bei allen meinen Forschungen und Befragungen zu diesem Thema begegnet. Es gibt eine Reihe von Büchern, die uns einen tieferen Einblick in die Gefühlswelt der Männer gibt. Zu meinen Lieblingslektüren zählen beispielsweise *»Warum Männer so sind, wie sie sind«* von Warren Farrell[1] oder *»Der verunsicherte Mann«* von Herb Goldberg.[1a] Sie sollten diese Bücher unbedingt lesen, da sie mit einigen Illusionen aufräumen, die wir bezüglich Männern haben und welche wenig mit der Realität zu tun haben. Kurz einige Beispiele, über die Sie einmal nachdenken sollten.

Einige weitverbreitete Illusionen in Zusammenhang mit Männern

Männer fühlen sich stark. Nein, was die Gefühle angeht, fallen die Männer zusammen mit den Frauen in die Kategorie der Schwachen! Weil wir Frauen uns selbst als machtlos erfahren haben, sind wir der irrigen Annahme verfallen, daß die ganze Macht an die Männer gegangen sein muß. Wo sollte sie sonst abgeblieben sein? Ich versichere Ihnen, sie ist nicht bei den Männern abgeblieben. Der Psychologe Herb Goldberg beschreibt die Situation der Männer folgendermaßen:

»Der Mann hat in unserer Kultur einen toten Punkt er-

> reicht. Er bewegt sich nicht weiter – nicht weil er den ihm gebührenden Platz an der Sonne nicht aufgeben will, sondern weil er sich nicht bewegen kann. Er ist ein Papp-Goliath, der nur mit Mühe sein Gleichgewicht halten kann, immer in der Gefahr hinzupurzeln, wenn man ihn noch so sacht von seinem ausgetretenen Pfad schubst.«[2]

Natürlich gibt es einige Männer, die sich »bewegen«: diejenigen, die sich mit ihrer eigenen Person am sichersten fühlen. Andere, die sich kraft- und machtlos fühlen, können mit den sich vollziehenden Veränderungen alles andere als gut umgehen.

Körperliche Gewalt ist ein Beweis für die Verachtung der Männer den Frauen gegenüber. Nein, sie ist ein Beweis für das Gefühl der Machtlosigkeit der Männer. Je mehr wir Männer herabsetzen, uns negativ über sie äußern, desto machtloser fühlen sie sich. Körperliche Gewalt ist darüber hinaus ein Produkt unserer Erwartungshaltung, daß Männer hart zu sein haben. Sam Keen sagt hierzu:

> »Je mehr die Identität des Mannes im Kriegerideal verwurzelt ist, desto mehr wird eine Gesellschaft die Frauen abwerten und die Beziehung zwischen den Geschlechtern als eine Form der Kriegführung darstellen.«[3]

Daraus folgt, daß wir endlich beginnen müssen, Männlichkeit als warmherzig und einfühlsam zu definieren!

Männer sind das privilegierte Geschlecht. Ich teile diese Meinung absolut nicht! Zwar verdienen die Männer in der Arbeitswelt mehr Geld (und diese Ungerechtigkeit muß korrigiert werden), aber wir haben es – immerhin – bis zu einem Recht auf Arbeit gebracht (und wir nutzen das allemal weidlich aus!). Im Umkehrschluß ist die Gesellschaft dem Mann bislang dieses »Recht«, zu Hause und bei den Kindern zu bleiben, schuldig geblieben. Und viele Männer täten dies liebend gerne. Diejenigen, die mutig genug sind, diese Wahl zu treffen, ernten in ihrem Umfeld eine Menge Spott und Verachtung. Mit anderen Worten, die Frauen haben in der Berufswelt größere Fortschritte zu verzeichnen als die Männer im häuslichen Bereich.

Am schmerzlichsten sind für viele Männer ihre mangelnden »Privilegien«, wenn es um das Sorgerecht für ihre Kinder geht. Was viele Frauen nicht verstehen, ist die tiefe Verzweiflung, die Männer oft empfinden, wenn sie nach einer Scheidung das Recht auf ihre Kinder verlieren, auch wenn die Frau diejenige war, welche die Ehe verlassen hat. Glücklicherweise gibt es immer mehr Frauen, die einem gemeinsamen Sorgerecht zustimmen und mitunter auch damit einverstanden sind, daß die Kinder bei ihren Vätern leben. Während diese Aussichten für viele Frauen (und Männer!) noch erschreckend sind, ist diese Regelung für andere sehr befreiend und in manchen Fällen ganz zweifelsfrei zum Vorteil der Kinder. Hierdurch haben Kinder auch ein neues Modell erhalten, an dem sie sich in ihrem Leben orientieren können. In allen Fragen, die mit dem Gebären von Kindern zusammenhängen, haben Frauen letztlich die Entscheidungsbefugnis. Weder auf diese noch auf jene Weise kann hier der Mann seinen Willen durchsetzen. Möchte er ein Kind, so kann die Frau ihm die Erfüllung seines Wunsches verweigern. Möchte er einen Schwangerschaftsabbruch, so kann eine Frau ihm diesen verweigern ... und dann von ihm die Unterhaltszahlungen für das Kind verlangen. Nicht viele Privilegien auf diesem Feld!

Extrem gesprochen, Männer werden in eine Welt geboren, in der von ihnen erwartet wird, daß sie notfalls, um ihre Frauen und Kinder zu beschützen, im Kampf sterben. Warum? Ist ihr Leben weniger wert als unseres? Sind sie weniger gleichberechtigt als wir? Von den 57 000 Namen auf dem Vietnamdenkmal sind, mit Ausnahme von acht, alle von Männern.[4]

Ich glaube, wir müssen summa summarum zugeben:

Eine Frau zu sein, ist mit vielen Ungerechtigkeiten verbunden, und ein Mann zu sein, ist mit vielen Ungerechtigkeiten verbunden. Diese Ungerechtigkeiten sind nur jeweils anderer Natur. Es ist an der Zeit, von der Meinung abzurücken, Männer hätten es leicht. Sie haben es nicht leicht!

Männer möchten keine Bindungen. Die Wahrheit ist, daß die Männer sehr gerne – einige sehnlichst – Bindungen möchten, aber in der heutigen Welt schrecken viele vor den damit verbundenen Verpflichtungen zurück. So schreibt der Soziologe Warren Farrell:

> »Aus männlicher Sicht können Liebesversprechen wie Zahlungsversprechungen sein, wenn eine Bindung mit Brillanten und Hypotheken in Verbindung gebracht wird.«[5]

Ein weiterer Grund, warum Männer eine Bindung fürchten, ist, daß sie das Gefühl haben, daß unsere Erwartungen – in finanzieller und sonstiger Hinsicht – als Ergebnis der Frauenbewegung scheinbar zugenommen statt abgenommen haben. Sie haben Angst, diesen Erwartungen nicht gerecht werden zu können. Als ich Frauen in meinen Workshops fragte: »Wenn Sie heutzutage ein Mann wären, wären Sie erpicht darauf, sich zu binden?« Nur sehr wenige antworteten mit einem »Ja«.

Wie können Männer in Zusammenhang mit Bindungen eine größere Sicherheit gewinnen? Als erstes einmal sollte Bindung etwas mit Fürsorge statt mit Bedürftigkeit zu tun haben. Ein Kursteilnehmer erzählte:

> Ich lebte im letzten Jahr mit einer Frau zusammen, und als mein Vater starb, mußte ich nach New York fahren. Sie rief mich an und war völlig außer sich darüber, daß ich sie nicht angerufen hatte, um ihr zu sagen, daß ich sie liebe. Und dabei war ich doch voll damit beschäftigt, meinen Vater zu beerdigen. Sofort war mir klar, das war es dann. Ich weiß nicht, wie ich mit dieser Art der Unsicherheit rund um die Uhr umgehen soll.

Wenn unsere Bedürftigkeit die Grundlage einer Beziehung ist, dann wissen die meisten Männer, daß sie keine Chance haben, es uns jemals recht zu machen. Sie tun klug daran, uns aus dem Weg zu gehen.

Was bräuchten Männer ansonsten noch, um sich im Hinblick auf eine Bindung sicherer zu fühlen? Sie möchten auch das Gefühl haben, geschätzt und anerkannt zu werden. Sie möchten wissen, daß sie in unserem Leben etwas ganz Besonderes sind. Sie möchten sich geliebt fühlen.

Männer behandeln Frauen als Objekte. Natürlich tun das viele, aber die sich daraus selbstverständlich ableitende Schlußfolgerung wäre, daß Frauen Männer nicht als Objekte behandeln. (Hier sei an das verdrängte und geleugnete Ich erinnert!) *Die Wahrheit ist, daß alle unsicheren Menschen andere als Objekte behandeln.* Sie müssen so handeln, um psychologisch zu überleben! Unsichere Frauen sehen Männer als Brotverdiener, als Versorger, als Anker, als Sicherheitspolster, als Sexmaschinen, als Aushängeschild und Schmuckstück, um sich selbst auszustaffieren, und so weiter ... und nicht als Menschen. Je verschlossener unsere Herzen sind, um so eher vergessen wir, daß Männer Gefühle haben, genau wie wir. Viele von uns erwarten von Männern noch immer, daß sie dem traditionellen männlichen Modell nacheifern und gerecht werden, und das ist doch wohl ein Objektdenken in höchster Vollendung. Kürzlich las ich die Anzeige von einem Kursus für Frauen mit dem Thema: »Wie heirate ich Geld?« Der Mann wird nicht erwähnt, nur das Geld. Bedarf das weiterer Worte?

Männer haben eine doppelte Moral. Ja, manche Männer haben eine doppelte Moral – und auch aus dieser Feststellung ließe sich wiederum schließen, daß Frauen diese nicht haben. Aber ein kurzer Blick in den Spiegel offenbart uns das Gegenteil. Ich zuckte zusammen, als ich unlängst einen Artikel las, in dem Frauen gesagt wurde, was sie mit Schnorrern in ihrem Leben zu tun hätten – wobei Schnorrer als »solche Männer«

definiert wurden, die »scheinbar fortwährend ihre Brieftaschen vergessen«. Der Artikel warnte, daß diese Schnorrer sich vor allem solche Frauen aussuchen, die mehr Geld als Männer verdienen! Ich frage Sie, im Interesse der Gleichberechtigung, ob Frauen, die mehr Geld als ihre Männer verdienen, nicht bereit sein sollten, zu zahlen oder zumindest einen Unkostenbeitrag zu leisten? Der von uns in der Vergangenheit angeführte Grund, warum Männer zahlen sollten, war doch wohl, daß sie mehr Geld als wir verdienten. Soll dies nun im umgekehrten Fall keine Gültigkeit mehr haben? Abgesehen davon gibt es auch viele Situationen in Zusammenhang mit Kindern und unserem Lebensstil, die jede Menge Beweise für unsere doppelte Moral liefern.

Männer möchten keine erfolgreichen Frauen in der Berufswelt sehen. Während einige Männer sich noch immer von beruflich erfolgreichen Frauen bedroht fühlen, wären viele dankbar, wenn ihnen ein Teil der traditionellen männlichen Lasten abgenommen würde. Wenn sie damit Schwierigkeiten haben, so liegt das an ihrer eigenen Unsicherheit.

> »Die meisten von uns identifizieren ihre Männlichkeit derart umfassend mit ihrer Arbeit und ihrer traditionell dominierenden Rolle, daß wir uns entmannt fühlen – das heißt, wir verlieren unsere Identität, uns selbst –, wenn Frauen zeigen, daß sie die gleiche Arbeit leisten oder mit der gleichen Macht umgehen können.«[6]

Auch hier wird diese Art des Widerstandes in dem Maße abnehmen, wie der Revisionsprozeß fortschreitet. Immer mehr Männer gestehen, wie sehr sie sich durch den Umstand erleichtert fühlen, wenn Frauen einen finanziellen Beitrag zur Haushaltsführung leisten.

Die Kindererziehung ist schon aus biologischen Gründen eine Sache der Frau. Nein, Männer sind für die Kindererziehung nicht minder tauglich als Frauen. In vielen Fällen übertreffen die Männer hierbei sogar ihre Frauen. (Dies war definitiv bei meinem Ex-Mann und mir der Fall!) Dankenswerterweise wird dieser Mythos allmählich durch eine neue Wirklichkeit verdrängt: Männer können fabelhafte Mütter sein. Nicht zuletzt dank der Frauenbewegung machen Männer zunehmend ihren Anspruch auf »Mutterschaft« geltend. Stellvertretend die Worte eines Mannes, wie er seine neue Rolle empfindet:

> Ich habe dadurch eine enorme Befreiung erfahren. Im übrigen bin ich von Natur aus eine recht gute Mutter. Mir liegt die fürsorgliche Rolle. Es gibt mir ein gutes Gefühl, wenn ich sehe, wie ein Kind ißt – und ich bin ganz gerührt, wenn ich sehe, wie ein Vierjähriger mit seinen beiden kleinen Händen ein Glas festhält, um zu trinken. Ich habe es sogar genossen, meiner Tochter Amy, als sie noch im Krabbelalter war, Flicken auf ihre Hosenbeine zu nähen. Diese ganze Freude wäre mir entgangen, wenn ich an der herkömmlichen Vorstellung von der väterlichen Rolle, der auch ich früher verhaftet war, festgehalten hätte.[7]

Was immer man von der künstlerischen Qualität von Filmen wie *Kramer gegen Kramer* halten mag, in jedem Fall helfen sie Männern, mit dem fürsorglichen Teil ihres Ichs in Kontakt zu kommen, der so lange verdrängt und geleugnet wurde. Während ich dieses Buch schreibe, erblickt ein neues Männermagazin das Licht der Welt, *Single Dads*[8] – ein Pendant jener Frauenzeitschriften, die sich mit Erziehungsfragen beschäftigen. Ein Beweis für den sich vollziehenden Revisionsprozeß sind ebenfalls die zunehmend entstehenden Vätergruppen wie auch die Tatsache, daß immer mehr Männer flexible Arbeitszeiten, die Einrichtung betriebsinterner Kindertagesstätten und Sonderbeurlaubungen zur Kinderbetreuung fordern. Väter entwickeln sich zu richtigen Vätern statt zu Arbeitsmaschinen. Ein großartiges Vorbild für unsere Kleinen! Denn je eher unsere Söhne und Töchter verstehen lernen, wie wahre Gleichberechtigung aussieht, desto eher wird sich die Gleichberechtigung zwischen den Geschlechtern durchsetzen und Wirklichkeit werden. Dieser Gedanke kann durchaus dazu beitragen, unsere Ängste zu verscheuchen, die aus dem Umstand erwachsen, daß wir arbeiten gehen und uns die Kindererziehung mit unseren Männern teilen. (Vielleicht machen Sie auch die Feststellung, daß, genau wie die Männer ihre Bastion in der Arbeitswelt nicht aufgeben möchten, viele von uns oft Probleme haben, unsere Bastion im Haus aufzugeben. Es verletzt uns, festzustellen, daß unsere Ehemänner genauso gute Mütter wie wir abgeben!)

Männer sind nur an sich selbst interessiert. Die Wahrheit ist, daß die meisten Männer ihre Frauen glücklich machen möchten; das gehört zu ihrem Rollenverständnis, was bedeutet, daß sie sich sehr machtlos fühlen, wenn ihre Frauen unglücklich sind. Sie betrachten sich als Versager. Der Journalist Anthony Astrachan formuliert das sehr schön:

> »Die meisten von uns möchten wirklich, daß die Frauen in unserem Leben glücklich sind. Vielen von uns ist bewußt geworden, daß dies persönliche Autonomie, einschließlich ökonomische Freiheiten, bedeutet. Manche von uns sind bemüht, ihre Angst vor der Macht der Frauen zu überwinden. Manche von uns möchten von den traditionellen männlichen Lasten befreit werden. Folglich ringen wir darum, uns über die Veränderung freuen zu können.«[9]

Frauen sind von Männern abhängiger. Nicht unbedingt! Michael Blumenthal sieht es so:

> »Ich habe mich noch immer nicht an meine neue Unwichtigkeit (oder zumindest neutrale Stellung) in den Augen der Frauen gewöhnt, beziehungsweise an den Umstand, daß sie sehr gut ohne mich oder andere Mitglieder meiner dereinst rückständigen Art leben können (und es tun). Alle Studien, die ich zu diesem Thema gelesen habe, kommen in der Tat zu dem Schluß, daß, basierend auf den vier möglichen hete-

rosexuellen Kategorien (verheiratete Männer, alleinstehende Männer, verheiratete Frauen, alleinstehende Frauen), alleinstehende Frauen und verheiratete Männer im allgemeinen psychologisch am besten und verheiratete Frauen und alleinstehende Männer am schlechtesten abschneiden. Was das darüber aussagt, wer wen am meisten »braucht«, das dürfen Sie, lieber Leser, selbst beurteilen.«[10]

Seit Beginn der Frauenbewegung reichen mehr Frauen als Männer die Scheidung ein, und die Männer finden sich auf verlorenem Posten wieder. In dem Maße, wie Frauen entdecken, wie wenig sie die Männer brauchen, entdecken die Männer, wie sehr sie die Frauen brauchen. Und für viele ist das erschreckend. Da Männer nur selten ihre Gefühle mit anderen teilen, können sie nicht, wie dies bei Frauen der Fall ist, bei ihren Freunden Trost finden. Die Todesrate bei geschiedenen Männern ist dreimal so hoch wie bei geschiedenen Frauen; Selbstmord und Alkoholismus sind bei unverheirateten Männern erheblich weiter verbreitet. Viele Fakten belegen, daß ein Mann mehr leidet. Folglich ist es wohl verständlich, daß Männer unsere zunehmende finanzielle Unabhängigkeit mit Sorge verfolgen. Sie sorgen sich, daß wir sie nicht mehr brauchen. Wenn wir mit unserer Entwicklung die Männer nicht verletzen wollen, scheint es angebracht, sie wissen zu lassen, daß wir sie wegen anderer Dinge als Geld brauchen . . . und das durch unsere offene Anerkennung und Wertschätzung zu untermauern.

Das waren nur einige Beispiele unserer männerspezifischen Illusionen. Wenn Sie die zuvor von mir vorgeschlagenen Bücher lesen, werden Sie ein wesentlich umfassenderes und tieferes Verständnis über die tatsächliche Gefühlswelt der Männer erhalten. Sofern in Ihrem Kopf, während Sie diese Liste lasen, viele »Ja, aber« auftauchten, denken Sie daran, daß ein »Ja, aber« für Sie das Zeichen ist, daß Sie an der falschen Stelle suchen. Wiederum ist es angebracht, zum Spiegel statt zum Vergrößerungsglas zu greifen:

Mit dem Finger auf jemanden zu zeigen, ist eine eher hilflose Maßnahme, die nichts bewegt – Macht und Stärke liegen einzig darin, daß wir die Kontrolle über unsere Reaktion auf das übernehmen, was das Leben auch immer für uns bereithält.

Wo gerade von Macht die Rede ist – wir haben in den letzten Jahren so viel über den Kampf zwischen den Geschlechtern gesprochen. Bei näherer Betrachtung glaube ich, daß hier wohl kaum von einem Krieg die Rede sein kann; das Ganze ist doch wohl mehr eine einseitige Attacke der Frauen auf die Männer. Ich will damit nicht sagen, daß nicht auch einige Männer zu den Waffen gegriffen hätten. Bei manchen war dies der Fall, aber, allgemein gesprochen, war und ist es unser Kampf. Aber vielleicht war es, wie gesagt, ein Kampf, den wir initiieren mußten, um ein Gefühl für unsere eigene Macht und Stärke zu gewinnen.

Eine Macht, die aus kriegerischen Handlungen oder Verhaltensweisen erwächst, ist jedoch sehr begrenzt. Krieg schließt Liebe aus, und nur durch Liebe können wir ein Gefühl dafür entwickeln, was wirkliche Macht ist. Ich hoffe, die Stimmen der Männer in diesem Kapitel konnten dazu beitragen, daß es uns möglich wird, uns nach vorne, in eine liebevollere Richtung zu bewegen – hin zum nächsten Schritt der Frauenbewegung, wo Frauen Frauen lieben und Frauen Männer lieben.

In der Praxis bedeutet dies, daß wir mit unseren kriegerischen Verhaltensweisen aufhören müssen. Männer sind nicht unsere Feinde. Sie sind einfach Menschen, welche im Sinne ihres Rollenverständnisses in diesem Universum versuchen, ihr derzeit Bestes zu geben. In der ihnen eigenen Art ringen sie genauso sehr wie wir darum, die ihnen angemessene Würde im großen Gefüge aller Dinge zu finden. Eine mitunter mühselige Aufgabe.

Eines weiß ich mit Sicherheit, daß nämlich die meisten Männer Frauen mögen und eher das Verbindende als das Trennende suchen. Sie brauchen die Frauen und möchten nicht gegen sie kämpfen. Kürzlich fand ich in einer Torontoer Zeitung den Leserbrief eines Mannes, der angesichts der zunehmend entstehenden Männergruppen seine Hoffnung zum Ausdruck brachte, daß diese sich nicht das Eindreschen auf das andere Geschlecht zum Ziel setzten, wie dies bei so manchen feministischen Gruppen der Fall sei. Anläßlich einer Frauenkonferenz in Ottawa hatte man ihm einen Button mit der Aufschrift »Ein guter Mann ist nur ein toter Mann« verkauft.

Ich hoffe, dieser Button macht Sie genauso traurig wie mich. Wir müssen uns bewußtmachen, wie sehr wir Männer mit unseren Attacken verletzen. Ich weiß, ich weiß! Manchmal provoziert ihr Verhalten uns geradezu, sie verletzen, niedermachen und umbringen zu wollen. Es gibt zweifellos manchen scheußlichen Mann da draußen, und wir möchten uns oft für all die von ihnen lancierten »Ungerechtigkeiten« rächen. Wir kommen aber nicht umhin, das alles aus der richtigen Perspektive zu sehen. Denn es gibt in Wirklichkeit gute und schlechte Männer, genau wie es gute und schlechte Frauen gibt. Bei Männern wie bei Frauen sind alle Typen vertreten. Wir können nicht verallgemeinern und alle Männer kategorisch schlechtmachen. Sie sind es nicht. Das abscheuliche Verhalten mancher Männer finden andere wiederum abstoßend; sie reagieren beschämt, verlegen und fühlen sich schuldig – genau wie dies bei uns angesichts des abstoßenden Verhaltens mancher Frauen der Fall ist. Es hilft, sich vor Augen zu halten, daß, wenn jemand – Mann oder Frau – sich schlecht benimmt, dies ein Ausdruck des in seinem Innern bohrenden Schmerzes ist. Das entschuldigt zwar nicht sein Verhalten, hilft aber, den Grad unseres Verletztseins zu reduzieren.

Auch wenn wir selbst Schmerzen empfinden, müssen wir lernen, Mitgefühl zu entwickeln. Durch Mitgefühl können wir die Schmerzen in unseren – wie auch in ihren – Herzen lindern. Mitgefühl läßt uns erkennen, wie sehr wir die Männer mit unserer männerfeindlichen Haltung verletzen . . . wie sehr wir einen Mann verletzen, der einen Button mit der Aufschrift »Ein guter Mann ist nur ein toter Mann« erhält . . . wie sehr es einen Mann verletzt, wenn er eine unserer »Ego-Aufbesserungszeitschriften« mit Artikeln wie »Wie Sie diesen Trottel in Ihrem Kopf auslöschen können« in die Hand bekommt.

Vielleicht wären wir mehr geneigt, mit unseren Attacken aufzuhören, wenn wir verstünden, daß wir uns selbst mit unserer männerfeindlichen Gesinnung mehr als die Männer verletzen.

Wir mögen über unsere geistreichen Sprüche zwar herzhaft lachen, dieses Lachen kommt in Wirklichkeit aber als Bumerang zurück. Warum?

Es tötet unser Selbstwertgefühl, andere Menschen zu verletzen.

Ich glaube, daß wir alle auf dieser Erde sind, damit wir lernen, wie wir das uns innewohnende Gute und Schöne erweitern und ausleben können. Eine Möglichkeit, diesen Lernprozeß zu beschleunigen, besteht meines Erachtens darin, daß wir sehr bewußt und verantwortlich mit allem umgehen, was im Namen der »Frau« gesagt wird. Wenn wir also in Frauenzeitschriften so verletzende Artikel wie den zuvor genannten finden, sollten wir die Herausgeber wissen lassen, daß wir mit dieser Art der Männerfeindlichkeit nicht einverstanden sind. Wir sollten sie wissen lassen, daß wir die Sprache der Liebe, nicht die Sprache des Hasses verbreiten möchten.

Verstehen Sie mich nicht falsch . . . ich liebe Frauenzeitschriften. Sie haben viel dazu beigetragen, unser Leben soweit in den Griff zu bekommen. Wir müssen jetzt aber mit darauf hinwirken, daß sie den »nächsten Schritt« der Frauenbewegung mit vollziehen – *Frauen lieben Frauen, und Frauen lieben Männer* –, so daß wir von dieser Art der Männerfeindlichkeit loskommen.

Das gleiche gilt für die Bücher, Fernsehsendungen, Filme und so weiter, die mit dem Finger einzig auf die Männer zeigen. Indem wir das, was sie uns vorsetzen, widerspruchslos akzeptieren und verschlingen, animieren wir die Medien nur, noch mehr davon zu produzieren. Ein Teufelskreis!

Wir müssen verantwortlicher mit dem umgehen, was wir

über Männer sagen, auch wenn dies mit Ablehnung und Mißbilligung aus unserer Umgebung verbunden ist. Wir müssen die Verantwortung auf uns nehmen, für Männer ein Umfeld der Liebe und nicht der Verachtung zu schaffen. Hierdurch finden wir selbst eine größere Liebe und lernen, mitfühlender gegenüber anderen zu sein. Mitgefühl kommt nicht von selbst. Es muß erlernt werden.

Und was ist Mitgefühl? Merle Shain beschreibt es sehr schön:

> »Wahres Mitgefühl ist die aus geteilter Schwäche geborene Stärke, die Anerkennung des gemeinsamen Menschseins, ein Weg, die durch Trennung verursachten Wunden durch Verbundenheit zu heilen. Und es beinhaltet, daß wir akzeptieren, daß jeder in seinem tiefsten Innern hilflos ist und sich über unsere Liebe freuen würde.«[11]

Lesen Sie das nochmals . . . und sorgfältig. Mitgefühl gibt uns die Stärke zu verstehen, daß wir alle unsere Schwächen haben und daß daran nichts »Schlechtes« ist. Sie sind Teil unseres gemeinsamen Schicksals. Wenn wir andere angreifen, leugnen wir unser Einssein mit der Menschheit. Mit unseren Angriffen töten wir also einen Teil in uns selbst.

> Ich glaube, wenn wir unsere Männer mit herzlosen Haltungen und Verhaltensweisen »umbringen«, so töten wir auch einen Teil von uns selbst. Ein psychologisches Betäuben bedeutet den Tod für unsere Seele. Mit der Selbstachtung, die wir lernen, wenn wir unsere Herzen gegenüber anderen öffnen, schaffen wir die Plattform für eine neue Art der Revolution, eine Revolution, welche den Krieg für immer ächten könnte. Ich glaube, daß Frauen diese Art der Macht besitzen.

Wir Frauen haben die Fähigkeit, eine völlig neue Art der Energie in dieser Welt zu erzeugen, eine Energie, mit der wir die Mauern zwischen »Feinden« einreißen können, statt sie zu errichten. Wenn wir erst einmal verstanden haben, wie wichtig wir wirklich sind, werden wir das, was wir in dieser Welt tun oder lassen, nicht mehr so sehr auf die leichte Schulter nehmen. Wir werden erkennen, daß es ohne Verantwortung keine wirkliche Gleichberechtigung gibt. Das ist die einzig denkbare Kombination: Gleichberechtigung und Verantwortung. Jede Frau, die dieses Buch liest, sollte verstehen, daß jede, aber auch wirklich jede von uns die Fähigkeit hat, einen positiven Akzent in dieser Welt zu setzen. Wir sollten jetzt damit anfangen, und zwar indem wir uns entscheiden, liebendere Menschen zu werden.

> Wenn wir unsere Herzen den Männern gegenüber öffnen, beginnen wir, unsere eigene innere Schönheit und unsere innere Stärke zu entdecken.

Womit wir zum eigentlichen Anliegen dieses Buches kommen: unsere eigene »Herrlichkeit« zu spüren.

Kapitel 9

Unsere »Herrlichkeit« spüren

Unsere »Herrlichkeit« spüren – ein wahrlich pompös klingender Satz! Aber wenn man ihn einige Male wiederholt hat, merkt man dennoch, daß man sich unweigerlich ein wenig mehr aufrichtet und ein wenig tiefer atmet. Was heißt das nun? Ich definiere es so:

> »Unsere Herrlichkeit spüren« heißt, daß wir in unserer Seele um unsere innere Schönheit, unsere innere Stärke und unser inneres Licht wissen und all das in unseren Herzen fühlen und in diese Welt reflektieren.

Dieser Gedanke hat kaum noch etwas Pompöses; was ihn kennzeichnet, ist eher spiritueller und sinngebender Natur. Es geht darum, uns selbst genug zu lieben, so daß unsere Liebe für alle unsere Mitmenschen spürbar wird.

Es versteht sich von selbst, daß einige von uns mehr als andere in Kontakt mit dem »Guten« in ihrem Innern sind; aber wir alle zweifeln gelegentlich daran, ob wir gut genug, schön genug, stark genug oder liebenswert genug sind. Selbstzweifel sind eine weitere menschliche Schwäche, der wir scheinbar nicht entkommen können. Aber wir können es lernen, diese Zweifel mit Liebe zu besänftigen, wann immer sie uns gefährlich zu werden drohen.

Gerne möchte ich mit einem sofort wirksamen Mittel gegen Selbstzweifel aufwarten. Aber auch ich kann es mir nicht aus dem Ärmel schütteln. Wie jede von Ihnen habe auch ich meine Selbstzweifel. Allerdings habe ich in den letzten Jahren durchaus beachtliche Fortschritte bezüglich meines Selbstvertrauens gemacht, und ich möchte einige der von mir gewonnenen Einsichten mit Ihnen in der Hoffnung teilen, daß auch Sie beginnen, das Licht in Ihrem Innern zu sehen und es in die Welt zu reflektieren, die dieses Lichtes so sehr bedarf. Ich höre jetzt förmlich, wie einige von Ihnen sagen:

> »Wovon spricht sie überhaupt? Ich habe dieses Buch angefangen, um einen neuen Freund zu finden, und jetzt lese ich, daß ich mein Licht in diese Welt ausstrahlen soll, weil sie dieses Lichtes so sehr bedarf. Ich brauche mal eine Pause!«

Glauben Sie mir, es gibt eine enge Verbindung zwischen dem Problem, eine gesunde, positive Beziehung zu finden, und der Frage, ob wir in Kontakt mit unserer eigenen inneren Größe sind. Ist Ihnen jemals aufgefallen, daß diejenigen, die Licht in diese Welt abgeben, auch Licht in ihrem Leben anziehen, und daß diejenigen, die dunkle Wolken in diese Welt abgeben, auch dunkle Wolken in ihrem Leben anziehen? Ich habe die Erfahrung gemacht, daß die Zahl liebenswerter Männer, die sich zu mir hingezogen fühlten, proportional zum Ausmaß der von mir ausgestrahlten liebevollen Energie stieg. Und jetzt, wo ich mit einem fabelhaften Mann verheiratet bin, hilft diese liebevolle Energie, unsere Beziehung gesund zu erhalten.

Auf Ihrem Pfad zur Ganzheit möchte ich Ihnen als erstes vorschlagen, dieses Buch, wenn Sie es beendet haben, nochmals zu lesen. Sie mögen den Eindruck gehabt haben, daß es bisher hauptsächlich darum ging, die Männer in unserem Leben zu lieben, in Wirklichkeit liegt aber der Schlüssel zu unserem Erfolg in der Selbstliebe. *Allein der Umstand, daß wir zum Spiegel statt zum Vergrößerungsglas greifen, kann mit das Liebevollste sein, was wir für uns selbst tun können.*

Nur auf dem Weg der Selbsterforschung können wir Zugang zu dem besten Teil unseres Ichs finden: unserem Unterstützer-Ich. Wenn wir von einem Gefühl innerer Leere (göttlichen Heimwehs) erfüllt sind, so ist dies das Ergebnis, daß wir den Kontakt mit unserer inneren Heimstatt verloren haben

– wo all das geborgen liegt, was wir alle in der Tiefe unseres Herzens erfahren möchten – Kreativität, Intuition, Vertrauen, Liebe, Freude, Inspiration, Streben nach höheren Werten, Fürsorge, Geben.

Dann, nachdem Sie alles nochmals gelesen haben, möchte ich, daß Sie einmal darüber nachdenken, was Sie normalerweise tun, wenn Sie ein Selbsthilfebuch gelesen haben. Stellen Sie es ins Regal zurück und sagen sich:

> »Das war wirklich gut. Das hat mir gut getan.«

... nur um dann festzustellen, daß dieses anfängliche Hochgefühl bereits nach wenigen Tagen verschwunden ist? Oder sagen Sie:

> »Das war wirklich gut. Wie kann ich die vorgeschlagenen Übungen nun für mich nutzen und sie zu einem Bestandteil meines Lebens machen?«

Kein Lehrer, ob es sich dabei nun um eine Person, ein Buch, eine Kassette oder einen Workshop handelt, kann Ihnen das, was Sie an sich selbst arbeiten müssen, abnehmen. Der Lehrer kann Ihnen nur das Werkzeug geben. Damit arbeiten müssen Sie selbst. Lektionen über das Herz (»Herzarbeit«) müssen zwar auch gelernt werden, das Ausschlaggebende ist jedoch, daß sie gelebt werden. Diese Lektionen und dieses Lernen haben nie ein Ende. Mitunter werden wir an den Punkt kommen, wo wir des Ganzen überdrüssig sind, es als beschwerlich und ermüdend empfinden. Wenn es uns jedoch gelingt, das alles als ein Abenteuer zu betrachten, können wir diesen Lernprozeß sogar lieben.

Was diese Reise zu unserem Unterstützer-Ich so sehr belebt, ist, daß wir immer wieder entdecken, daß wir mehr sind, als wir glaubten. Das ist das Beglückende an diesem Prozeß des »Erwachens«, und in unserem Falle ist dieses »Erwachen« eine Frage des »Bewußtseins«.

Angesichts all dessen möchte ich Ihnen vorschlagen, Ihre

eigene »Herzarbeit« mit Hilfe eines Arbeitsbuches in Angriff zu nehmen, welches Sie für sich anlegen, so daß Sie systematisch die in diesen Kapiteln angeführten Übungen machen können. Von einigen Leserinnen weiß ich, daß sie, um sich selbst zu motivieren, Selbsthilfegruppen initiiert und diese Übungen als Grundlage bei ihren Sitzungen genommen haben. Wenn Sie also Probleme haben, sich selbst zu motivieren, gründen Sie Ihre eigene Selbsthilfegruppe!

Nachfolgend noch einige Gedanken und Übungen, die Sie in Ihr Arbeitsbuch übernehmen können. Einige Themen habe ich bereits kurz angesprochen, denke aber, daß sie weiterer Ausführungen bedürfen. Wie stets, greifen Sie das für sich heraus, was Sie für sich als zutreffend erachten, und ignorieren Sie den Rest.

Ein paar weitere Tips für den Weg zum Unterstützer-Ich

Das »Handeln, als ob«-Spiel. Ein wichtiges Instrument, dessen wir uns sofort bedienen können, ist, so zu handeln, »als ob ...« Ein Trick, den wir bei unserem Negativismus, unserem »Lästermaul«, anwenden können, und der es uns ermöglicht, uns selbst mit liebevolleren Gefühlen zu begegnen. Sie können beginnen, Ihre »Herrlichkeit zu spüren«, indem Sie so tun, als ob Sie diese bereits spürten und in die Welt ausstrahlten ... ungeachtet der Dinge, die Ihr »Lästermaul« Ihnen sagt. Eine der Hauptfragen in Ihrem Leben wird sein:

> Wenn ich meine Herrlichkeit tatsächlich spürte, was würde ich tun?

Wenn ich tatsächlich mit meiner inneren Schönheit, meiner inneren Stärke und meinem inneren Licht in Verbindung wäre, was würde ich tun, um all dieses auf meine Beziehung ausstrahlen zu lassen? Erstellen Sie eine Liste, und handeln Sie entsprechend! Auf meine Familie? Erstellen Sie eine Liste, und handeln Sie danach! Auf meinen Beruf? Erstellen Sie eine Liste, und handeln Sie danach! Und was würde ich in bezug auf meine eigene Person tun? Erstellen Sie eine Liste, und handeln Sie danach! Nehmen wir die Beziehung als Beispiel. Wenn ich tatsächlich mit meiner inneren Schönheit, meiner Stärke und meinem Licht in Verbindung wäre,

> würde ich ihm einen Brief schreiben, in dem ich ihm sage, wie dankbar ich dafür bin, daß er in meinem Leben ist;
> würde ich meine eigenen Pläne schmieden, wenn ich wüßte, daß er spät von der Arbeit nach Hause kommt, so daß ich wegen seiner Überstunden keinen Druck auf ihn ausübe;
> würde ich mehrere Affirmationen in mein Tagesprogramm integrieren, so daß ich immerzu an all die Dinge in meinem Leben erinnert werde, mit denen ich gesegnet bin;
> würde ich an Workshops teilnehmen und so viele Bücher wie nur möglich darüber lesen, wie sich eine konstruktive Liebe aufbauen läßt;
> würde ich mich verantwortlicher in Geldfragen verhalten, so daß er die finanziellen Lasten nicht alleine tragen müßte;
> würde ich den Mund halten, wenn ich merke, daß ich anfange, ihn zu kritisieren, und mich fragen: »Was ist es, was ich selbst nicht für mich tue, aber von ihm erwarte, daß er es für mich tut?«
> würde ich ihn loben, statt ihm in Gegenwart unserer Freunde Vorwürfe zu machen.
> Und so weiter . . .

Dann würde ich einen Schritt weitergehen und das in die Tat umsetzen! Sie sollten Ihre Listen des öfteren überprüfen und jeweils Ihren Lebenssituationen anpassen.

Das Großartige am »Handeln, als ob«-Spiel ist, daß Sie nicht warten müssen, bis Sie sich »herrlich« fühlen, um diese Herrlichkeit in die Welt auszustrahlen. Zu handeln, »als ob . . .« erfüllt diesen Zweck voll und ganz! All das klingt entsetzlich unbescheiden (dabei haben unsere Mütter uns doch ermahnt, nicht selbstgefällig und eitel zu werden), aber die daraus erwachsenden Ergebnisse sind faszinierend:

Auf der Grundlage von Selbstliebe ist unser Handeln von Integrität, Mitgefühl, Fürsorge, Respekt, Freundlichkeit und der Wertschätzung der ganzen menschlichen Natur – wozu auch das eigene Selbst gehört – geprägt.

Wenn wir uns nun fragen: »Wenn ich mich tatsächlich liebte, was würde ich tun?«, können Sie sicher sein, daß in der Antwort Aspekte enthalten sind, von denen alle Betroffenen profitieren werden. Demgegenüber werden die Verhaltensweisen derjenigen, die voller Selbstvorwürfe sind, egoistisch, schmerzlich und grausam sein. Selbstliebe ist durch Fülle und Reichtum gekennzeichnet ... Selbstvorwürfe sind durch Ängste gekennzeichnet.

Reden Sie sich ein, sich selbst zu lieben. Ich glaube fest an die Kraft positiver Selbstgespräche. In meinem Buch *Feel the Fear and Do It Anyway* habe ich ein »Intensivprogramm über das Positive Denken für Anfänger« beschrieben – ein Zehn-Punkte-Programm, welches jeder in seine Alltagsroutine integrieren kann. Ebenso finden Sie in diesem Buch viele Beispiele von Affirmationen, die zu meinen Lieblingsinstrumenten des Positiven Denkens gehören. Im Anhang finden Sie Hinweise, wie Sie diese anwenden können. Wichtig ist zu verstehen, daß man an die Affirmationen, die man sagt, nicht erst glauben muß, ehe sie ihren Zweck erfüllen. Es handelt sich hierbei um eine Variante des so Handeln-als-ob-Prinzips, nur daß es in diesem Fall um ein so Reden-als-ob geht.

Die Kraft positiver Worte und Gedanken findet derzeit auch ihr Echo in der Welt des Sports und der Medizin. Schöne, positive Gedanken (auch wenn wir anfänglich nicht daran glauben) beeinflussen unsere Gesundheit, die Art und Weise, wie wir in dieser Welt funktionieren, und mit Sicherheit unsere Beziehungen.

Es gibt ganze Bücher über das Thema des Positiven Denkens und positiver Selbstgespräche. Ich kann Sie nur mit Nachdruck bitten, sich mit diesem Thema zu beschäftigen und

Übungen des Positiven Denkens zur Tagesroutine werden zu lassen. Sie sind wahrhaft wirksame Instrumente, um im Leben zurechtzukommen. Bei anderen (und bei mir selbst) konnte ich einen schier unglaublichen Wandel beobachten, wenn Menschen es gelernt hatten, positive Denker zu werden. Und denken Sie daran: *Gleiches zieht Gleiches an.* Wenn Sie positiv sind, ziehen Sie positive Dinge in Ihrem Leben an. Sind Sie negativ, so ziehen Sie in Ihrem Leben negative Dinge an.

> Unsere Herrlichkeit spüren bedeutet zweifellos, daß wir uns immer wieder bestätigen und bekräftigen, daß wir gute und schöne Menschen sind und unser Leben von Bedeutung ist . . . und dementsprechend zu leben.

Darauf konzentrieren, wie weit Sie es gebracht haben. Es ist nicht nur wichtig, unseren Männern anerkennend auf die Schulter zu klopfen, wir müssen auch uns selbst auf die Schultern klopfen. Während eines Workshops forderte ich die Kursteilnehmerinnen auf, innerhalb von fünf Minuten fünfzig positive Dinge über sich selbst aufzuschreiben. Die Reaktion zweier Frauen war sehr bezeichnend. Von den sechzig Anwesenden konnte nur eine Frau mit fünfzig Punkten aufwarten, und nur eine war unfähig, auch nur einen einzigen Punkt zu finden! Können Sie sich den Unterschied zwischen dem jeweiligen Lebensmodus dieser beiden Frauen vorstellen? Wo würden Sie sich auf dieser Skala von null bis fünfzig einordnen? Eines kann ich Ihnen versichern:

> Wenn wir dem, was gut an uns ist, nicht selbst anerkennend Rechnung tragen, prädisponieren wir uns selbst für ein Gefühl der inneren Leere, welche kein Mann, so sehr er sich auch bemühen mag, füllen kann.

Unser negatives »Lästermaul« neigt dazu, sich nur darauf zu konzentrieren, wie weit wir es zu schaffen haben, aber nicht, wie weit wir es geschafft haben. Vor kurzem sagte eine Frau zu mir: »Ich bin so festgefahren, wenn es um Männer geht. Ich weiß nicht, was mit mir nicht in Ordnung ist. Ich bin einfach hoffnungslos.« Ich bat sie, einmal zwei Jahre zurückzudenken und zu überlegen, ob sie während dieser zwei Jahre in ihrem Leben irgendwelche Punkte der Weiterentwicklung erkennen könne. Sie dachte einen Augenblick nach und antwortete: »Ja, ich glaube. Ich konnte die Beziehung zu meinem Vater wiederherstellen, und ich konnte einen Beruf ergreifen, den ich liebe, und ich habe eine Liebe zu Sport und gutem Essen entwickelt, und jetzt werden mir viele destruktive Verhaltensweisen in meinen Beziehungen bewußt, die mir früher niemals aufgefallen sind . . . Vermutlich ist das eine Entwicklung.« Sie fuhr mit ihrer Aufzählung noch eine Zeitlang fort, und ich bat sie, alles, was sie gesagt hatte, aufzuschreiben und es zur Erinnerung aufzubewahren. Als sie die Sitzung verließ, war sie voller Begeisterung. Oft bedarf es nur ein wenig der Bewußtmachung.

Greifen Sie zu Ihrem neuangelegten Arbeitsbuch, und machen Sie die gleiche Übung. Schreiben Sie alle Bereiche auf, in denen Sie während der letzten zwei Jahre gewachsen sind. Verpflichten Sie sich von diesem Tage an, alle ihre Siege aufzuschreiben. Darunter verstehe ich alles, was Sie schaffen, wie groß oder klein es auch sein mag, und was dazu beiträgt, daß Sie mit sich selbst zufriedener sind.

Beispiele solcher Siege sind, daß Sie sich für einen Workshop angemeldet haben; daß Sie jemandem ein Kompliment gemacht haben; daß Sie am Morgen zwanzig Minuten Gymnastik gemacht haben; daß Sie eine Freundin angerufen haben, um ihr für ihre Freundschaft zu danken; daß Sie ein Stück Abfall von der Straße aufgehoben haben; daß Sie mit dem Wagen angehalten haben, um den Sonnenuntergang zu beobachten; daß Sie merkten, daß Sie dabei waren, etwas Ihrem Wohlbefinden Abträgliches zu tun und sich in die Pflicht nahmen, um dem Einhalt zu gebieten . . . und so weiter. All das sind Siege. Statt sich zu kritisieren, festgefahren zu sein, beginnen Sie es zu genießen und Gefallen daran zu finden, wie weit Sie bereits gekommen sind.

Seien Sie geduldig mit sich selbst. Unser »Lästermaul« vergißt nicht nur, uns zu sagen, wie großartig wir uns schlagen, es geißelt uns vielmehr noch, so daß wir uns in einem Schneckentempo bewegen. Erst mit der Zeit lernen wir die Lektionen der Liebe wirklich und werfen eine Menge unseres überflüssigen Ballastes ab. Ich glaube, wir werden als Nehmende geboren (am Anfang müssen wir nehmen, oder wir sterben), und eine unserer Lebenslektionen besteht darin zu lernen, Gebende zu werden. Sam Keen teilt meine Empfindungen, wenn er sagt:

> »Wir altern, um Liebende zu werden.«[1]

Damit erhält das Altern eine neue Perspektive, oder? Die Zeit ist heilsam. Die Zeit gibt uns eine Perspektive. Die Zeit ist nicht unser Feind, sie ist unser Freund. Wenngleich jede neue Falte, die ich in meinem Gesicht registriere, mir nicht gerade als ein Punkt der Weiterentwicklung ins Auge sticht, so kann ich dennoch ehrlich sagen, daß ich mein Leben keinen einzigen Tag zurückdrehen möchte. Wenn ich über all das nachdenke, was ich während meines ganzen Lebens gelernt habe, wird mir bewußt, daß ich mir selbst und anderen niemals liebevoller begegnet bin als heute. Warum sollte ich die Zeit also zurückdrehen wollen? Aus heutiger Sicht kann ich mir nur vorstellen, um wieviel liebevoller ich in zehn, zwanzig, vierzig Jahren sein werde! Wobei ich nicht vergesse, daß ich dann inzwischen neunzig bin . . .!

Wenn Sie das Gefühl haben, in dieser verzweifelten Tretmühle der Ungeduld zu stecken, können Sie sich selbst beruhigen, indem Sie sich liebevoll bestätigen:

> Ich habe jede Menge Zeit. Und ganz gleich, was mein »Lästermaul« (oder irgendwer sonst) mir sagt, alles wird sich absolut perfekt entwickeln.

Lassen Sie keine Schuldzuweisungen, keine Selbstbezichtigungen, kein Bedauern zu – nichts als das gesunde, wohlige

Gefühl, daß Sie auf einer Reise sind und jeder Tag eine neue Bewußtheit bringt, die es Ihnen ermöglicht, ein vollkommenerer, ganzheitlicherer und liebevollerer Mensch zu werden.

»Die ältere Frau« lieben lernen. Da vom Altern die Rede war, kann ich nicht umhin, auch auf die psychische Folter einzugehen, die wir Frauen in Zusammenhang mit dem Alterungsprozeß durchmachen. Sprechen wir also von unserer abgelehnten Herrlichkeit! Seit den Vorbildern von Linda Evans und Joan Collins haben wir zumindest einen kleinen Fortschritt zu verzeichnen, indem wir nun nämlich die Fünfzigjährigen, die wie Dreißigjährige aussehen, zu schätzen wissen, im Gegensatz dazu, daß bis dato nur die Zwanzigjährigen den Wertmaßstäben gerecht werden konnten; aber wir haben noch einen langen Weg vor uns!

Wir lassen uns von unseren Hochglanzzeitschriften Dreizehnjährige! als Modelle, wie wir auszusehen haben, vor Augen halten. Ich hörte unlängst den Leiter einer Modellagentur sagen, daß mit dem Verkauf von Schönheitsprodukten eine Welt des Glanzes und der Illusion geschaffen werden soll . . . eine Welt, die »zwar nicht real existiert, wohl aber in den Köpfen der Öffentlichkeit!«. Um auf den zuvor behandelten Revisionsprozeß zurückzukommen, geht es bei dieser Art der Revision nicht darum, uns mehr zu lieben, sondern uns weniger zu lieben!

In einem Fernsehinterview erklärte ein dreizehnjähriges Modell, der Grund, warum in der Werbung Dreizehnjährige bevorzugt würden, sei, daß im Alter von sechzehn Jahren die Poren bereits durch die Kamera sichtbar seien. Was gibt es an Poren auszusetzen? Sie sind wichtig für die Erhaltung unserer Gesundheit. Sie ermöglichen es unserem Körper, daß er atmen kann! Die Ironie ist, daß die meisten Männer bei uns ein natürlicheres Aussehen bevorzugen. Ich bin mit einem jüngeren Mann verheiratet, und wenn ich von Schönheitsoperationen spreche, ist das alles andere als Musik in seinen Ohren. Er mag meine Falten . . . ich bin es, die sie nicht mag!

Wir müssen aufhören, die Männer zu beschuldigen, sie würden jüngere Frauen bevorzugen. Manche tun es, andere nicht. Von Belang ist, daß wir jüngere Frauen bevorzugen! Ich schlage vor, daß jede von uns an ihre Lieblingsfrauenzeitschrift schreibt und, um der Menschlichkeit willen, darum bittet, doch Poren auf ihren Seiten sichtbar werden zu lassen! Erklären Sie ihnen in netter Form, daß sie ein Teil des Problems unserer heutigen Unzufriedenheit sind. Wenn wir uns nicht beschweren, haben wir es uns selbst zuzuschreiben, daß diese Praxis fortbesteht.

Sagen Sie ihnen, daß wir nichts gegen Werbung haben. Zu unseren liebsten Freizeitbeschäftigungen zählt ein Einkaufsbummel. Alles, was wir verlangen, ist, daß die Werbung ein »Verkaufsprodukt« kreiert, welches uns die jedem Alter anhaftende Schönheit erkennen läßt ... und dazu gehören Poren, Falten ...

Ich bin sicher, wenn sie wollen, können sie mit einigen großartigen innovativen Produkten aufwarten. So wie wir »konditioniert« wurden zu glauben, daß nur die Jugend schön sei, können wir zu dem Glauben umgepolt werden, daß das Altern etwas Schönes ist. Die Schönheit liegt in der Tat im Auge des Betrachters ... wo sonst?

Zeitschriften haben eine große Macht. Sie können Grundlage und Auslöser selbsterfüllender Prophezeiungen sein. Werden uns nur Artikel über Glanz, Schönheit, Konkurrenz und Manipulation vorgesetzt, sind es diese Dinge, die wir anstreben. Wir brauchen ein neues Image, neue Werte in Form von Tiefe, Fürsorge, Bindung und Liebe. Wir sollten die Herausgeber unserer Zeitschriften auffordern, mit uns zusammen das Bild einer Frau zu kreieren, auf die wir wahrlich – innerlich und äußerlich – stolz sein können. Genau wie wir unsere Einstellung von einer Liebe zu kurzen Röcken zu einer Liebe zu langen Röcken wandeln können, so schaffen wir es auch, unsere Einstellung von einer jugendorientierten Gesellschaft hin zu einer, die das Altwerden positiv beurteilt, zu wandeln. Packen wir es an! Machen wir uns die Einstellung Helen Hayes zu eigen, die sagt:

Denken Sie daran, das Alter ist unwichtig, es sei denn, Sie sind ein Käse!

Sich aktiv an Veränderungsprozessen beteiligen. Eine Möglichkeit, ein besseres Gefühl für uns selbst zu entwickeln, ist, daß wir an dem, was in unserem äußeren Umfeld passiert, Anteil nehmen. Wir bleiben so lange machtlos, wie wir uns mit der passiven Zuschauerrolle begnügen, die auf ein bloßes Wunschdenken, daß die Welt doch anders sein möge, reduziert ist. Analog zum Thema dieses Buches sind wir mit Sicherheit aufgefordert, weiterhin die Fragen und Probleme der Frauenbewegung zu verfolgen. Wir alle haben von der Frauenbewegung profitiert, auch wenn wir uns manchmal abgestoßen fühlen.

Sowohl für Männer als auch für Frauen bestehen in unserer Gesellschaft nach wie vor viele Ungerechtigkeiten und Diskriminierungen. Wir müssen kämpfen für das, woran wir glauben – nur dieses Mal mit den Waffen der Liebe statt mit den Waffen der Wut.

Bei unserem Streben nach einer neuen Welt dürfen wir die heutige Realität nicht leugnen. Dies fällt in den Bereich des »Aufhörens, ein Opfer zu sein«. So ist ein Opfer einer Definition zufolge »eine Person, die von ihren eigenen Gefühlen oder ihrer eigenen Ignoranz getäuscht oder betrogen wurde«.[2] Wir machen uns also selbst zu Opfern, wenn wir zulassen, daß unsere Gefühle oder unsere Ignoranz das, was tatsächlich in der heutigen Welt passiert, verdrängen. Und was passiert in der heutigen Welt?

Wir stehen derzeit, wie gesagt, inmitten eines gewaltigen Bewußtseinswandels. Uns ist noch nicht absolut klar, was Gleichberechtigung eigentlich heißen soll. Solange das so ist, werden die traditionellen Rollenzuweisungen oft vorherrschen. – Frauen werden sich oftmals in der Rolle der für den Haushalt Verantwortlichen und Männer sich in der Rolle des Hauptverdieners finden.

Das heißt, daß all Ihre grandiosen vorehelichen Absprachen und Übereinkünfte, sich die Erziehung der Kinder und die im Haushalt anfallenden Arbeiten zu teilen, nichts mehr wert sein können, wenn es hart auf hart kommt . . . und hart auf hart kommt es normalerweise, wenn sich die Geburt eines Kindes ankündigt. In der Regel wird Ihr Partner zuviel Angst haben, von seinem männlichen Status des Besserverdienenden abzulassen, und Sie werden ebenfalls zuviel Angst haben, ihm zu sagen, er solle von diesem Status ablassen. Ebenso wahrscheinlich ist, daß Ihre Schuldgefühle Sie davon abhalten, Ihre Forderungen durchzusetzen. Sie werden sich in einer Weise verhalten, die garantiert, daß beide Parteien sich nach wie vor an ihre Vereinbarungen gebunden fühlen und entsprechend handeln. Hier ist ein allmählicher Wandel zu beobachten, und ich kenne Fälle, wo Männer und Frauen sich gleichberechtigt und in liebenswerter Weise Geldangelegenheiten und die Versorgung des Haushaltes und der Kinder teilen. Bislang ist dies aber noch nicht die Regel.

Darüber hinaus kann auch der Fall eintreten, daß Ihr Partner Ihre Vorstellungen in Fragen der Gleichberechtigung teilt, Sie aber möglicherweise mit der neuen Regelung nicht einverstanden sind. So hörte ich eine Frau darüber klagen, daß sie den sehnlichen Wunsch hatte, zu Hause zu bleiben und ihren sechs Monate alten Sohn zu versorgen, ihr Mann jedoch auf der getroffenen Vereinbarung beharrte, sich die mit Geld, Haus und Kindern verbundenen Aufgaben zu teilen – eine Regelung im übrigen, auf der sie vor ihrer Eheschließung bestanden hatte. Problematisiert wurde das Ganze noch durch den Umstand, daß sie mehr Geld als ihr Mann verdiente. Also konnte er durchaus logisch (und fair) vorschlagen, daß er zu Hause blieb und sich um ihren Sohn kümmerte, was er, als sehr fürsorglicher Mann, sehr gerne tun wollte. Ich hoffe für dieses Paar, daß es einen Weg für sich findet, nach dem beide Zeit für ihre Arbeit und Zeit für ihr Kind haben werden. Andere Paare haben das erfolgreich geschafft. Hierzu muß jeder sein Herz für die Gefühle des jeweils anderen öffnen und das Problem mit Liebe und Mitgefühl statt mit Wut gelöst werden.

Andere Frauen fühlen sich in der Rolle der Alleinverantwortlichen für Kinder sowohl in finanzieller als auch in sonstiger Hinsicht frustriert. Auch hier gilt, wir müssen, im Geist der Selbstliebe, die Verantwortung für unsere Entscheidungen in unserem Leben übernehmen. In meinen Workshops frage ich die Männer und Frauen, die darüber nachdenken, ob sie Kinder haben möchten, immer wieder: »Wären Sie bereit, dieses Kind allein, zu hundert Prozent allein, zu erziehen?« Wenn sie die Frage verneinen (was normalerweise der Fall ist), dränge ich darauf, mit der Erfüllung ihres Kinderwunsches zu warten, bis sie die Antwort bejahen. Wir müssen uns bewußt sein, daß wir in einer Welt mit hohen Scheidungsraten und häufig ausbleibenden Unterhaltszahlungen für die Kinder leben, und wir müssen bereit sein, diese Realität vor der Geburt eines Kindes zu akzeptieren. Verantwortung übernehmen heißt, folgendes festzuschreiben und zu beherzigen:

> Ich möchte dieses Kind, und ich fühle mich privilegiert, die Verantwortung für sein Wohlergehen zu übernehmen, ob es dabei nun anderweitige Hilfe gibt oder nicht. Ich werde immer einen Weg finden – ganz gleich, was mit meinem Partner sein wird –, dieses kleine Wesen zu schützen und zu ernähren. Ich werde kein Opfer sein. Ich habe diese Wahl getroffen, und ich bin für die Konsequenzen voll verantwortlich.

Spüren Sie die Integrität und Stärke dieser Aussage – im Gegensatz zu folgenden jammervollen Tönen:

> Niemals hätte ich Kinder bekommen, wenn ich auf die Idee gekommen wäre, er würde mich verlassen! Es ist nicht fair, daß ich jetzt die Kinder am Hals habe und er sich da draußen frei wie ein Vogel bewegen kann!

Es ist unverzeihlich, wenn ein Mann (oder eine Frau) sich nicht verantwortungsvoll verhält; der ausschlaggebende

Punkt für uns ist jedoch, sicherzustellen, daß wir mehr Kontrolle über unser Leben haben und stolz auf die von uns getroffenen Entscheidungen sind.

Gleichermaßen müssen Sie es verantwortungsbewußt akzeptieren, wenn Sie sich entscheiden, zu Hause zu bleiben und sich um Herd und Kinder zu kümmern, daß Sie dann Boden in der Berufswelt verlieren werden. Das ist eine Tatsache, die absolut unumstößlich ist. Eine aus kommerzieller Sicht schlüssige Konsequenz. Wenn Sie mit Ihren Qualifikationen nicht auf dem neuesten Stand bleiben, haben Sie für einen potentiellen Arbeitgeber keinen sonderlichen Wert. Das gleiche gilt für einen Mann, der zu Hause bleibt und die Kinder versorgt, auch er verliert seine Stellung auf dem Arbeitsmarkt. Das ist keine Frage von Sexismus. Aber Männer bleiben normalerweise nicht zu Hause und versorgen die Kinder. Derzeit würden sich weder die meisten Männer noch wir mit einer solchen Regelung wohl fühlen, da auch wir die Männer nach wie vor als die Hauptverdiener betrachten.

Wenn wir uns entscheiden, unseren Beruf aufzugeben und zu Hause bei den Kindern zu bleiben, ist es wichtig, daß wir erkennen, daß in der heutigen Welt ein neues Verständnis einer Vollzeitmutterschaft gefordert ist. Zukünftige Ziele müssen in unsere derzeitigen Rollen integriert werden. Wir müssen unsere Qualifikationen auf dem neuesten Stand halten, Aus- und Fortbildungschancen nutzen und/oder einen unternehmerischen Geist entwickeln und uns entsprechend betätigen. Es zeugt von Selbstliebe zu wissen, daß, komme was da wolle, wir notfalls in der Lage sind, uns selbst und unsere Familie finanziell zu versorgen.[3] Es ist unverantwortlich, uns auf diese Möglichkeit nicht vorzubereiten. Wir mögen den großartigsten Ehemann der Welt und keinerlei Absichten haben, uns jemals scheiden zu lassen. Das schließt nicht die Möglichkeit aus, daß er sterben oder krank werden kann und wir genötigt sind, einzuspringen. Ich weiß von Männern, die es als eine unbeschreibliche Last empfinden zu wissen, daß, wenn ihnen irgend etwas widerfährt, ihre Frauen nicht imstande sind, finanziell einzuspringen. Das soll Ihnen keine angst machen. Im Gegenteil, es soll Sie ermutigen. Zu den ängstlichsten Frauen, die ich kenne, gehören diejenigen, die das Gefühl haben, finanziell nicht über die Runden zu kommen, wenn ihrem Mann irgend etwas zustoßen sollte. Eine wahrlich hilflose Stellung!

Ich denke, ich sollte Sie an dieser Stelle nochmals daran erinnern, wie wichtig es ist, von der Opfermentalität und ebenso von den zwei hilflosesten Fragen wegzukommen, welche Frauen immer wieder stellen:

Was ist mit den Männern?
Warum sollen wir uns ändern?

Warum sind wir aufgerufen? Wer sonst sollte aufgerufen sein, wenn wir es mit unserer Gleichberechtigung und Befreiung ernst meinen? Um es mit Colette Dowling zu sagen:

> »Wir haben nur eine wirkliche Chance zur ›Befreiung‹ – wir müssen uns von innen heraus emanzipieren.«[4]

Gleichberechtigung ist mehr als irgend etwas anderes eine Frage der Einstellung, der Geisteshaltung. Wir sind gleichgestellt und gleichberechtigt. Natürlich gibt es sowohl für Männer als auch für Frauen noch Probleme, an denen gearbeitet werden muß . . . und das geschieht. Aber das eigentliche Problem ist, daß wir uns nicht gleichberechtigt fühlen. Wir fühlen uns als Menschen zweiter Klasse. Wenn wir uns so fühlen, handeln wir auch so. Und wenn wir handeln, als ob wir Menschen zweiter Klasse wären, werden wir auch so behandelt. Die eigentliche Arbeit, die noch ansteht, ist in unserem Innern zu leisten. Unsere Herrlichkeit spüren heißt auch, unsere Gleichberechtigung spüren. Warum müssen wir uns also ändern? Wenn Männer sich ändern, ist das großartig. Aber ihre Veränderung hat nichts damit zu tun, daß wir uns in unserem Innersten besser fühlen. Darum müssen wir uns ändern!

Selbstachtung. Wie bereits an früherer Stelle angesprochen, erfordert Selbstachtung und die Verwirklichung der Gleichberechtigung ein gewisses Maß an Klarheit darüber, was wir wollen. Wir müssen uns in einer Weise verhalten, die sich im Einklang mit unseren Wünschen befindet. Das heißt anzuerkennen, was für Sie wichtig ist, ungeachtet ob dies von Männern oder anderen Frauen als gut oder schlecht beurteilt wird.

Der Film *Drei Männer und ein Baby* gilt insofern als bahnbrechend, als hierin »Macho-Typen« die Versorgung und Betreuung eines Kindes übernehmen. Bahnbrechend an diesem Film ist aber auch die Art, wie zwei Frauen dargestellt werden. Die Großmutter weigert sich, ihrem Sohn das Kind abzunehmen, obwohl er sie darum anfleht, und die Freundin einer der drei Männer weigert sich, sich die Rolle des Babysitters zuschieben zu lassen. Indem sie respektierten, wer sie sind, und nicht versuchten, Pluspunkte bei den Männern zu machen, unterstützten die Frauen einerseits die Entwicklung der Männer, diese konnten nämlich den fürsorglichen Teil ihres Selbst entdecken und wahrten andererseits ihre eigene Integrität. Was sie lernten, war, nein zu sagen. Nicht aus Feindseligkeit, sondern aus Gründen der Integrität.

Ich bin immer wieder erstaunt, wie schwer Frauen das fällt. Ich bin zum Beispiel jemand, der es haßt zu kochen und sauberzumachen. Während der zwölf Jahre zwischen meinen beiden Ehen habe ich stets auswärts gegessen oder mir fertige Mahlzeiten mit nach Hause gebracht, und ich hatte immer jemanden, der mir die Wohnung saubermachte. Ich hatte nicht die Absicht, diese Regelung jemals zu ändern, nicht einmal, wenn ich heiraten würde. So machte ich in jeder neuen Beziehung, die ich einging, schon ziemlich am Anfang deutlich, daß »ich nicht koche und nicht saubermache«. Wenn ich das meinen Kursteilnehmerinnen erzähle, sind sie mehr als verwundert, daß ich den Mut dazu hatte. Eine Frau meinte: »Aber man verliert Pluspunkte, wenn man sagt, daß man nicht kocht.« (Seltsamerweise war das gerade eine Frau, deren Hauptkonzentration ihrem Beruf galt!)

Uns selbst zu respektieren bedeutet, daß wir aufhören müssen, uns zu sorgen, ob wir Pluspunkte verlieren. Das Sammeln von Pluspunkten bewirkt, daß wir uns selbst verlieren.

Wir können das nicht mehr verkaufen und uns beschweren, wir seien nicht gleichberechtigt. Wir müssen die sein, die wir sind, und darauf vertrauen, daß wir jemanden finden, der uns so liebt. Die Tatsache, daß wir bestimmte Dinge tun oder nicht tun, macht uns weder zu einem schlechten noch zu einem begehrenswerten Menschen.

Die Antwort auf die Frage, wie Sie Ihr Selbst achten, ist, daß Sie klären, was Sie wirklich möchten und Ihr Leben entsprechend ausrichten. Wir müssen sicherstellen, daß wir in bezug auf Beziehungen nicht so bedürftig sind, daß wir für ein wenig Sicherheit unsere Herzenswünsche aufgeben. Unser Leben muß sich aus einer Vielzahl schöner Dinge zusammensetzen. Wir müssen an unsere Stärke glauben und damit nicht hinter dem Berg halten, aus Sorge, daß diese einigen Männern mißfallen könnte. Deswegen müssen wir nicht feindselig gegenüber denjenigen sein, die etwas anderes von uns erwarten, als wir geben möchten. Es bedeutet nur, daß wir uns selbst über Dinge klar sein und Vertrauen haben müssen.

Selbstliebe erfordert, daß wir unsere Weiblichkeit lieben. Es ist an der Zeit, daß wir aufhören, uns wegen unserer weiblichen Attribute zu entschuldigen. Sie sind kein Zeichen der Schwäche. Wir sollten stolz darauf sein. Viele von uns waren und sind so sehr in ihrem Bemühen gefangen, den Männern nachzueifern, daß sie einen Großteil ihres Seins verloren haben. Als Gruppe haben wir die Größe der weiblichen Spezies und wieviel wir in diese Welt einzubringen vermögen noch nicht erkannt. Während manche von uns recht großtuerisch von Frauen als der höherwertigen, überlegenen Spezies sprechen, so strafen unsere Handlungen und Reaktionen doch unsere Rhetorik Lügen. Es wird Zeit, daß wir erkennen, daß wir alles haben, was erforderlich ist!

Ganz gleich, welche Rollen Sie in Ihrem Leben haben, die der Mutter, Schwester, Berufstätigen, Geliebten, Tochter ... – vor allem sind Sie eine Frau. Es ist an der Zeit, mit Worten und Taten, die tief aus unseren Herzen kommen, das Gute und Schöne dessen, was es heißt, eine Frau zu sein, einzufordern und in Anspruch zu nehmen. Wir müssen aufhören, uns für das, was wir sind, zu entschuldigen und es statt dessen achten und dafür sorgen, daß unser Dasein in dieser Welt als etwas Wundervolles zählt.

Ebenso müssen wir die in unseren Männern vorhandene weibliche Energie fördern und sie nicht als schwach betrachten, wenn sie sich selbst zugestehen, warmherzig, weich und fürsorglich zu sein. Hinter Warmherzigkeit, Weichheit und der Fähigkeit zur Fürsorglichkeit verbirgt sich eine wundervolle Stärke. Wenn Sie darüber verfügen, ob Mann oder Frau, seien Sie stolz darauf! Zu lange hat die männliche Energie dominiert. Die meisten Männer würden zustimmen, daß die Welt ausgewogener werden muß. Ob wir diese Verantwortung nun übernehmen wollen oder nicht, Tatsache bleibt, daß wir einen Beitrag für die Zukunft unseres kleinen Planeten schon damit leisten, daß wir unsere Fähigkeiten einsetzen, die uns zur Verfügung stehen.

Sich in die eigene Stärke verlieben. Wenn wir unsere Weiblichkeit akzeptieren, müssen wir auch unsere Stärke entwickeln. Viele Frauen lehnen das Wort »Stärke« und damit ihre Fähigkeit, sie selbst oder andere zu lieben, ab. Wenn wir uns nicht stark fühlen, fühlen wir uns ängstlich. Wenn wir uns ängstlich fühlen, gerät unser Leben zu einer griechischen Tragödie statt zu einer Liebesgeschichte. Wenn ich von Stärke spreche, meine ich nicht eine Manipulation der Außenwelt. Ich spreche vielmehr von unserer Fähigkeit, mit jenem Teil in unserem Innern in Kontakt zu kommen, der weiß, daß es nichts gibt, wovor wir uns fürchten müssen ... jener Teil, der es uns ermöglicht, vertrauensvoll, integer und mitfühlend auf die Geschehnisse in unserem Umfeld zu reagieren. Das ist wirkliche Stärke.

Stärke setzt Erwachsensein voraus. Wir erachten Kinder nicht als stark – insofern sie nicht selbst für sich sorgen können. Solange wir den Punkt nicht erreichen, an dem wir wissen, daß wir uns selbst – emotional und finanziell – versorgen können, ist es uns unmöglich, als verantwortliche und liebende Erwachsene zu handeln. Merle Shain formuliert es so:

> Solange wir unserer Stärke nicht habhaft werden und uns auf unserem Weg zum Erwachsensein vortasten, wird unser Leben immer nur aus Wollen und Wünschen bestehen.[5]

Um unserer Stärke habhaft zu werden und uns als Erwachsene zu verhalten, bedarf es vieler jener Dinge, die ich bereits angesprochen habe, einschließlich des Konzeptes der Gleichberechtigung. Die Wahrheit ist, daß Gleichberechtigung während der Übergangszeit mit vielen Schrecknissen und Unannehmlichkeiten verbunden ist. Eine Übergangszeit ist eine Zeit der Selbsterneuerung. Diese bedingt, daß wir uns von unserer alten Sicht, unsere Männer als Väter zu sehen, lösen und selbst die Verantwortung übernehmen.

Wir müssen uns entscheiden. Streben wir die hundertprozentige Gleichberechtigung an, oder möchten wir behütete und beschützte Kinder bleiben? Einen Mittelweg scheint es nicht zu geben. Entweder fühlen wir uns gleichberechtigt oder nicht. Das Handeln »als ob« ist der Schlüssel, das zu schaffen, was wir uns wünschen.

Sofern Sie sich entscheiden, zu Hause zu bleiben und die Kinder großzuziehen, und das ist letztlich etwas, das Mut erfordert, dann springen Sie hundertprozentig da hinein, und fühlen Sie sich genauso gleichberechtigt und als Mensch erster Klasse wie jede andere Frau oder jeder andere Mann da draußen. Sollten Sie sich für den Weg nach draußen, in die Berufswelt, entscheiden, so gilt auch hier, springen Sie zu hundert Prozent, und fühlen Sie sich genauso gleichberechtigt und als Mensch erster Klasse wie jede andere Frau und jeder andere Mann da draußen. Kommen Ihnen Zweifel, so wiederholen Sie immer wieder eine meiner Lieblingsaffirmationen:

Ich bin stark, und ich bin liebenswert, und ich habe nichts zu fürchten!

Das Geheimnis erfahren, »alles zu haben«. Während ich an diesem Buch schrieb, wurde mir irgendwann eine neue Bedeutung, welche man dem Umstand, »alles zu haben«, beimessen kann, klar. Ich will es erklären: Eine wesentliche Triebkraft der Frauenbewegung war das Ziel, für Frauen jene große, als Wahlmöglichkeit bezeichnete Freiheit im Leben zu erreichen. Was aber bedeutet Wahlmöglichkeit? Per Definition heißt wählen, sich für die eine oder die andere Straße zu entscheiden, nicht für beide! Demgegenüber heißt alles haben per Definition, daß man keinerlei Entscheidungen treffen muß! Davon ausgehend, könnten wir zu dem frustrierenden Schluß gelangen, daß, wenn wir die Wahl haben, das gleichbedeutend damit ist, daß wir nicht alles haben können. Gräßliche Aussichten! Da haben wir uns verrückt gemacht zu versuchen, zwei miteinander absolut unvereinbaren Lebenskonzepten gerecht zu werden.

Wenn wir die Tatsache nicht akzeptieren, daß die Wahl einer Option eine andere für uns ausschließt, empfinden wir unsere hart erkämpfte Errungenschaft – die Wahlmöglichkeit – als Verlust statt als Gewinn.

Lesen Sie das nochmals. Das ist schon ein Dilemma, oder? Wahl bedingt, nicht »alles zu haben«, aber ebenso bedingt keine Wahl, nicht »alles zu haben«. Sie können sich nicht für eine Vollzeitbeschäftigung mit Ihrem Kind entscheiden und einen Beruf ausüben. Sie können nicht berufstätig sein und ein Kind haben und erwarten, noch eine Menge Freizeit zu haben. Sie können nicht gleichzeitig wünschen, daß Ihr Mann reich wird und einen Großteil seiner Zeit mit Ihnen verbringt . . . und so weiter. Wie also können wir je das Gefühl, »alles zu haben«, erreichen . . . oder ist das überhaupt möglich? Ich habe für mich eine Lösung gefunden, die vielleicht auch Sie glücklich macht.

Indem wir unsere Einstellungen ändern, können wir unsere subjektiven Erfahrungen mit den meisten Dingen in unserem Leben ändern. Mit dieser Erkenntnis habe ich eine neue Definition gefunden, die es uns ermöglicht, »alles zu haben«!

> Alles zu haben bedeutet in Wirklichkeit, unsere Wahlmöglichkeiten zu akzeptieren und kein Bedauern hinsichtlich der Wege zu empfinden, die wir nicht eingeschlagen haben.

Das besagt nicht, daß wir eine einmal getroffene Wahl nicht ändern und uns entschließen können, einen anderen Weg zu gehen. Die nun eingeschlagene Richtung akzeptieren wir einfach als eine weitere Wahlmöglichkeit, die wir im Leben hatten, und gehen glücklich unseren Weg.

Wie gesagt, man kann alles im Leben haben, man kann aber nicht alles haben. Und das ist wahr. Indem wir uns über unsere Wahlmöglichkeiten freuen, können wir froh und zufrieden sagen:

> Ich habe nicht alles, aber ich habe alles!

In mir setzte sich schließlich das Gefühl durch, alles zu haben, obwohl ich selbstverständlich nicht alles habe: Ich arbeite hart, so daß ich nicht sehr viel Freizeit habe; ich bin verheiratet, so daß ich nicht das tue, was Alleinstehende tun, und so weiter. Und dennoch habe ich das Gefühl, alles zu haben. Was dieses Gefühl, das ich früher nicht in meinem Leben kannte, hervorruft, ist einfach, daß ich mein Leben heute als reich und erfüllt empfinde. Mir wurde bewußt:

> Ungeachtet der Wahlen, die wir getroffen haben, und ungeachtet der Lebensumstände, in denen wir uns befinden, geht es im Leben nur um eines, um jenes Gefühl der Fülle und des Reichtums. Erst wenn wir dieses Gefühl haben, haben wir in der Tat »alles«!

Durch meine zehnjährige Arbeit mit den Armen in New York City habe ich so viele Menschen kennengelernt, die, objektiv betrachtet, nichts hatten, und dennoch schienen sie, gemessen an ihrer Anteilnahme an der Gemeinschaft und der Freude, die sie aus so vielen Dingen des Lebens bezogen, »alles zu haben«. Sie hatten nicht das Gefühl, daß ihnen irgend etwas »fehlte«. Ebenso kenne ich einige Multimillionäre, die scheinbar »alles haben«, aber dennoch stets auf der Suche nach etwas sind, um die Leere zu füllen.

Eine Nonne wurde einmal gefragt, ob sie gerne ein Kind gehabt hätte. »Oh, ja«, antwortete sie. Ihr Interviewpartner fragte sie dann: »Dann tut es Ihnen leid, Nonne geworden zu sein?« »Oh, nein«, erwiderte sie. »Ich liebe mein Leben, aber mir war seit jeher bewußt, daß man im Leben viele verschiedene Arten der Erfahrungen haben kann, wir aber nicht alles erfahren können. Ja, ich hätte ein Kind haben können, aber ich habe mich hierfür entschieden, und meine Wahl läßt mich Frieden und Freude empfinden.« Für mich ist das die wahre Bedeutung des Umstandes, »alles zu haben«. Vielleicht wäre es unserer Selbstliebe höchst förderlich, uns täglich, wenn wir unsere fünfzig Punkte in unser Buch der Fülle eintragen, zu bestätigen:

Mein Leben ist voll und reich. Ich habe bereits alles.

Nach einem höheren Sinn des Lebens streben. Viele von uns sehen ihren Lebenssinn im Erwerb von Äußerlichkeiten – Geld, Kinder, Beziehungen, einem sexy Körper, dem Besitz eines Hauses, eines Autos und anderer weltlicher Dinge. Solche äußerlichen Zielsetzungen mögen zwar häufig Freude in unser Leben bringen, aber, wie Sie vielleicht schon selbst festgestellt haben, erfüllen sie uns als solche nicht. Häufiger bleibt die Frage: »Und das soll nun alles sein?«

Der Ausweg aus dieser Situation ist, sich für einen transzendenten oder höheren Lebenssinn zu entscheiden. Ein höherer Lebenssinn ist ein Produkt Ihres »Unterstützer-Ichs«, nicht Ihres »Lästermauls«. Während das »Lästermaul« fortwährend hysterisch schreit: »Nimm! Nimm! Nimm!«, nähert Ihr »Unterstützer-Ich« sich vorsichtig: »Gib! Gib! Gib!« Ein höherer Lebenssinn bedeutet, daß man sein Leben aus einer über das eigene Leben hinausgehenden Perspektive lebt, bei der es qualitativ mehr um Geben als um Nehmen geht.[6] Ich liebe folgendes Zitat von John Powell:

> Ich bezweifele, daß es jemals den konkreten Fall gab, daß ein Mensch von einer tiefen und andauernden Erfüllung berichtete, deren grundlegende Einstellung und einzige Frage darin bestand: Und was kommt für mich dabei heraus?[7]

Ich habe ein Großteil meines Lebens diese letzte Frage gestellt und war irgendwie nie wirklich zufrieden mit mir selbst, obwohl für mich eine ganze Menge »herauskam«. Ich gab auch eine Menge, aber hinter all meinem Geben stand stets die Frage: »Und was kommt für mich dabei heraus?!?« Klingt das vertraut?

Als mir meine Unzufriedenheit mit meinem Leben bewußt wurde, obwohl ich doch eine Menge erreicht hatte, war mir klar, daß ich es mit etwas Neuem versuchen mußte. Das Alte funktionierte nicht. Das war der Punkt, an dem ich mich für den Ansatz eines höheren Lebenssinns anstelle des Lust- und Raffgieransatzes entschied. Die Auswirkungen auf mein Leben waren schier unglaublich. Im Laufe der Jahre bestand dieser höhere Lebenssinn für mich etwa in folgenden drei Vorsätzen:

> Liebe zu lernen und zu lehren.
> Mein Herz zu öffnen.
> Mich auf das Geben statt auf das Nehmen zu konzentrieren.

Glauben Sie mir, am Anfang war alles ein reines Handeln, »als ob«. Ich hatte nicht die leiseste Ahnung, um was es bei dem Geben eigentlich ging. Aber ich hielt daran fest. Mit diesen hehren Zielen vor Augen versuchte diese nicht so hehre Person, all ihre Entscheidungen im Leben in Übereinstimmung mit ihrem höheren Lebenssinn zu treffen (und scheiterte oft). Zu Beginn war es wirklich schwierig, denn ich hatte mich so sehr daran gewöhnt zu nehmen, statt zu geben. Häufig vergaß ich, daß es meinen höheren Lebenssinn überhaupt gab, und selbst wenn ich daran erinnert wurde, war es hart, meine früheren Vorstellungen aufzugeben:

Was kümmert es mich, über Liebe zu lernen und zu lehren?
Ich möchte einfach nur Geld machen!
Was soll ich mein Herz öffnen? Dieser Typ hat mich wirklich wütend gemacht!
Sie wird mich links liegenlassen, auch wenn ich ihr aus der Patsche helfe. Hat sie in letzter Zeit schon einmal was für mich getan?

Nun, meine Herrlichkeit war gerade erst dabei, allmählich durchzuschimmern! Aber ich übte und übte und übte und übte (und übe immer noch), und langsam, ganz langsam setzte sich das Gute durch und ließ mich zum ersten Mal in meinem Leben den Spruch vom »Himmel auf Erden« verstehen.

Ich weiß stets, wann ich wieder in alte Muster zurückverfallen bin. Ich bin ängstlich, zurückhaltend, wütend, streitsüchtig und empfinde das ganze Spektrum aller übrigen denkbaren, alles andere als »herrlichen« Gefühle. Wenn ich dann zum Spiegel greife, sehe ich den gefallenen Engel, der wiederum Geld, Erfolg, Macht und andere »Äußerlichkeiten« in den Vordergrund gestellt hat. Das Umschaltspiel hilft mir anschließend, mich wieder auf einer Ebene einzufinden, von der ich die Welt im Sinne meines neuen höheren Lebenssinns sehen kann ... und neuerlich kehrt Frieden ein. Je mehr ich mich der Botschaften des Unterstützer-Ichs bediene, desto weniger verliere ich mich in die Grausamkeiten meiner Negativität. Das erfordert eine permanente Bewußtheit, welche wiederum die Übungen so wichtig macht.

Machen Sie keinen Fehler: Wenn Sie eine Beziehung, Karriere, materiellen Gewinn oder irgend etwas anderes Äußerliches zum Sinn Ihres Lebens machen, dann machen Sie sich selbst zu einem Kandidaten psychischer Folter. Selbst wenn Sie erfolgreich das bekommen, was Sie haben möchten, werden Sie stets mit der Angst leben, es wiederum zu verlieren.

Nur indem wir unserem Leben einen höheren Sinn geben, können wir Frieden finden. Er ist das Tor zu unserem Unterstützer-Ich. Er ist der Schlüssel, unsere Herrlichkeit zu finden.

Da wir nun verstanden haben, worum es bei dem höheren Lebenssinn geht, stellt sich die Frage, wie Geld, Beziehungen, Karriere, Familie und andere weltliche Dinge in dieses Bild passen? Zumindest in vielerlei Hinsicht:

1. Wir leben in dieser Welt, und an dieser Welt müssen wir teilhaben. Während wir einerseits unsere wichtigsten Lektionen von unserem Unterstützer-Ich lernen, müssen wir andererseits das Gelernte an alles und jeden in unserer Umgebung weitergeben. Unser Unterstützer-Ich lehrt uns beispielsweise etwas über die Liebe. Also müssen wir diese Liebe in unseren Beziehungen, in unseren Berufen, an unsere Kinder, an unsere Gemeinschaft . . . sogar an unsere Häuser und Autos weitergeben. Haben Sie jemals ein ungeliebtes Haus und ein ungeliebtes Auto gesehen? Ganz schön pathetisch! Wenn wir alles in unserem Leben lieben, schaffen wir in unserem Innern ein Gefühl, daß wir in überreichem Maße mit Gutem und Schönem umgeben sind, jenes Gefühl, »alles zu haben«, von dem eben die Rede war.

2. Ohne die Herausforderung der Außenwelt wäre es schwierig, unsere inneren Lektionen zu lernen. Um die durch unsere alte Konditionierung errichteten Barrieren zu durchbrechen, brauchen wir Reibungspunkte. Woran ließe sich zum Beispiel die wahre Bedeutung des Gebens besser lernen als am Rei-

bungspunkt eines Beziehungskonfliktes? Eine Beziehung liefert uns Chance über Chance, unser Geschick im »Geben« zu proben, dann vor allem, wenn unser »Nimm«-Appetit am unersättlichsten ist. In einer Beziehung ist das Potential an Gelegenheiten, unseren höheren Lebenssinn in der Praxis anzuwenden, schier unerschöpflich! Aus dieser Sicht gibt es keine schlechte, nur eine nutzbringende Beziehung.

Das soll nicht heißen, daß unsere »Lektionen« schmerzfrei verlaufen, und es ist wichtig zuzulassen, daß wir diesen Schmerz fühlen und freisetzen. Wenn wir uns jedoch auf den Wert und Nutzen, den wir aus unserer Erfahrung ziehen, konzentrieren, wird dem Schmerz das Stechende genommen, und wir werden zu Entdeckern statt zu Opfern äußerer Umstände. Mit diesem Wandel unserer Einstellung machen wir das Leben zu einem Abenteuer statt zu einer Erfahrung voller Gram und Kummer.

Eine Kursteilnehmerin fragte, ob wir uns mit dieser Art der Einstellung nicht einfach nur selbst betrügen. Ich antwortete ihr: »Nicht mehr, als wir uns betrügen, wenn wir uns als Opfer sehen.« Ich glaube, es gibt keine objektive Wahrheit – alles ist eine Frage unserer Einstellung –, und manche machen sich eine Einstellung zu eigen, die ihrem Lebendigsein, ihrem Leben förderlich ist, und andere nicht. Es ist eine Frage der Wahl. Warum also nicht eine Denkweise wählen, die uns Frieden statt Elend bringt? Für mich ist das durchaus folgerichtig!

3. Aber die Auswirkungen eines höheren Lebenssinns auf unsere Außenwelt sind noch weitreichender. Ein höherer Lebenssinn läßt unsere Bedürftigkeit auf ein extrem niedriges Niveau schwinden. Haben Sie je festgestellt, daß, wenn Sie nicht bedürftig sind, Ihnen irgendwie alles zufällt? Und wenn Sie verzweifelt sind, die Welt ganz anders aussieht? Ich war erstaunt, als Geld, Beziehungen, Karriere und so weiter für mich nicht mehr meine vorrangigen Lebensziele waren, fielen mir diese Dinge automatisch zu.

Ein höheres Lebensziel bedeutet nicht, sich die »Gaben der

Götter« vorenthalten zu wollen, sondern einfach, die eigene Freude und Zufriedenheit im Leben nicht von ihnen abhängig zu machen. Ich liebe Geld. Ich liebe es, in einer Beziehung zu leben. Ich liebe den beruflichen Erfolg. Aber solange ich diese Dinge nicht zur Grundvoraussetzung meiner Freude und Befriedigung mache, funktioniert mein Leben.

4. Ein höherer Lebenssinn ist auch der Schlüssel, von Verhaftungen loslassen zu können. Wenn wir zum Beispiel Kinder haben möchten und fürchten, daß die biologische Uhr abläuft, hilft der höhere Lebenssinn uns zu verstehen, daß das Problem nicht der biologische Zeitplan, sondern unser Verhaftetsein mit der Idee des Kinderwunsches ist. Können wir von dieser Verhaftung loslassen, gibt es kein Ärgernis. Mit Verhaftungen tun wir unserem Selbst keinen Gefallen. Sie bringen uns Schmerzen.

Besteht Ihr höherer Lebenssinn demgegenüber darin, ein liebevollerer Mensch zu werden, so steht dem, wie Sie sehen, nichts im Wege, ob Sie nun ein Kind haben oder nicht. In diesem Universum gibt es unzählige Möglichkeiten, Ihre Liebe zum Ausdruck zu bringen. Ihr höherer Lebenssinn ist transzendenter Natur und bringt Sie auf eine Ebene, von der aus Sie eine wesentlich größere Perspektive haben. Ein Kinderwunsch wird zu einem Wunsch, statt zu einem verzweifelten Bedürfnis. Mit Wünschen kann man stets leichter umgehen als mit Bedürfnissen! Aus der Sicht des Unterstützer-Ichs können Sie sagen:

> »Ich wünsche mir Kinder, und wenn ich sie habe, ist das schön! Wenn nicht, liefert das Leben viele Möglichkeiten, zu geben und zu lieben. Ich freue mich auf die Reise, wohin sie mich auch führt.«

Wie läßt sich die Idee des höheren Lebenssinns in Ihr Leben integrieren? Als erstes müssen Sie einen solchen wählen. Machen Sie es sich nicht zu schwer damit! Sie werden feststellen, daß jedem höheren Lebenssinn das gleiche Prinzip zugrunde liegt – Liebe. Wenn Sie mögen, können Sie eines der von mir genannten Beispiele für sich übernehmen. Weitere Möglichkeiten sind:

Meine eigene Herrlichkeit spüren und diese in die Welt auszustrahlen.
Zu lernen und zu wachsen.
Aus einer im Schmerz gefangenen Position zu einer Position der Stärke und Macht und Liebe zu gelangen.
Eine liebevollere Welt zu schaffen.

Wichtig ist, daß Sie einen höheren Lebenssinn wählen, der für Sie im jeweiligen Augenblick richtig ist. Im Laufe der Zeit können Sie variieren oder weitere aufnehmen. Dieser höhere Lebenssinn hat folgende Funktion: Wann immer Sie in Ihrem Leben vor eine Wahl gestellt sind, fragen Sie sich:

»Welche Entscheidung oder Handlung wäre eine Demonstration meines höheren Lebenssinns?«

Diese Frage können nur Sie aus der Tiefe Ihres Herzens heraus beantworten. Bei jedem von uns wäre die Antwort eine andere. Wichtig ist jedoch, sich nicht selbst zu bestrafen, wenn Ihre Entscheidung dem zuwiderläuft, von dem Sie wissen, daß Sie damit Ihrem höheren Lebenssinn am ehesten gerecht würden. Das wäre lieblos gegenüber sich selbst, dem »niedrigeren Beweggrund«, perfekt sein zu müssen, erwachsen. Ihr höherer Lebenssinn soll nur eine Richtschnur, kein Gefängnis sein. Ihre Bewußtheit wird Ihnen dabei helfen, und Sie werden peu à peu, Schritt für Schritt, Ihr Leben entsprechend diesem Sinn ausrichten. Sie müssen diesen Prozeß nicht erzwingen. Schreiben Sie sich Ihre sinnorientierten Zielsetzungen auf, und heften oder legen Sie diese Zettel an verschiedene sichtbare Stellen, so daß Sie unentwegt darauf stoßen und daran erinnert werden. Lassen Sie jedoch zu, daß sich dieses Wunder nach seinem eigenen Tempo entwickeln kann.

Sie sollten unter keinen Umständen das Ziel des »Glücklichseins« zu Ihrem Lebensprinzip erheben. Viele große Denker meinen, daß das Streben nach Glück uns nicht glücklich werden läßt. So formuliert es auch der Prediger Harold Kushner:

»Man wird glücklich, wenn man Sinnvolles anstrebt ... Ich vermute, daß die glücklichsten Menschen, die Sie kennen, diejenigen sind, die sich darum bemühen, freundlich, hilfsbereit und zuverlässig zu sein; das Glück wird Teil ihres Lebens, während sie diese Eigenschaften zu verwirklichen suchen. Man wird nicht glücklich bei dem dauernden Versuch, dem Glück nachzulaufen. Es darf stets nur ein Nebenprodukt sein, nie das eigentliche Ziel.«[8]

Wohin Ihre Reise Sie auch immer führt, nehmen Sie sich vor, als eine Quelle der Liebe und des Lichtes zu leben. Dies könnte ein Beispiel für einen von Ihnen angestrebten höheren Lebenssinn sein. Wir müssen nicht allzusehr in die Ferne schweifen, um zu verstehen, daß die Welt derzeit in einem sehr labilen Zustand ist. Die Unruhe, die wir allenthalben beobachten können, ist das Ergebnis der Tatsache, daß sich so viele von uns von ihrer liebenden Mitte entfernt haben. Wir müssen unser eigenes Licht in unserem Innern finden, welches uns zur Liebe führt, so daß der Wandlungsprozeß bei uns einsetzen kann – nicht nur, was unseren eigenen kleinen Platz an der Sonne angeht, sondern auch den der ganzen übrigen Welt.

Sie müssen verstehen, daß alles, was Sie tun, zu dem globalen Energiepotential beiträgt, welches das Sein dieser Welt bestimmt. Fragen Sie sich immer wieder: »Besteht mein Beitrag aus liebevoller oder aus liebloser Energie?« Ich glaube, jeder von uns möchte eine Quelle der Stärke und Liebe sein.

Es steht in unserer Macht, das Leben unserer Mitmenschen anzurühren, Anstöße zu liefern. Wir werden immer wieder Möglichkeiten finden, unsere Herrlichkeit einfließen zu lassen. Wenn Sie Eigenschaften und Tugenden bei anderen sehen, welche Sie selbst gerne hätten, so sollten Sie wissen, daß Sie darüber verfügen. Sie müssen nur den Zugang dazu finden. In welchen düsteren Farben Sie sich auch selbst sehen mögen, Sie können mit ein paar sehr einfachen, von Liebe zeugenden Taten beginnen, Ihr Sein mit Licht zu füllen. Einem Kind über die Straße helfen; eine Freundin trösten, die leidet; ein herrliches Abendessen für diejenigen, die Sie lieben, zubereiten; an Ihrem Arbeitsplatz hilfreich einspringen, wo Hilfe vonnöten ist; dafür eintreten, woran Sie glauben – nein sagen zu Gewalt und ja zu Liebe . . .

Von Liebe zeugende Taten heben Sie auf die Stufe der Herrlichkeit. Ich liebe das Zitat von Mutter Teresa:

> So etwas wie große Taten gibt es nicht, nur kleine Taten, die mit großer Liebe vollbracht werden.

Wir gelangen an diesen Punkt, wenn wir so handeln, als ob es auf uns ankommt. Es funktioniert nicht, wenn wir uns darauf beschränken zu sagen: »Wenn es mir besser geht, wenn ich mit mir selbst zufriedener bin, gehe ich nach draußen und helfe der Welt.« Im Gegenteil: »Ich gehe nach draußen und helfe der Welt, dann wird es mir besser gehen, ich werde zufriedener mit mir selbst sein.«

Wir besitzen nicht Energie . . . wir sind Energie. Und diese Energie können wir von einer negativen in eine positive wandeln. Das Licht ist immer da. Es sind nur unsere inneren Feinde, die es uns nicht sehen lassen. Indem wir unseren Spiegel ein wenig zu Hilfe nehmen, können wir diese inneren Feinde aufspüren und sie von unserem eigentlichen Sein abspalten.

> Befreiung bedeutet im Grunde, das Licht durchscheinen zu lassen. Befreiung hat nichts mit Männern, Geld, Macht oder irgendwelchen anderen Äußerlichkeiten zu tun. Es ist ausschließlich eine Frage des Lichtes . . . es geht nur um das Licht.

Mit diesem Licht und Ihrer Herrlichkeit möchte ich Ihnen nun zeigen, wie Sie den Grundstein zu einer neuen, starken Form der Beziehung legen können.

Affirmationen zur Förderung der Selbstliebe
- Ich bin von einer vibrierenden Lebenskraft erfüllt.
- Alles, was ich wissen muß, habe ich in meinem Innern.
- Ich zähle die Dinge, mit denen ich gesegnet bin, und bin dankbar dafür.
- Ich habe mein Leben unter Kontrolle.
- Was immer mir in meinem Leben widerfährt, ich kann damit fertig werden!
- Ich liebe die Herausforderung.
- Ich spüre, wie Erfolg auf mich einströmt.
- Ich habe die Kraft in meinem Innern.
- Ich bin wertvoll.
- Ich kann Hilfe und Unterstützung finden, wann immer ich sie brauche.
- Ich befinde mich auf einer faszinierenden Reise.
- Ich habe so vieles zu geben.
- Ich bin ein verantwortlicher Mensch.
- Ich bin stark, und ich bin liebevoll.
- Mein Leben verläuft in den richtigen Bahnen.
- Mein Leben hat einen Sinn und eine Bedeutung.
- Ich habe die Macht, Würde in mein Leben zu bringen.
- Ich bin etwas Besonderes.
- Ich bin erfüllt von Schönheit, Stärke und Licht.

Kapitel 10

Gib mir eine höhere Liebe

Gedanken am Ende einer Ehe

»Wir dachten, man würde heiraten und fortan immer glücklich leben.
Wir wußten nicht, daß eine Beziehung Arbeit erfordert ...
Wir dachten, es sei nicht gut, darum bitten zu müssen, was wir brauchten.
Wir wußten nicht, daß niemand Gedanken lesen kann ...
Wir dachten, mit unserer Eheschließung wären alle unsere Bedürfnisse erfüllt.
Wir wußten nicht, was unser wichtigstes Bedürfnis war – ein Gefühl für uns selbst ...
Wir dachten, dadurch daß wir eins würden, fänden wir auch unsere Ganzheit.
Wir wußten nicht, daß es von Anfang an zweier ganzheitlicher Menschen bedurfte ...
Wir dachten, er müsse stark sein und sie versorgen und sich um sie kümmern.
Wir wußten nicht, daß wir uns gegenseitig versorgen und uns gegenseitig um uns kümmern sollten ...
Wir dachten, es sei treulos, illoyal, als Individuum zu wachsen.
Wir wußten nicht, wie erstickend und erdrückend eine allzu große Nähe sein könnte ...
Wir dachten, wenn der andere wächst, sei dies eine Bedrohung.
Wir wußten nicht, daß es keinen Grund gab, sich bedroht zu fühlen ...

Wir dachten, Geld würde uns Sicherheit geben.
Wir wußten nicht, daß Sicherheit die Gewißheit bedeutet, es schaffen zu können, mit oder ohne Geld ...
Wir dachten, diejenigen, die Hilfe suchten, seien schwach.
Wir wußten nicht, daß jeder Hilfe benötigt ...
Wir dachten, der andere würde nicht geben.
Wir wußten nicht, daß wir es waren, die nicht annahmen ...
Er dachte, ich sei glücklich.
Er wußte nicht, wieviel Angst ich hatte ...
Ich dachte, er sei glücklich.
Ich wußte nicht, wieviel Angst er hatte ...
Wir wußten nicht ... Wir wußten einfach nicht ...
Da war so vieles, das wir nicht wußten ...«

Susan Jeffers, 1972

Eines Tages, kurz nach dem Ende meiner ersten Ehe, saß ich an meinem Schreibtisch und dachte darüber nach, was schiefgegangen war. Aus einer Eingebung heraus, schrieb ich das vorstehende Gedicht. Mit jener bittersüßen Traurigkeit, die stets mit dem Ende einer Ära verbunden ist, legte ich es schließlich beiseite und machte mit meinem Leben weiter. Als ich nun unlängst in einer Schublade herumwühlte, tauchte das Gedicht wieder auf. Ich las es nach so vielen Jahren nochmals durch – und neuerlich stieg die Erinnerung an jene destruktiven Fehlkonzeptionen in mir auf, von denen wir uns in eine derart unnötige Disharmonie hatten treiben lassen.

Jene destruktiven Fehlkonzeptionen sind auch heute noch überreichlich vorhanden. Man braucht sich nur die Zahl der miserablen Beziehungen anzuschauen, um zu erkennen, daß die meisten von uns nach wie vor nicht die leiseste Ahnung haben, wie eine positive, beständige Beziehung auszusehen hat. Statt dessen haben wir uns an diejenigen gewöhnt, die uns jede Freude rauben. Es ist, als ob es in Beziehungen erst dann gut geht, wenn es im Grunde schlecht geht. Kein Wunder! Schauen wir uns die Geschichten an, welche uns als romantische Liebesmodelle vor Augen gehalten werden.

Romeo und Julia, zum Beispiel, wird nach wie vor als »eine der größten Liebesgeschichten, die es je gab«, bezeichnet. (Sie war offenbar der Prototyp für den Evergreen: »Ich kann ohne Dich nicht leben!«) Bei allem Respekt vor Shakespeare, aber sie sollte wirklich als eine der ungesündesten Liebesgeschichten, die es je gab, betrachtet werden! Sie führt uns die Inkarnation von Abhängigkeit vor Augen, und Abhängigkeit ist nicht Liebe, wie wir inzwischen alle wissen. Um dem Ganzen noch eins draufzusetzen, diese beiden dummen Kinder hatten ein derart niedriges Maß an Bewußtheit von ihrem eigenen möglichen Beitrag, den sie in dieser Welt leisten konnten, daß sie beschlossen, ihr Leben zu beenden. Glauben Sie, wenn sie wirklich mit ihrer eigenen Schönheit, Stärke und ihrem Licht in Kontakt gewesen wären, daß die Geschichte dieses Ende genommen hätte? Mitnichten!

Hätten sie nicht den feigen Weg gewählt, wäre, angesichts ihres Alters und Reifegrades, der Ausgang der Geschichte kalkulierbar gewesen. Es wäre nur eine Frage der Zeit gewesen, ehe Julia begonnen hätte, Fragen wie diese zu stellen:

> »Sag mir, warum erscheinest du 15 Minuten zu spät am Balkon heute abend? Hat etwa eine neue Maid das Auge meines Geliebten gefangen?«

Am Ende würden ihre kleinen Anfragen in einen etwas feindseligeren Ton umschlagen, was sich dann vielleicht so angehört hätte:

> »Warum kommest du zu spät an diesem Mittsommerabend? Sag mir, glaubest du nicht, ich habe besseres mit meiner Zeit anzufangen, als ewiglich deiner zu harren?«

(Aus mir wird nie ein Shakespeare!) Wenige Monate später wäre die Beziehung wahrscheinlich auseinandergegangen, dann nämlich, wenn einer von ihnen zu dem Schluß gekommen wäre, daß der andere die eigenen Bedürfnisse absolut nicht erfüllt und daß es da draußen noch jemand anderen geben muß, der die eigenen Gefühle eher befriedigt. So weit zu Romeo und Julia!

Ich spotte zwar, aber dennoch ist mir bewußt, daß diese Art des intensiven, alles verzehrenden Verbundenseins die Art der Liebe ist, von der wir alle als Kinder träumten. Es ist die Art der Liebe, die wir alle suchten, als wir älter wurden. In vielen Fällen dachten wir, sie gefunden zu haben, als wir unser eheliches Jawort sprachen. Und es ist die Art jenes Fehlkonzeptes über die Liebe, die mittlerweile Scheidungsraten von über 50 Prozent hervorgebracht hat!

Diese Art von leidenschaftlicher Beziehung hat wohl kaum etwas mit einer verheißungsvollen Liebe zu tun. Vielleicht ist diese Form der Liebe ein Weg Gottes, das Menschengeschlecht vor dem Aussterben zu bewahren. Wie läufige Hunde oder Katzen klammern wir uns in einem Gefühl überschwenglicher Seligkeit aneinander, überzeugt, daß es dieses Mal für immer halten wird ... bis wir eines morgens aufwachen und uns wundern, was wir nur jemals an dem anderen hatten finden können – wie dem auch sei!

Wie sehr wir auch um die Unwirklichkeit derartiger leidenschaftlicher Bindungen wissen, wir scheinen dennoch unfähig zu sein wahrzunehmen, wenn ein solcher Fall eingetreten ist. Wir nennen es »verlieben«. Ich habe die Erfahrung gemacht, das beste, was wir tun können, wenn Amor getroffen hat, ist zu beten, daß wir diese Phase schnell hinter uns bringen und uns wieder sammeln können, um an jenen Ort zu gelangen, wo wir eine dauerhafte Art der Liebe beginnen können.

Aufgrund ausschließlich vergänglicher Liebeserfahrungen würden die meisten von uns eine dauerhafte nicht einmal dann erkennen, wenn sie mit dem Kopf darauf stießen. Eine Frau erzählte mir: »Ich lernte einen wirklich wundervollen Mann kennen, ich habe die Beziehung aber abgebrochen, weil ich keine Glocken läuten hörte.« Ich entgegnete ihr, wenn sie jemals Glocken läuten hören sollte, solle sie sofort einen Termin bei einem Ohrenspezialisten vereinbaren. Glockenläuten ist nicht unbedingt ein Zeichen eines gesunden Zustandes.

Vielleicht denken Sie jetzt, daß ich sehr zynisch mit der Frage der Liebe umgehe. Im Gegenteil, ich setze sehr auf die Liebe, und meine Beziehung mit Mark ist eine der besten, die ich jemals hatte. Auch ich bin eine Romantikerin, und Mark ist ebenso romantisch veranlagt – das heißt, wenn man unter Romantik das unablässige Bemühen versteht, für den anderen liebe Dinge zu tun. Ja, ich setze auf die Liebe, aber ich setze nicht mehr auf Liebeleien oder Verliebtheiten. Ich will den Unterschied erklären.

Als ich Mark kennenlernte, war ich in den Vierzigern, und ich hatte zum ersten Mal in meinem Leben wirklich ein Gefühl von Ganzheit und Stärke. Ich war nicht prinzipiell gegen eine Beziehung, aber ich »brauchte« sie nicht. Ich war glücklich. Ich war unabhängig. Ich hatte viele Freunde und Freundinnen. Ich hatte eine großartige Familie. Ich liebte mein Zuhause. Ich hatte einen tollen Beruf. Ich leistete meinen Beitrag zur Gemeinschaft. Ich hatte viele Verabredungen. Ich lernte, die Verbindung zu meinem Unterstützer-Ich herzustellen. Ich war ein vollkommen erfüllter Mensch. Ich hatte in meinem Leben den Punkt hinter mir gelassen, an dem ich über eine Beziehung definiert wurde.

Darüber hinaus, als ich Mark kennenlernte, war ich nicht bestrebt, mich zu verlieben. Ich strebte danach zu »lieben«. Aufgrund vieler Erfahrungen hatte ich gelernt, daß Verlieben nichts weiter als ein Streich war, den Amor dem unschuldigen Kind-Ich spielte. Alle seine kleinen Tricks waren mir wohlvertraut, und ich weigerte mich, nochmals darauf reinzufallen. Wann immer ich also die starke Anziehungskraft irgendeines verlockenden und verführerischen »Fremden am anderen Ende eines überfüllten Raumes« verspürte, wußte ich, das war für mich das Signal, schleunigst den Ausgang zu suchen. Ich hatte genug von kindischen Liebesaffären. Ich wollte etwas Handfesteres. Ich suchte nach einem Liebhaber, der zuvorderst und zuerst mein Freund war.

Sie fragen sich vielleicht, warum ich mir überhaupt über eine Beziehung Gedanken machte, wenn ich doch so ganzheitlich und unabhängig war. Eine in der Tat gute Frage. Zunächst einmal ist eine wahrhaft liebevolle Beziehung etwas Wundervolles, mitunter sogar etwas Erhebendes, Gewaltiges. Sie versüßt und erleichtert das Leben in vielerlei Hinsicht. Es macht froh, wenn man sieht, daß man das Leben des Partners ein wenig heller und strahlender macht, und man fühlt sich gesegnet, die Liebe annehmen zu können, die er uns entgegenbringt. Wie einer der Männer es in einem früheren Kapitel so treffend formulierte, es gibt nichts Himmlischeres, als jemanden zu haben, mit dem man »den Weg gehen und Gespräche führen kann«. Wir machen diese Reise gemeinsam.

Es gibt einen weiteren wichtigen Punkt, der für eine Beziehung spricht:

> Eine Beziehung ist der beste Trainingsplatz, um zu lernen, sein Herz zu öffnen.

Wie viele von Ihnen entdeckt haben, bringt nichts die Wahrheit einer ungelösten Abhängigkeit besser ans Licht als eine Beziehung. Viele Frauen (und Männer) schaffen es da draußen eigenständig, und sie scheinen den psychologischen Sprung ins Erwachsensein vollzogen zu haben. Aber in der Minute, wo sie eine Beziehung eingehen, taucht aus verborgenen Tiefen das Kind-Ich wieder auf. So oder so richtet das Kind-Ich ein Chaos in unserem Leben an, an der Oberfläche können wir aber besser damit umgehen, als wenn es in unserem Unbewußten verborgen bleibt, wo der Schaden wesentlich größer ist, da es uns auf subtile und verworrene Art und Weise kontrolliert.

Aufgrund der Freude, die uns zuteil wird, der Freude, die wir geben, und der Selbsterkenntnisse, die wir gewinnen können, bin ich eine ausgesprochene Befürworterin von Beziehungen, besonders solchen der liebevollen Art. Aber was ist eine wirklich liebevolle Beziehung? Wie können wir eine beständige Liebe finden? S. Kriyananda erzählt die schöne Geschichte von einem berühmten Bildhauer in Indien, der von einem Bewunderer gefragt wurde, wie es ihm möglich sei, aus einem einfachen Stein eine so herrliche Figur von einem Elefanten zu schaffen. Der Bildhauer erwiderte: »Das war ganz einfach. Ich habe einfach alles weggeschlagen, was nicht nach einem Elefanten aussah!«[1] Auf der Grundlage dieses magischen Stückchens Weisheit habe ich gelernt:

> Wir können eine liebevolle Beziehung aufbauen, indem wir aus unseren Handlungen und Gefühlen alles entfernen, was nicht nach einer liebevollen Beziehung aussieht!

Dieser Prozeß erfordert eine Menge Zeit und bedingt möglicherweise Kummer und eine Zerreißprobe für Ihre Geduld. Ich bedauere, Ihnen für diesen Weg keine Abkürzungen nennen zu können, meines Wissens wurden sie bisher noch nicht gefunden. Manchmal braucht es viele Beziehungen – langweilige, flüchtige, erdrückende, deprimierende, ungesunde, schmerzliche oder welcher Art auch immer –, bis wir all das entfernen können, »was nicht nach Liebe aussieht«, um so das wahre Bild der Liebe entstehen zu lassen. Und manchmal bedarf es eines Dramas von vielen Jahren in einer bestimmten Beziehung, um jenen Ort zu erreichen, an dem es nach Liebe aussieht.

Solange uns bewußt ist, daß all das ein Teil jenes »Meißel«-Prozesses ist, dürfte nie das Gefühl in uns aufkommen, daß diese Zeit vergeudet sei. Jede Erfahrung, positiv oder negativ, bringt uns dem »Aussehen« der Liebe näher. Wie entsetzlich eine Beziehung also, nüchtern betrachtet, erscheinen mag, es gibt immer einen Gewinn, den wir daraus ziehen können.

Ich hatte einmal eine Beziehung, die, von außen betrachtet, eher einem Schlachtfeld glich. Keine meiner Freundinnen verstand, was ich überhaupt an diesem Mann finden konnte, der einerseits besitzergreifend und aufzehrend und andererseits ein Meister im Kritisieren und Demütigen war. Um der Ehrlichkeit willen, ich verstand es selbst nicht. Trennungen und Neuanfänge waren die Geschichte unseres Lebens. Ein entsetzliches Drama!

Nach vier Jahren Krieg kam schließlich der Tag, an dem ich

ihn seine Kritiksalven abfeuern lassen konnte, ohne wie eine tobsüchtige Irre darauf zu reagieren. Ich konnte ihm einfach und ohne Hintergedanken entgegnen:

»Danke, daß du mir deine Gefühle mitgeteilt hast, aber ich mag meine Art. Möchtest du noch eine Tasse Kaffee?«

Ich konnte erkennen, daß es einzig seine eigene Unsicherheit war, die ihn in solch negativer Weise reagieren ließ. Ich brauchte zwar vier Jahre, aber ich lernte schließlich, daß ich nicht zulassen mußte, daß die Meinung eines anderen Menschen mir mein Selbstwertgefühl nahm. Ich lernte auch, daß seine Kritik im Grunde nicht persönlich war (obwohl sie mich damals mit Sicherheit so getroffen hatte!). Sie war ein Spiegelbild, wie er sich in bezug auf seine eigene Person fühlte.

Nach diesen zwei eindrucksvollen Lektionen konnte ich mich mit liebevollen Gefühlen aus der Beziehung lösen – ich hatte einen weiteren Teil aus jenem Bild entfernt, der nicht nach Liebe aussah. Ich konnte mich in die nächst höhere Klasse versetzen lassen. Haben Sie ebenfalls die Feststellung gemacht, daß, wenn wir unsere Lektionen nicht lernen, das Universum uns immer wieder und wieder und wieder Gelegenheiten zum Lernen gibt . . . bis wir es schließlich geschafft und verstanden haben? Wenn Sie sich also fragen, warum Sie immer wieder den »falschen« Typ von Mann in Ihr Leben ziehen, so werden Sie jetzt verstehen, daß er durchaus der »richtige« Typ von Mann ist, der Ihnen das, was Sie noch lernen müssen, beibringen kann. Aus diesem Grund bezeichne ich gerne alle Männer in unserem Leben als »Praktika-Personen«, Personen, bei denen wir unser Praktikum absolvieren können. Sie wecken in uns Fragen wie:

Warum ziehe ich eine solche Negativität in mein Leben?
Warum bleibe ich in dieser Beziehung?
Warum fühle ich mich nicht sicher?
Warum bin ich nicht dankbar für sein Nettsein und seine Freundlichkeit und weiß es zu schätzen?

Warum möchte ich so viel Beachtung von ihm?
Warum fühle ich mich verlassen, wenn er einen Abend mit seinen Freunden verbringt?
Warum erwarte ich von ihm, daß er alles bezahlt?
Warum hacke ich auf ihm herum?
Warum macht er mich so wütend?
Warum ärgere ich mich so sehr über seine Kritik?

Jede Frage führt uns näher an den Punkt heran, an dem wir unser Herz öffnen können – dem Schlüssel zu einer wirklich glücklichen Beziehung in unserem Leben. Das Abenteuer geht endlos weiter. Wie hart wir auch daran arbeiten, die ideale Beziehung zu manifestieren, unser Lernen hat nie ein Ende. Wir sind alle »Liebende in der Ausbildung«.

Mit dem nachfolgenden Leitfaden zu dem, was ich als eine höhere Liebe bezeichne, möchte ich Ihnen helfen, daß Sie Ihr Ausbildungsprogramm ein wenig schneller absolvieren können. Bitte verstehen Sie diese höhere Liebe als ein Ideal, welches wir anstreben können. Ich kenne keine Beziehung, in der jederzeit und umfassend allen vor dem Hintergrund dieses Ideals relevanten Punkten Rechnung getragen wird. Unsere Ängste und Unsicherheiten kommen uns immer wieder in die Quere. So haben Sie mich vielleicht an früherer Stelle schon einmal sagen hören: »Selbst die Buddhas haben ihre Tage!« Das heißt, daß Sie weder sich selbst noch jemand anderen jemals wegen einer lieblosen Verhaltensweise fertigmachen sollten. Wir bemühen uns alle, unser Bestes zu geben!

Ich schlage Ihnen vor, diesen Leitfaden mehrmals zu lesen, um einfach den Geist des hier Vermittelten aufzunehmen. Bewahren Sie diesen Geist in Ihrem Herzen, getragen von dem Vertrauen, daß Sie in Ihrem Innern alles haben, das erforderlich ist, um jene Art der Liebe zu finden, die Sie suchen.

1. Eine höhere Liebe beginnt mit einer Liebe zur Menschheit.

Ich sprach einmal mit einer Frau, die völlig am Boden zerstört war, weil ihr letzter Freund von der Bildfläche verschwunden war. Sie weinte sich bei mir aus und schluchzte, sie habe der Welt so viel Liebe zu geben, aber niemanden, dem sie sie geben könne. Ich sagte ihr, daß es Millionen von Menschen gäbe, die dringend ihrer Liebe bedürften und sich darüber freuen würden; sie verstand mich aber nicht. Solange sie das nicht versteht, ist zweifelhaft, ob sie jene Liebe finden wird, die sie sich in ihrem lieblosen Leben wünscht.

Eine höhere Liebe ist Teil eines »Größeren Liebesplans«. Je mehr wir als »Liebende« in der Welt außerhalb unserer Beziehung Erfolg haben, desto größer werden unsere Erfolge als »Liebende« innerhalb unserer Beziehung sein. Je erfolgreicher wir Liebe und Harmonie in unserer »äußeren« Welt verbreiten, desto mehr wird uns dies in unserer »inneren« Welt gelingen. Ziel unseres Lebens muß sein, ein Milieu für Liebe zu schaffen, welche alles und jeden in unserem Umfeld berührt . . . und hierzu zählen, natürlich, auch Männer.

2. Einer höheren Liebe geht es um das Wesen statt um die Form.

Eine höhere Liebe konzentriert sich auf die größeren Zusammenhänge, nicht auf die Banalitäten und Einzelheiten des Alltags. Sie stellt fest, daß er ein liebevoller und fürsorglicher Mann ist. Sie konzentriert sich nicht auf die Tatsache, daß er vergessen hat, den Müll rauszubringen. Sie erkennt die positiven Dinge, die er in ihr Leben bringt. Sie konzentriert sich nicht darauf, daß er ihren Geburtstag vergessen hat.

Dieses Prinzip, das Wesen anstelle der Form in den Vordergrund zu stellen, können wir ebenso bezüglich einer neuen Person, die in unser Leben kommt, anwenden. Wir schaffen ein Bild aus der Feder des Unterstützer-Ichs, welches bekräftigt:

Ich baue eine gesunde, beständige und erfüllende Beziehung auf.
Statt:
Ich baue eine Beziehung mit einem großen, blonden, blauäugigen Mann auf, der 200 000 Dollar im Jahr verdient und einen Porsche fährt.

Sie bekommen diesen Mann vielleicht, aber möglicherweise nicht jene gesunde Beziehung. Das »Lästermaul« und das Unterstützer-Ich sind sehr unterschiedlich, und sie achten häufig auf völlig verschiedene Dinge. Ihrer Seele dürfte es weniger ausmachen, ob er nun blond ist oder nicht oder, um beim Thema zu bleiben, überhaupt keine Haare hat. Ihre Seele sieht nur eine andere gute und schöne Seele, die von uns geliebt werden möchte.

Sobald Sie beginnen, auf das Wesen statt auf die Form, die Äußerlichkeiten, zu achten, werden Sie feststellen, daß sich das Potential möglicher Beziehungen drastisch erhöht. Es werden nicht plötzlich, über Nacht, mehr Männer geboren. Vielmehr gibt es aus der Perspektive der Seele Liebhaber in Hülle und Fülle.

3. Bei einer höheren Liebe geht es um Lernen.
Auch eine höhere Liebe bleibt nicht von den meisten jener »lausigen« Komponenten verschont, die sich in einer »unaufgeklärten« Liebe finden: Wut, Selbstgerechtigkeit, Erwartungshaltungen, Verurteilungen, Ängste . . . Der einzige Unterschied ist, daß eine höhere Liebe negative Gefühle als Schlüssel zur Selbsterforschung und Selbsterkenntnis, statt als Möglichkeit, unseren Partner zu kritisieren, verwendet.

Ich weiß, die Tatsache, daß unser Leben aus fortwährendem Lernen besteht, kann uns gelegentlich ermüden und verdrießen. Es gibt Zeiten, in denen wir uns hoffnungslos dumm fühlen und den Tag herbeisehnen, an dem wir endlich alles begriffen haben! Wann immer ich merke, daß diese Gefühle in mir aufsteigen, rufe ich mir in Erinnerung, was J. G. Bennett über das Lernen zu sagen hat:

»Ich bin davon überzeugt, daß die Fähigkeit und das Bedürfnis zu lernen so kostbar sind, daß auch der vervollkommnete Mensch danach streben wird. Lernfähig sein heißt jung sein; solange man die Freude am Lernen in sich lebendig hält, bleibt man jung.«[2]

Ein neues Geheimnis für eine ewige Jugend! Der Tag, an dem wir aufhören, über uns selbst und unser Umfeld etwas zu lernen, ist der Tag, an dem wir geistig sterben! Warum sollten wir unsere Jugend wegwerfen wollen?

4. Das Drama ist nicht Hauptgegenstand einer höheren Liebe.
Damit soll nicht gesagt sein, daß es nicht auch in einer liebevollen Beziehung mitunter zu Dramen kommt, diese sind aber nicht das Hauptthema. Nachdem wir so viele Jahre dem Vorbild von »Romeo und Julia« ausgesetzt waren, sind wir in der Tat so konditioniert, daß wir glauben, Liebe bedeutet Drama. Wenn alles friedlich abläuft, vermissen wir den Donner und den Blitz, die dem Ganzen einen Hauch von Aufregung verleihen. Als Ergebnis davon haben wir das Gefühl, es nicht mit Liebe zu tun zu haben, wenn wir eine liebevolle und unterstützende Liebe erfahren!

Wenn wir uns nur auf Äußerlichkeiten konzentrieren, ist dieses Streben nach Dramen verständlich. Alles wird schließlich langweilig, wenn es uns nur vertraut genug wird – was erklärt, warum leidenschaftliche Liebeleien schon bald ihre Leidenschaft verlieren. Anschließend machen wir uns wiederum auf die Suche nach jemanden oder etwas anderem da draußen, der oder das uns neuerlich Aufregung verschafft. Wenn wir jedoch in den Spiegel statt ins Vergrößerungsglas schauen, dann sind Beziehungen nie langweilig. Das soll nicht heißen, daß Langeweile nicht auch in einer höheren Liebe aufkommen kann. Ganz sicher. Wenn dem so ist, greifen wir zu unserem Spiegel und fragen uns: »Warum langweile ich mich?« Und wir entdecken, daß dies nichts mit unseren Männern zu tun hat.

Stewart Emery beschrieb Langeweile als »Feindseligkeit bar jeden Engagements«.[3] Diese Feindseligkeit beruht auf der Tatsache, daß wir nicht selbst unsere eigene erregende innere Welt schaffen. Wir warten darauf, daß unsere Männer dies für uns tun. Abhilfe schafft in diesem Fall die wichtige Frage: »Wenn ich tatsächlich meine Herrlichkeit spürte, was würde ich jetzt tun?« . . . und tun Sie es! Je mehr wir tun, um selbst weniger langweilig zu sein, desto weniger langweilig werden unsere Männer sein.

Solange wir unsere Beziehungen und die Welt mit unserer Liebe überhäufen, wird niemals Langeweile in uns aufkommen. Diese Beschäftigung nimmt uns viel zu sehr in Anspruch! Wir werden allenfalls in eine neue Art des Dramas hineingezogen – jene Art, die durch liebevolle Handlungen in der Tiefe unserer Seele erzeugt wird. Ein umwerfendes Drama, aber ein Drama des Glücks, des Wachstums, des Lichtes, nicht der Agitation und Disharmonie.

5. Die höhere Liebe baut auf dem Bewußtsein auf.
Eine höhere Liebe wird durch einen bewußten gedanklichen Prozeß gesteuert. Sie ist etwas, auf das wir achten, dem wir unsere Aufmerksamkeit schenken. Sie ist etwas Bewußtes. Marianne Williamson erzählt die Geschichte eines Liebhabers, der sie tief verletzte und ihr dann sagte: »Ich wollte dich nie bewußt verletzen.« Sie erwiderte ihm:

> »Ich weiß, daß du mich nie bewußt verletzen wolltest. Das Problem ist, daß du mich auch nie bewußt lieben wolltest!«[4]

Williamson spricht damit einen Punkt an, den wir unbedingt verstehen müssen: Der natürliche Verfallsprozeß bei Dingen, die unversorgt und unbeachtet bleiben. Haben Sie mal ein Haus gesehen, um das sich seit Jahren niemand gekümmert hat? Ein trauriger Anblick. Nicht, daß jemand bewußt seinen Verfall herbeiführen wollte, sondern vielmehr, daß sich niemand bewußt um seinen Erhalt kümmern wollte.

Nach dem gleichen Prinzip ist die Welt dabei, zu einem lieblosen Ort zu werden, und zwar nicht, weil die Menschen sie bewußt lieblos sein lassen möchten, sondern weil sie sich nicht bewußt darum kümmern, sie liebevoll zu gestalten. Wir sagen nicht jeden Morgen, wenn wir aufstehen: »Ich werde heute negativ auf diese Welt einwirken.« Das Problem ist, daß wir nicht jeden Morgen beim Aufstehen sagen: »Ich werde heute dazu beitragen, daß diese Welt besser wird.« Unterlassen wir es, uns bewußt darum zu kümmern, ist der natürliche Verfallsprozeß vorprogrammiert. Das gleiche gilt für unsere Beziehungen.

Ich habe die Erfahrung gemacht, wenn wir an unsere Liebe mit Bewußtsein herangehen, uns bewußt um sie kümmern, wird eine Kettenreaktion ausgelöst, die unsere Liebe wachsen und wachsen und wachsen läßt. In dem Moment, wo wir unser Bewußtsein ausschalten, verkehrt sich der Prozeß ins Gegenteil.

6. Eine höhere Liebe bedeutet ein unablässiges Aktivieren der Liebe.

Sobald wir unser Bewußtsein eingeschaltet haben, müssen wir den nächsten Schritt tun und unsere Vorsätze verwirklichen. Während wir auf der einen Seite alles entfernen, was nicht nach Liebe aussieht, beginnen wir auf der anderen Seite, diejenigen Bestandteile, welche nach Liebe aussehen, stärker zum Ausdruck zu bringen. Betrachten wir Dankbarkeit und Wertschätzung als zur Liebe gehörig, so beginnen wir, diese gegenüber dem von uns geliebten Menschen zu aktivieren. Wir warten nicht, bis er den ersten Schritt tut. Wenn Berührungen für uns ein Teil der Liebe sind, so ergreifen wir von uns aus bei dem von uns geliebten Menschen die Initiative. Wir warten nicht, bis wir berührt werden. Gehören für uns Geschenke zur Liebe, so beginnen wir mit Bedacht, kleine Geschenke auszusuchen. Wir warten nicht, bis wir selbst welche erhalten. Wenn wir das Gefühl haben, wir brauchen etwas von jemandem, so geben wir ihm dieses Etwas zuerst. Und so lernen wir das Gefühl der Liebe kennen!

Ich stimme all jenen uneingeschränkt zu, die behaupten, daß die größte »Sucht« in unserem Leben nicht unser Verlangen ist, geliebt zu werden, sondern zu lieben. Jeden Tag müssen wir uns fragen:

Was tue ich, um die Liebe lebendig zu halten?

Manchen von uns fließen die Worte »Ich liebe dich« nur so von den Lippen. »Ich liebe dich« heißt aber sehr wenig, wenn Sie dem Menschen, zu dem Sie »Ich liebe dich« sagen, nicht als wirklich liebende Person begegnen. Das ist vergleichbar mit dem klassischen Fall, für ihn zwar eine Festtafel herzurichten, ihm aber kein Essen zu bringen. Nur durch liebevolles Handeln werden wir die Liebe kennenlernen. Wir sind die Quelle, wenn wir Liebe erfahren möchten, nicht unsere Männer. In einem seiner Workshops stellte Werner Erhard eine kluge Frage:

Wenn doch Liebe so selten ist, wer unterläßt es, sie zu schaffen?[5]

Die Teilnehmer wußten, worauf er hinauswollte. Man kann Liebe nicht bekommen, ohne zu lieben. Genau wie für unsere Herrlichkeit gilt, daß sie spüren heißt, aus ihr heraus handeln, so gilt auch:

Liebe besitzen heißt aus Liebe heraus handeln. Das hängt nicht von jemand anderem ab.

Aber denken Sie daran, das Motiv ist entscheidend. Ein Großteil des »Gebens« erfolgt häufig nicht aus einem Gebenwollen heraus, sondern aus einem »Bekommenwollen«. Ich kenne Frauen, die sich mit dem Geben ihren Männern gegenüber selbst übertreffen (und umgekehrt), dabei aber nur ein Motiv im Kopf haben: ihr verzweifeltes Verlangen nach Anerkennung zu befriedigen. Das ist nicht Liebe, das ist Tauschhandel!

Ebenso müssen Sie berücksichtigen, daß unsere Partner sich mitunter schwerer tun als wir, ihre Liebe auszudrücken. Das heißt nicht, daß die Liebe nicht vorhanden wäre. Es bedeutet lediglich, daß ihre Möglichkeiten, Liebe auszudrücken, aufgrund früherer Erfahrungen eingeschränkt sind. Wenn wir das, was sie uns in unserem Leben geben, zu schätzen wissen und jeden Ausdruck von Liebe, so klein er auch sein mag, mit Begeisterung aufnehmen, können wir ihnen vielleicht die Sicherheit geben, die sie brauchen, um ihre Hemmungen, Liebe auszudrücken, zu überwinden.

Darüber hinaus gibt es jene Fälle, in denen unser Partner unfähig ist, zu lieben oder unsere Liebe anzunehmen. Vielleicht wirft er uns unser Geschenk der Liebe sogar wieder vor die Füße. Das hat für uns nicht die Konsequenz, daß wir aufhören zu lieben. Das heißt nicht, daß wir uns zum Fußabtreter machen lassen. Menschen, die ihre Herrlichkeit spüren, sind niemals Fußabtreter; sie haben vielmehr ein Gespür für die Schmerzen der anderen. Sie entscheiden sich vielleicht, die Beziehung zu verlassen, um jemand anderen zu finden, der ihre Geschenke zu schätzen weiß, sie verlassen sie aber mit einem offenen Herzen und dem Wunsch, daß jene gequälte Seele, die sie verlassen, bald für sich einen Ausweg und eine Lösung finden wird. Sie sagen:

> Ich möchte ein liebender und liebevoller Mensch sein. Ich möchte mich nicht an einem haßerfüllten Spiel beteiligen.

Ich hörte von so vielen Frauen, daß sie »cool« bleibend dieses Spiel spielen müssen, um ihre Männer nicht zu verlieren. Die höhere Liebe beinhaltet, daß es wichtig für Sie ist, der Mensch zu sein, der Sie sein möchten, und Ihr Leben mit jemanden teilen, der Sie so am meisten liebt.

> Eine höhere Liebe sagt, höre auf, Spiele zu spielen und deine Seele zu verlieren, nur um irgendwen in deinem Leben zu behalten!

7. Eine höhere Liebe inspiriert zu Berührungen, aber nicht zu einem Anbinden.

Das ist für die meisten von uns hart. In unserer Gesellschaft glauben wir, Liebe sei Anbindung. Dennoch weiß ich, daß meine Beziehung mit Mark dann am gesündesten ist, wenn ich mich nicht »angebunden« fühle. Anbindung erzeugt Bedürftigkeit, und Bedürftigkeit läßt unsere Fähigkeit zu lieben verschwinden. Anbindung schafft auch Unzufriedenheit. Der Zustand des Kindseins ist nicht dazu gedacht, endlos fortzubestehen. Die Richtung, in die jeder Mensch auf seiner Reise unweigerlich gezogen wird, führt zur »Individuation«, wie Jung sie bezeichnete – dahin, ein eigenständiger Mensch zu werden.

> Wenn wir uns aneinanderklammern, können wir nicht zu diesem eigenständigen Menschen werden; wir werden ein Teil der Person des anderen. Wir geraten mit unserem ureigensten, uns innewohnenden Bedürfnis zu wachsen in Konflikt.

Ich glaube, auf einer intellektuellen Ebene verstehen und bejahen die meisten unser Streben, eine eigenständige Person zu werden. Sind wir dann aber gefordert, diese Einsicht in unseren Beziehungen zur praktischen Anwendung kommen zu lassen, so scheinen wir es mit einer psychischen Blockade zu tun zu haben! Ich sagte einmal zu meinen Kursteilnehmerinnen, daß ich Mark mehr liebe, als ich jemals einen anderen Mann geliebt habe; und dennoch wüßte ich, wenn wir uns morgen trennten, daß mein Leben nach wie vor für mich einen Sinn hätte. Das heißt nicht, daß ich über den Verlust nicht trauern und ihn entsetzlich vermissen würde, vielmehr, daß der Tag kommen würde, an dem die Tränen versiegen und das Leben wieder weitergehen würde. Es war ihnen unbegreiflich, wie man jemanden wirklich lieben und dennoch das Gefühl haben könnte, auch ohne ihn leben zu können. (Auch hier wiederum der Einfluß von Romeo und Julia!) Ich erzählte ihnen, daß es auch bei mir vor langer Zeit Beziehungen gegeben habe, deren Ende jeweils Suizidgedanken in mir aufkommen ließen. Heute weiß ich, daß diese Beziehungen wenig mit Liebe zu tun hatten. Sie hatten etwas mit der Verzweiflung einer verlorenen Seele zu tun.

> Die Tatsache, daß, je weniger man einen Menschen braucht, man ihn um so mehr lieben kann, hat eine gewisse Ironie.

Viele von uns haben die selbstzerstörerische Natur solcher Art der Anbindung bereits begriffen. Folglich ist das nicht unbedingt etwas, das wir bewußt anstreben. Es »passiert« einfach, und zwar dann, wenn wir uns in den Armen von jemandem sicher fühlen. Dieses Gefühl der Sicherheit hält jedoch nicht lange vor, und schon bald werden die so vertrauten Merkmale einer Anbindung sichtbar – Angst, Eifersucht, Besitzgier, Enttäuschungen, Erwartungshaltungen und so weiter.

Es gab dann eine Zeit, in der diese Gefühle der Anbindung für mich das Signal waren, daß es an der Zeit war, eine Beziehung zu beenden. Ich hatte entsetzliche Angst, wiederum in jene Abhängigkeit zurückzufallen, die ich während meiner ersten Ehe empfunden hatte. Nachdem ich auf diese Weise eine ganze Reihe von Beziehungen abgebrochen hatte, dämmerte es mir schließlich, daß in einer Beziehung auch die Abhängigkeit immer an die Oberfläche kommen muß. Anstatt wegzulaufen, müssen wir uns das, was da passiert, nur bewußtmachen und zu unserem kleinen Instrumentenkoffer greifen, der uns den Weg zu unserem Unterstützer-Ich zurückfinden läßt, wo wir, wie wir wissen, unsere Stärke, Schönheit und Liebe finden.

Vielleicht fragen Sie jetzt traurig:

> Dürfen wir uns denn niemals in die Sicherheit der Arme eines Geliebten und das wohlige Gefühl, daß »zwei zu einer Einheit verschmelzen«, fallen lassen?

Doch, ja, für einen Augenblick, eine Stunde, einen Tag oder mehrere ... aber stets in dem Bewußtsein, daß diese Überantwortung, diese Auslieferung des Selbst nur vorübergehender Natur sein kann. Je sicherer wir sind, desto häufiger können wir uns seltsamerweise diese Augenblicke des »Fallens« erlauben. Wir haben Frieden mit diesem inneren »Wissen«, daß wir uns bald wieder sammeln und mit der Sicherheit und dem wohligen Gefühl innerer Übereinstimmung in Verbindung kommen.

8. Eine höhere Liebe erfordert ein tieferes Vertrauen.
In einem früheren Kapitel habe ich über Vertrauen in Beziehungen gesprochen. Es gibt eine transzendentere Art des Vertrauens, die wir haben müssen, nämlich:

> Wie auch immer sich unsere Beziehung in Zukunft gestalten wird, es wird zu unserem Besten sein.

Das soll heißen, daß wir mit unserer begrenzten Sicht nicht weit genug in die Zukunft schauen können, um zu wissen, welche Erfahrungen uns das, was wir lernen müssen, am besten lehren können. Wenn ich, zum Beispiel, auf all meine zu Bruch gegangenen Beziehungen zurückblicke, kann ich jetzt erkennen, daß sie die absolut richtigen Wegweiser waren, mich dahin zu bringen, wo ich heute stehe. Während diese Geschichten abliefen, war ich kaum in der Lage, ihnen diese Bedeutung beizumessen; aber heute bin ich dazu imstande.

Folglich gehe ich an meine jetzige Ehe ganz anders als an meine erste heran. Bei meiner ersten Ehe war ich bei meinen Planungen davon ausgegangen, daß sie auf immer und ewig hielt. Meine Pläne liefen jedoch einem »Höheren Plan« zuwider, demzufolge sie nur sechzehn Jahre halten sollte. Rückblickend kann ich sagen, dieser »Höhere Plan« zeichnete sich durch eine weitaus größere Weisheit aus ... für beide Seiten! Ich habe mir die Denkweise »Für-immer-und-ewig« abgewöhnt. Ich lebe in dem »Wissen«, daß meine jetzige Ehe exakt so lange halten wird, wie sie halten soll. Das kann ein Jahr oder ein Leben lang sein. Natürlich wäre es mir lieber, sie würde für immer und ewig halten, aber ich bin jetzt bereit, alles zu tun, was ich tun kann, damit sie Bestand hat und sie zu genießen. Der Frieden, den diese Art des Vertrauens gibt, ist wundervoll!

Dieses tiefere Vertrauen ermöglicht es mir auch, das Konzept, im Jetzt zu leben, besser zu verstehen – von einem Augenblick zum anderen, statt in Zeitspannen von zwanzig Jahren zu leben. Ich liebe und schätze ihn jetzt! Ich nehme jetzt all die Liebe an, die er mir zu geben hat! Ich genieße jetzt jeden Augenblick, in dem wir zusammen sind! Mit dieser Einstellung ist mir jetzt das Gute und Schöne der Beziehung wesentlich bewußter. Ich schiebe mein Genießen nicht mehr auf die lange Bank, mich auf das große Paradies freuend, das irgendwo in der Zukunft auf uns wartet ... irgendwann später ... wenn wir mehr Zeit haben. Dieses Paradies schaffe ich mir in gegenwärtigen Augenblicken, indem ich das Gute und Schöne im Jetzt erkenne.

Dieses Prinzip läßt sich nicht nur in unseren Beziehungen, sondern in allen Bereichen unseres Lebens anwenden. Solange wir uns daran halten, unser Handeln von diesem tieferen Vertrauen leiten zu lassen, wird unser Leben wie ein Gebirgsfluß fließen. Wann immer wir versuchen, uns diesem Strom entgegenzustellen, statt mit ihm zu schwimmen, besteht unser einziger Erfolg darin, daß wir uns den Kopf an den Felsen stoßen, uns gewaltige Kopfschmerzen ... und noch größere »Herzschmerzen« einfangen! Und hierzu habe ich die besten Referenzen vorzuweisen!

9. Eine höhere Liebe ist bindungsbereit.

Bindung bedeutet, daß wir uns hundertprozentig engagieren und alles daransetzen, das Beste aus unseren Beziehungen zu machen, wie lange sie auch dauern mögen, eine Woche, ein Jahr oder ein Leben lang. Kein Warten! Ich frage mich häufig, warum so viele von uns sich dem Warten verschrieben haben. Könnte es sein, daß wir diese Hingabe für jenen spekulativen »Seelengefährten« aufbewahren wollen, der lediglich in unseren Wunschträumen existiert? Warten Sie nicht länger! Geben Sie diese Illusion auf, und zwar restlos! Wenn wir die Schleusentore unserer Liebe öffnen, wird die Belohnung unermeßlich sein. Und wenn wir am Ende feststellen, daß es doch nicht geht, so wird uns dennoch die Gewißheit bleiben, daß wir unser Bestes gegeben haben (was ein beruhigendes Gefühl ist); und wir werden uns wieder daran erinnern, daß nicht alles für »die Ewigkeit« geschaffen ist.

Paßt die Ehe überhaupt zu dieser Art der Bindung? Ich meine, ja. Viele Jahre war ich überzeugt, daß ich die Formalität der Ehe für mich nicht mehr brauchte, zumal ich mir keine weiteren Kinder wünschte. Nachdem ich drei Jahre mit Mark zusammengelebt hatte, änderte ich meine Meinung. Ich erkannte, daß ich das gleiche Spiel wie in all meinen vorherigen Beziehungen spielte. Das Spiel hieß »Einen Fuß in der Tür lassen«. Weil ich nie ganz sicher war, wie sich die Beziehung entwickeln würde, war ich tatsächlich nie ganz da oder »drin«. Ständig entwarf ich irgendwelche Pläne, was ich tun und wie ich mich verhalten würde, ginge die Beziehung in die Brüche, und bei jeder Party ließ ich meine Blicke durch die Runde schweifen . . . nur für den Fall, daß sich da doch was Besseres fände . . . Ich gelangte schließlich zu der Einsicht, daß ich einen Schritt weiter auf dem Weg der Bindung gehen mußte, um wirklich eintreten und die Tür hinter mir schließen zu können. Und dieser Schritt war für mich die Ehe.

Darüber hinaus gehöre ich zu denjenigen, die fest an den Zauber von Schwüren glauben – zum Beispiel den von Eheschwüren, deren Wortlaut heute von vielen Paaren individuell gestaltet wird. Vor einigen Monaten war ich bei einer sehr schönen Hochzeit zugegen. Während die Zeremonie größtenteils in einem traditionellen Rahmen verlief, brachten die Brautleute, einander zugewandt, an einer bestimmten Stelle gegenseitig ihre Wertschätzung zum Ausdruck. Unlängst erzählten sie mir, daß sie das Videoband von ihrer Hochzeit abspielen, wenn sie das Gefühl haben, im Alltag das Wunderbare dessen, was sie zusammenbrachte, aus den Augen zu verlieren – mit Erfolg.

Trotzdem will ich nicht behaupten, daß eine Bindung in jedem Fall eine Ehe erfordert. Es gibt Beziehungen, die ohne Trauschein von einer solchen Bindung geprägt sind, und es gibt Ehen ohne diese Bindung. Ganz individuell müssen wir entscheiden, welche Regelung unseren gegenwärtigen Bedürfnissen mehr entspricht. Eine Bindung bedeutet im Kern einfach, daß wir unsere Absprachen und Übereinkünfte, in welcher Form diese auch immer bestehen mögen, achten, und daß wir die Entwicklung jenes Menschen, der sich uns anvertraut hat, lieben, respektieren, hegen und unterstützen.

10. Eine höhere Liebe ist heiter.
Eine höhere Liebe erfordert, daß wir unseren Sinn für Humor bewahren. Sie müssen gestehen, daß wir in unserem Ringen um Ganzheit schon recht komische Dinge machen, wenn es um unsere Beziehungen geht. Wenn wir über alles lachen können, anstatt uns so schrecklich ernst zu nehmen, werden wir uns unser Ringen um Ganzheit um einiges erleichtern können.

Ich rechne mich zu den Privilegierten, die im Laufe der Jahre Paare kennenlernen durften, die ihrer Zeit um einiges voraus waren. Eine ihrer hervorstechendsten Eigenschaften ist ihre Fähigkeit, über sich selbst lachen und uns zum Mitlachen animieren zu können.

> Diese Gelassenheit und dieser Frohsinn ermöglichen es uns zu verstehen, daß unsere menschlichen Schwächen nichts Schlechtes sind . . . und daß wir nicht trotz, sondern um ihrer willen geliebt werden.

11. Eine höhere Liebe ist konstruktiv.
Eine höhere Liebe setzt voraus, daß wir, die wir die Gefühle eines anderen Menschen in unserer Obhut haben, diesen geistig und moralisch aufrichten, wenn es um sein Selbstvertrauen schlecht bestellt ist. Das Wunderbare daran, wenn wir dem von uns Geliebten Inspiration und Auftrieb geben, ist, daß wir uns gleichzeitig selbst inspirieren. Umgekehrt, wenn wir

ihn entmutigen, ziehen wir uns ebenfalls nach unten. Inspiration kann für jeden Menschen etwas anderes bedeuten. Für mich bedeutet sie folgendes:

Sie bedeutet, wenn der von uns Geliebte an dem Guten und Schönen seiner Person zweifelt, erinnern wir ihn, wie gut und schön er ist.
Sie bedeutet, wir ermutigen ihn, seine Persönlichkeit zu entfalten und zu wachsen, selbst wenn wir befürchten, er könne uns »entwachsen«.
Sie bedeutet, wir entfalten uns und wachsen in unserer Persönlichkeit, um eine Stütze anstatt eine Last zu werden.
Sie bedeutet, wir applaudieren, wenn er Erfolg hat. Wir mißgönnen ihm den Erfolg nicht, ganz gleich, wie erfolglos wir uns in der jeweiligen Situation fühlen mögen.
Sie bedeutet, wir applaudieren, wenn ihm der Erfolg versagt bleibt, und lassen ihn wissen, daß »all das im großen Rahmen schon seine Richtigkeit hat«.
Sie bedeutet: »Manchmal bin ich von dir abhängig, und manchmal bist du von mir abhängig.« Wir unterstützen uns gegenseitig.
Sie bedeutet, wir setzen nicht auf Abhängigkeit, sondern ermutigen ihn, auf eigenen Füßen zu stehen. Hierzu bedarf es mitunter einer starken Liebe!
Sie bedeutet, daß, wenn wir aufhören, in unserem Leben die Opferrolle zu spielen, wir auch ihn ermutigen, es uns gleichzutun.
Sie bedeutet, wir sind in erster Linie seine Freundin . . . und entsprechend behandeln wir ihn.
Sie bedeutet, wir erwarten das Glück nicht von ihm, sondern für ihn.
Sie bedeutet, wir beschützen das verletzte Kind in seinem Innern, statt es noch mehr bluten zu lassen, als es ohnehin schon blutet.

Allmählich verstehen Sie, worum es geht. Jemanden unterstützen, und das ist wichtig, bedeutet nicht, ihm Dinge abzunehmen, für ihn zu handeln . . . oder ihm vorzuschreiben, wie und was er zu tun hat. Weil wir alle Blinde sind, die einen Blinden führen, können wir nicht immer wissen, ob unser Weg der richtige ist.

Das Wachstum unserer Lebensgefährten zu fördern, ist für uns bisweilen ein beängstigendes Unterfangen. Wir fürchten, daß, wenn sie »allzusehr« wachsen, sie uns am Ende abhängen und uns zurücklassen könnten. Eines kann ich Ihnen versichern, die Wahrscheinlichkeit, daß sie uns verlassen, ist weitaus größer, wenn wir versuchen, uns ihrem Wachsen entgegenzustellen, anstatt sie darin zu ermutigen. Wenn wir diejenigen sind, die dazu beitragen, daß sie mit sich selbst mehr als zufrieden sind, möchte ich bezweifeln, daß sie uns verlassen werden. Oder würden Sie es an ihrer Stelle?

12. Eine höhere Liebe verlangt, daß wir unser Herz gegenüber Männern öffnen.

Eine höhere Liebe erfordert, jenen Teil in uns umzustimmen, der es uns bisher nicht erlaubte, den Männern in liebevoller Weise zu begegnen. Wir müssen begreifen, daß sich unter der Maske eines Mannes, wie diese auch immer aussehen mag, ein Mensch verbirgt, der den Frauen gefallen möchte, insbesondere seiner Lebensgefährtin. Wenn er dabei scheitert, dann nur, weil ihm seine (oder unsere) Schmerzen und Ängste in die Quere kommen. Ich bin überzeugt:

> Eines der kostbarsten Geschenke, die wir den Männern machen können, ist, sie die Erfahrung machen zu lassen, daß sie uns »gefallen«.

Eine Möglichkeit, dieses zu erreichen, ist, das, womit sie uns beschenken, stets dankbar anzuerkennen:

> Du gibst mir so viel in meinem Leben.
> Du bist ein wundervoller Mensch.
> Ich lerne von dir.
> Ich fühle mich von dir unterstützt.

Deine Art, mich zu lieben, macht mich glücklich.

Wir sagen diese Dinge nicht nur unter vier Augen, sondern auch in Anwesenheit anderer. Nichts wird unseren Männern (oder jemand anderem) mehr das Gefühl vermitteln, etwas Besonderes zu sein, als wenn wir sie in Gegenwart anderer bestätigen.

Es ist an der Zeit, den Männern eine Chance zu geben. Ihre Herzen sehnen sich nach Anerkennung.

Ich weiß, tief in unserem Herzen, unter dem Schmerz unseres Strebens nach Ganzheit, verstehen wir sehr wohl, wie viel uns die Männer in ihren Rollen als Freunde, Mentoren, Liebhaber, Väter, Söhne und Ehemänner in unserem Leben gegeben haben. Wir müssen, in der Tat, für vieles dankbar sein, was ihre Gegenwart in unserem Leben uns hat zuteil werden lassen. Wir sollten nun einer neuen Art der Liebe eine Chance geben . . . einer bewußten Liebe . . . einer reifen Liebe . . . die es uns ermöglicht, jene unzähligen Schritte dankbar anzuerkennen, die die Männer unternehmen, um uns zu zeigen, wie sehr ihnen an uns gelegen ist.

Harold Kushner zitiert eine wunderschöne Stelle aus dem Talmud, einer alten Schriftensammlung der Rabbiner aus dem fünften Jahrhundert n. Chr.:

> »In der zukünftigen Welt wird jeder von uns aufgerufen werden, Rechenschaft abzulegen über alle guten Dinge, die Gott der Erde gab, und an denen zu erfreuen wir uns geweigert haben.«

Was mich anbelangt, so bin ich überzeugt, daß zu den größten Geschenken auf Erden, die Gott den Frauen gegeben hat, daß sie sich daran erfreuen, die Männer gehören – ihr Körper, ihr Geist und ihre Seele . . . wollen Sie dieses Geschenk zurückweisen? Und wollen Sie sich weigern, das in Ihrem Herzen verborgene enorme Maß an Liebe mit den Männern zu teilen? Wenn wir am Ende unserer Tage die Frage: »Hast du die Welt mit deiner Liebe gewärmt?« mit »Ja« beantworten können, werden wir Frieden in der Gewißheit haben, daß unser Leben einen Sinn hatte ... und daß wir in einem positiven Sinne unseren Beitrag in dieser Welt geleistet haben.

Anhang

Affirmationen

Die Affirmation ist eine sehr effektive Form des Selbstgesprächs, die, wenn sie regelmäßig angewandt wird, Ihnen helfen kann, stärker, liebevoller, selbstsicherer und ausgeglichener zu werden.

Was ist nun genau eine Affirmation?

Eine Affirmation ist eine positive Aussage, daß etwas bereits geschieht.

Zum Beispiel:

Ich baue jetzt eine gesunde Beziehung auf.

Selbst wenn es in diesem Augenblick in Ihrem Leben keinen Mann gibt, ist diese Affirmation angemessen. Affirmationen haben immer etwas mit einem *Prozeß* zu tun. Um eine gesunde Beziehung aufbauen zu können, bedarf es einer Bereitschaft, die sich nur durch den Faktor Zeit und den Faktor Erfahrung entwickeln kann. Indem wir versichern: »Ich baue eine gesunde Beziehung auf«, fördern wir diese Bereitschaft. Die Affirmation ist eine verbindliche Absichtserklärung ... und Verbindlichkeiten haben von Natur aus eine starke Kraft. Unser Unterbewußtsein empfängt die Botschaft und beginnt mit der Arbeit.

Selbst wenn unser Bewußtsein nicht mit unseren Absichten befaßt ist, unser Unterbewußtsein ist es. Denken Sie an jene Male, wo Ihnen ein Name entfallen war. Sie zerbrachen sich den Kopf, um sich an den Namen zu erinnern, Sie kamen einfach nicht darauf. Schließlich gaben Sie auf. Und plötzlich, wie aus dem Nichts, tauchte der Name in Ihrem Kopf auf. Offensichtlich war ein Teil Ihres Unterbewußtseins noch immer mit dem »Befehl« beschäftigt, während der Vorgang für Ihr Bewußtsein beendet war.

Schön an Affirmationen ist, daß wir an die Worte, die wir sprechen, nicht erst glauben müssen, damit sie wirksam werden können. Unser Unterbewußtsein scheint diesen Worten zu glauben, unabhängig davon, ob unser Bewußtsein dies auch tut. Positive Selbstgespräche haben positive, nutzbringende Auswirkungen auf unsere Gesundheit, unsere Haltung, unsere Leistungsfähigkeit und vieles mehr.

Affirmationen wirken im Prinzip wie Funksignale, die Botschaften in die Welt aussenden – und irgendwie werden diese Signale empfangen, verstanden und beantwortet. Achten Sie einmal auf all jene denkwürdigen Zufälle, die sich fortan in Ihrem Leben ereignen werden. Zum Beispiel – hatten Sie sich irgendwann einmal fest vorgenommen, einen besseren Arbeitsplatz zu finden, und plötzlich trafen Sie auf genau die richtige Person, die Ihnen den entscheidenden Hinweis auf den Job gab, den Sie exakt suchten? Carl Jung bezeichnete diese Art denkwürdiger Zufälle als »Synchronizität«.

Wann und wie kann man Affirmationen verwenden? Affirmationen lassen sich problemlos in unsere Alltagsroutine integrieren, ohne ein Mehr an Zeitaufwand zu erfordern. Während wir zum Beispiel duschen, autofahren oder uns ankleiden, können wir unser Unterbewußtsein mit höchst wirksamen und liebevollen Gedanken füllen. Der Schlüssel bei Affirmationen ist die *ständige Wiederholung.* Eine Affirmation sollte mindestens zehnmal wiederholt werden, um einen positiven Effekt zu erzielen.

Ich habe in diesem Buch viele Affirmationen aufgeführt. Wählen Sie für sich diejenigen aus, von denen Sie sich angesprochen fühlen. Legen Sie sich pro Affirmation eine Karteikarte an, auf die Sie dann tagsüber als Gedächtnisstütze zurückgreifen können. Schon beim Aufstehen beginnen Sie, Ihre Affirmationen zu wiederholen, statt auf die düsteren, von Weltuntergangsstimmung zeugenden Botschaften Ihres negativen »Lästermauls« zu hören. Anstatt zu sagen: »Ich möchte heute am liebsten nicht zur Arbeit gehen, das ist so langweilig!«, wiederholen Sie immer wieder: »Ich mache mir heute einen schönen Tag.« »Ich werde heute nur all die guten und positiven Dinge anziehen.« »Ich werde Licht bringen, wohin ich auch gehe.« Und so weiter. Eine meiner eifrigsten Kursteilnehmerinnen hat sich eine Affirmationskassette zugelegt, die sie speziell während des Autofahrens über Kopfhörer hört. Auf diese Weise ist sie ständig von positiven, herrlichen Gedanken erfüllt, während sie sich durch den Straßenverkehr und andere Widrigkeiten des Lebens kämpft.

Wann immer ich mich mit schwierigen Zeiten konfrontiert sehe, nehme ich auf einem Band Affirmationen auf, die ich selbst spreche und die ich immer und immer wieder wiederhole. Dieses Band spiele ich dann während des Einschlafens und des Wachwerdens ab. Mit dieser Methode wird die Lautstärke meines »Lästermauls« auf ein Flüstern reduziert, so daß mein Unterstützer-Ich die Kontrolle übernehmen kann.

Mit etwas Übung können Sie Ihre eigenen, speziell auf Ihre Bedürfnisse abgestimmten Affirmationen entwerfen. *Vergessen Sie nicht: Affirmationen werden stets im Präsens formuliert.*
Zum Beispiel:

Ich baue jetzt eine gesunde Beziehung auf ...
Nicht:
Ich werde eine gesunde Beziehung aufbauen.

Darüber hinaus sollten in Affirmationen stets *positive* statt negative Formulierungen zum Tragen kommen.

Ich ziehe nur noch mir förderliche, mich unterstützende Männer in mein Leben ...
Nicht:
Ich werde nicht länger mich verletzende und kränkende Männer in mein Leben ziehen.

Affirmationen können Teil eines umfassenderen Programms des positiven Denkens sein. Es gibt eine ganze Reihe von Büchern auf dem Markt, die sich speziell mit Affirmationen und positiven Selbstgesprächen beschäftigen. Einstweilen werden die Affirmationen, die ich in diesem Buch formuliert habe, eine gute Starthilfe sein.

Anmerkungen

Kapitel 1

1 Betty Friedan, Der Weiblichkeitswahn oder die Selbstbefreiung der Frau, Hamburg, 1966, S. 13.
2 Mehr Informationen über seelische Einflüsse auf die Gesundheit – siehe: Bernie Siegel, Liebe, Medizin und Wunder, Düsseldorf, 1988.
3 Sam Keen, Die Lust an der Liebe, Weinheim, 1984, S. 26.
4 Sam Keen, »Facing the Enemy Within«, New Age Journal, November/Dezember 1987, S. 43.

Kapitel 2

1 Merle Shain, Hearts That We Broke Long Ago, New York, 1983, S. 37.
2 Detaillierte Informationen über die Transaktionsanalyse finden Sie in: Eric Berne, Spiele der Erwachsenen, Hamburg, 1988; oder Thomas A. Harris, Ich bin O. K., Du bist O. K., Hamburg, 1973.
3 Susan Jeffers, Feel the Fear and Do it Anyway, New York, 1988.
4 Zig Ziglar, Ganz oben. Senkrechtstart für Manager, Zürich, 1989, S. 26.

Kapitel 3

1 Robert Fuller, »Chasing our Shadow: Breaking the Cycle of the Arms Race Will Require a Psychotectonic Shift«, ein Interview von David Hoffman, in: New Age Journal, Januar/Februar 1988, S. 32.
2 Tessa Albert Warschaw, Rich Is Better, New York, 1985, xxi.
3 Ein weiteres empfehlenswertes Buch in diesem Zusammenhang ist Moneylove von Jerry Gillies, New York, 1978.
4 Harold Kushner, Auswege aus dem Irrgarten des Lebens, München, 1987, S. 109.

Kapitel 5

1 Näheres zum Thema »Lästermaul« und »Unterstützer-Ich« siehe: Feel the Fear and Do It Anyway von Susan Jeffers, New York, 1988.
2 Toni Grant, Being a Woman, New York, 1988, S. 21.
3 Hal Stone und Sidra Winkelman, Embracing Our Selves, Marina Del Rey. o. J.
4 »The Nuclear Lagoon«, Global Report, British Broadcasting Corporation, 1983.
5 Ram Dass, Who Are You, Arlington, Tonkassette.
6 David Hoffman, »Chasing Our Shadow: An Interview with Robert Fuller«, New Age Journal, Januar/Februar 1988, S. 75.
7 Ebenda, S. 75.

Kapitel 6

1 Bob Mandel, Two Hearts Are Better Than One, Berkeley. o. J.
2 Lillian Rubin, Intimate Strangers, New York, 1983.
3 Michael McGill, The McGill Report on Male Intimacy, New York, 1985. Steven Naifeh und Gregory White Smith, Why Can't Men Open Up?, New York, 1984.

Kapitel 7

1 Bobbie Probstein, Return to Center: The Flowering of Self-Trust, Marina Del Rey. o. J.
2 Ebenda, S. 198.
3 Ebenda, S. 241.

Kapitel 8

1 Warren Farrell, Warum Männer so sind, wie sie sind, Hamburg, 1989.
1a Herb Goldberg, Der verunsicherte Mann, Reinbek, 1979.
2 Goldberg, S. 9 f.
3 Sam Keen, Die Lust an der Liebe, Weinheim, 1985, S. 129.
4 Farrell, S. 12.

5 Farrell, S. 112.
6 Anthony Astrachan, How Men Feel, New York, 1986, S. 15.
7 Noel Perrin, »The Androgynous Man«, in: Klein und Erickson, About Men, New York, 1983, S. 245.
8 Informationen über Single Dads sind erhältlich über: Castelton Publishing Co., 6565 S. Dayton, Suite 2000, Englewood, Colo. 80111.
9 Astrachan, S. 200.
10 Michael Blumenthal, »No Big Deal«, in Klein und Erickson, S. 136.
11 Merle Shain, Hearts That We Broke Long Ago, New York, 1983, S. 82.

Kapitel 9

1 Sam Keen, »Die Lust an der Liebe«, Weinheim, 1985, S. 39.
2 The Random House Dictionary of the English Language, 2. ungekürzte Ausgabe, New York, 1987.
3 Christine Donovan und Devorah Dawson, beide »Vollzeit-Mütter«, haben sich über dieses Thema viele Gedanken gemacht; für andere »Vollzeit-Mütter« geben sie einen Rundbrief »Woman's Workshop« heraus, in dem viele Ideen und Chancen beschrieben werden, wie man sich auf das Leben »nach« der Mutterrolle vorbereiten kann. Informationen über: Woman's Workshop, Box 843, Coronado, Calif., 92118.
4 Colette Dowling, Der Cinderella Komplex, Frankfurt, 1984, S. 29.
5 Merle Shain, Hearts We Broke a Long Time Ago, New York, 1983, S. 72.
6 Eine wunderbare Tonkassette zu diesem Thema ist »Celebrating Your Relationships«, Warner Erhard Audiotapes, 765 California St., San Francisco, Calif., 94108.
7 John Powell, Unconditional Love, Niles, 1978, S. 57.
8 Harold Kushner, Auswege aus dem Irrgarten des Lebens, München, 1987, S. 17 f.

Kapitel 10

1 S. Kriyananda, How to Spiritualize Your Marriage, Nevada City, o. J., S. 18.
2 John G. Bennett, Transformation oder die Kunst sich zu wandeln, Pittenhart, 1978, S. 29.
3 Stewart Emery, »Conscious Love«, Arlington, Tonkassette.
4 Marianne Williamson, »A Course in Miracles«, Los Angeles, Tonkassette.
5 Werner Erhard, »Relationships: Making Them Work«, San Francisco, Tonkassette.
6 Harold Kushner, Auswege aus dem Irrgarten des Lebens, München, 1987, S. 72.

Literaturliste

John G. Bennett, Transformation oder die Kunst sich zu wandeln, Pittenhart 1978.

Eric Berne, Spiele der Erwachsenen, Hamburg 1988.

Colette Dowling, Der Cinderella Komplex, Frankfurt 1984.

Warren Farrell, Warum Männer so sind, wie sie sind, Hamburg 1989.

Betty Friedan, Der Weiblichkeitswahn oder die Selbstbefreiung der Frau, Hamburg 1966.

Herb Goldberg, Der verunsicherte Mann, Reinbek 1979.

Thomas A. Harris, Ich bin O. K., Du bist O. K., Hamburg 1973.

Sam Keen, Die Lust an der Liebe, Weinheim 1985.

Harold Kushner, Auswege aus dem Irrgarten des Lebens ... München 1987.

Joseph Murphy, Die Macht Ihres Unterbewußtseins, Genf 1980.

Bernie Siegel, Liebe, Medizin und Wunder, Düsseldorf 1988.

Zig Ziglar, Ganz oben. Senkrechtstart für Manager, Zürich 1989.

Ein Katalog über Materialien und Tonkassetten von Dr. Susan Jeffers (in englischer Sprache) ist über folgende Anschrift erhältlich:

Fearbusters
P. O. Box 691667
Los Angeles, CA 90069, USA

Wolfgang Schömbs

Entspannt konzentriert

Zen im Alltag

192 Seiten, broschiert

Positiver und negativer Streß ist unser ständiger Begleiter – in allen Lebensbereichen. Immer wieder muß er neu bewältigt und individuell angegangen werden. Darum gibt es keine schnellwirkenden Universalrezepte. Dieses Buch hilft dem Leser, innere Balance zu finden, um angemessen auf Streßauslöser reagieren zu können.

★

Michael W. Despeghel/Dr. med. Jochen Doebel

Superfit

Das alternative Gesundheitskonzept

208 Seiten, broschiert

Sport im Jahr 2000 ist nicht mehr einfaches, zweckfreies Tun, sondern eine biologische Notwendigkeit. Mit den Methoden der Biochemie, Trainingsphysiologie und Sportmedizin können individuelle Trainingsmaßnahmen erstellt werden, mit denen jeder seine Risikofaktoren positiv beeinflussen kann.

Willard Gaylin

Gefühle

Unsere lebenswichtigen Signale

272 Seiten, broschiert

Ein Plädoyer für Gefühle als Besonderheit des menschlichen Lebens, da erst sie uns zu einem glücklicheren und erfüllteren Sein fähig machen. »›Gefühle‹ ist ein wunderbares Buch, anschaulich, wohlüberlegt und außergewöhnlich gut geschrieben« (New York Times Book Review).

★

Peter Haass

Lustverlust

Vom falschen Umgang mit richtigen Männern

160 Seiten, broschiert

Endlich einmal wird ein heißes Eisen angepackt. Hier wird nicht über die Mißverständnisse zwischen den Geschlechtern lamentiert, sondern es werden ganz konkrete Ratschläge zum besseren Verständnis der Männer und der männlichen Sexualität gegeben. Ein praktisches und praktikables Partnerschaftsbuch!

Fitzhugh Dodson

Väter sind die besten Mütter

Kinder brauchen ihre Väter

280 Seiten, broschiert

Die alte Rollenaufteilung ist nicht mehr allgemeingültig. Theoretisch ist die »neue Rolle« der Väter längst erschöpfend behandelt. Wie sie sich für Väter und Kinder in allen Lebenslagen praktisch gestaltet, beschreibt dieses Buch.

★

Martin Massow

Nach dem Feminismus

Perspektiven für eine neue Partnerschaft

320 Seiten, broschiert

Das Buch wirbt für eine ganzheitliche, menschenwürdige Gleichberechtigung, die die Grenzen kleinlicher, gefährlicher Geschlechterideologien sprengt. Es warnt vor feministischem Radikalismus und zeigt Männern *und* Frauen neue Wege aus dem sinnlosen Krieg der Geschlechter.

ECON Taschenbuch Verlag
Postfach 30 03 21 · 4000 Düsseldorf 30